TROIS ANS A ROME

LETTRES ROMAINES

PAR

L'Abbé MAGNAN

Docteur en Théologie et en Droit Ecclésiastique
Curé de Saint-Jean-Baptiste
Chanoine Honoraire de Marseille

PARIS
RETAUX-BRAY, LIBRAIRE-ÉDITEUR
82, Rue Bonaparte, 82

1891

DU MÊME AUTEUR :

Réponse à la Question Romaine, d'ABOUT, in-8°. Épuisé.

Histoire du Bienheureux Urbain V et de son siècle, in-8°. Épuisé.

Le même, deuxième édition, in-12.

Vie des Saints du diocèse de Marseille, saint Théodore, saint Eutrope, les Saintes-Maries. Épuisé.

SOUS PRESSE :

Nouvelle Exposition de la Foi, in-18 jésus.

Préparation Évangélique, in-18 jésus.

[illegible] MARSEILLE

TROIS ANS A ROME

LETTRES ROMAINES

PAR

L'Abbé MAGNAN

Docteur en Théologie et en Droit Ecclésiastique

Curé de Saint-Jean-Baptiste

Chanoine Honoraire de Marseille

PARIS

RETAUX-BRAY, LIBRAIRE-ÉDITEUR

82, Rue Bonaparte, 82

1891

Tu es Petrus.

Ces lettres furent écrites en 1857, 1858 et 1859. Dispersées et comme perdues, je les ai recueillies pour en faire un bouquet de fleurs, que je dépose sur la tombe de ma mère, le jour de son anniversaire.

Rentré en France, j'écrivis encore sous les yeux de mon père, et comme sous sa dictée, *la Réponse à la question Romaine d'About*, qui fut la première levée de boucliers de la presse catholique contre les ennemis du Saint-Siège, et l'histoire du *Bienheureux Urbain V*, que Pie IX honora d'un bref élogieux.

Le souvenir de ma mère remplira ces lettres et leur donnera, je n'en doute pas, un charme et un intérêt qu'elles ne sauraient avoir d'elles-mêmes.

En les parcourant, le lecteur attentif apprendra à connaître un peu et à beaucoup aimer la Rome chrétienne, la Rome des Pontifes et aussi la Rome des Césars et des Quirites, que les Papes nous ont conservée, cette Rome qui a deux fois conquis le monde, par la croix et par le glaive.

Quand je les écrivis, le dissentiment de l'Église et de l'Etat n'existait pas encore. Le Pape exerçait pacifiquement sur un peuple respectueux, l'autorité souveraine que les siècles lui avaient léguée. L'Italie était divisée en petits états indépendants, comme il en fut dans tous les temps, depuis la chute de l'Empire, et même avant que Rome eut absorbé l'Etrurie, la Grande-Grèce, le Samnium, la Sicile, la Ligurie, la Gaule Cisalpine.

Quelquefois, le fantôme de l'unité italienne se dressait devant les yeux des rêveurs et des idéologues, Arnaud de Brescia, Rienzi, Pétrarque. Mais après quelques essais de révolte, tout rentrait dans l'ordre et le silence.

Depuis, le trône Pontifical a été renversé, le pouvoir temporel des Papes aboli pour un temps, les paisibles souverains de Naples, de Florence, de Parme et de Modène s'en sont allés, et l'unité italienne a été consommée.

Il a fallu à la France 14 siècles de sagesse et de bon gouvernement pour être libre, une et indépendante.

L'Espagne a lutté contre les Maures le long espace de 1200 ans. C'est pied à pied, qu'elle a reconquis son territoire.

L'Italie est allée plus vite. En deux ans, elle a établi son unité. La ruse, la trahison, l'émeute, la violence lui ont tenu lieu de sagesse dans les conseils, de valeur sur les champs de bataille.

Pas une victoire n'a été remportée, pas une forteresse n'a été prise.

De là, il fallait s'y attendre, est venu le trouble qui agite actuellement les esprits en Italie et le profond dissentiment qui sépare l'Église et l'État. Le Pape a protesté, a défendu ses droits dix fois séculaires, il les défend encore, comme son devoir et ses serments l'y obligent. Les partisans de l'unité et une jeunesse ardente s'irritent d'une résistance pourtant si légitime.

Il y a lutte entre l'Église et l'État. Le dissentiment est grave. On doit le reconnaître cependant, il ne vient pas de l'Église, c'est le dissentiment de l'opprimé contre l'oppresseur, du faible que l'on dépouille contre le puissant, de la victime contre le bourreau.

Au reste, le Pape, chef de l'Église, dans sa lettre au cardinal Rampolla (1) affirme que le pouvoir temporel est nécessaire au bon gouvernement de l'Église. Qui osera le contredire ? Voici ses paroles :

« L'autorité du Pontificat suprême, instituée par Jésus-Christ et conférée à saint Pierre et par lui à ses successeurs légitimes, les Pontifes romains, destinés à constituer dans le monde jusqu'à la consommation des siècles, la mission réparatrice du Fils de Dieu, enrichie des plus nobles prérogatives, dotée des pouvoirs des plus sublimes, propres et juridiques, tels que les exige le gouvernement d'une vraie et très parfaite société, ne peut, de sa

(1) 15 Juin 1887.

nature même et par la volonté expresse de son divin Fondateur, être soumise à aucune puissance terrestre, mais elle doit jouir de la liberté la plus entière dans l'exercice de ses hautes fonctions. Et comme c'est de ce pouvoir suprême et de son libre exercice que dépend le bien de l'Église tout entière, il était de la plus haute importance que son indépendance et sa liberté natives fussent assurées, garanties, défendues à travers les siècles, dans la personne de celui qui en était investi, avec ces moyens que la Providence divine aurait reconnus aptes et efficaces au but. Ainsi, lorsque l'Église fut sortie victorieuse des longues et dures persécutions des premiers siècles, qui ont été comme le sceau manifeste de sa divinité ; lorsque ce que l'on peut appeler l'ère d'enfance fut passé, et qu'arriva pour elle le temps de se montrer dans le plein épanouissement de sa vie, une situation particulière qui, peu à peu, par le concours de circonstances providentielles, cessa avec l'établissement de leur Principat civil, commença pour les Pontifes de Rome. Celui-ci s'est conservé, sous une forme et avec une extension diverses, à travers les vicissitudes infinies d'un long cours de siècles jusqu'à nos jours, rendant à l'Italie et à toute l'Europe, même dans l'ordre politique et civil, les avantages les plus signalés ».

La réconciliation est impossible, le Pape ne pouvant abdiquer ses droits et les ennemis de l'Église ne voulant pas lui rendre ce qu'ils lui ont pris. Les donneurs de conseils arrivent ensuite. Ils font entendre de longs gémissements sur l'obstination du Pontife et de la Cour romaine. Ils s'attristent sur la perte des âmes. Ils conseillent une réconciliation qui serait une humiliation pour l'Église, puisqu'elle établirait la subordination de la tiare à la couronne, du pouvoir spirituel à l'autorité royale.

II

Ah! combien plus séduisant et plus noble fut le rêve de Dante. « De même, disait-il, qu'il y a au ciel deux grands astres qui éclairent le jour et la nuit, de même l'Empire et la Papauté éclairent le monde. L'Italie, avec le Pape et l'Empereur faisant tous les deux, leur résidence à Rome, donnerait des lois à l'univers entier. Il y aura ainsi dans le monde, la double unité de la puissance temporelle et de la puissance spirituelle. »

L'unité des races humaines et des royaumes étant accomplie, on conçoit aisément que le pouvoir temporel des Papes n'ait plus sa raison d'être. Le rêve de Dante ne répugnerait pas à la majesté Pontificale, si, conformément à la doctrine de Boniface VIII, le glaive de la puissance temporelle était soumis au glaive de la puissance spirituelle dans tout ce qui touche à la conscience.

Mais les nouveaux pacificateurs n'ont vu que l'unité des provinces italiennes et la subordination du chef de l'Église universelle à un prince de la maison de Savoie. Non. Il ne serait plus le digne chef de l'Église, celui qui aurait un maitre sur la terre. M. Emile Olivier, dans sa brochure: *Le Pape est-il libre à Rome,* est obligé de le reconnaître et un pareil aveu a son importance, sous la plume de l'ancien ministre de Napoléon III qui a fait l'unité de l'Italie.

Le plus grand tort des sectaires, fut de croire qu'il n'y a rien de grand au monde que l'étendue, comme si dans les choses humaines, l'art, l'invention, l'intelligence n'étaient pas au-dessus de la matière et de la force.

L'humble République d'Athènes, avec ses grands hommes d'État et de guerre, avec ses poètes, ses orateurs, ses philosophes, ses sculpteurs, égale en gloire et en renommée l'ancienne Rome.

Qu'a fait l'Italie depuis le jour où fut consommée son unité? Est-elle en réalité plus grande et plus estimée qu'autrefois? Est-elle plus riche et plus heureuse?

L'unité de l'Italie, comme l'entendent les sectaires, est un rêve qui s'évanouira un jour. Ce sera le réveil des peuples foulés aux pieds, écrasés d'impôts, complètement ruinés.

Ce qui n'est pas un rêve seulement, mais un délire et une folie, le voici : les sectaires étonnés de leurs succès, ont formé d'autres plans que l'unité de l'Italie. Ils aspirent à la domination universelle, comme aux temps de l'ancienne Rome.

Dans un livre qui a produit une vive émotion : *L'Italie qu'on voit et l'Italie qu'on ne voit pas*, M. Bréchet dénonce à l'Europe ces aspirations malsaines. Il cite les paroles de Cavour et de Gioberti : « L'Europe revient à l'Italie... L'Allemagne, à Sadowa et à Sedan, a préparé notre suprématie future et notre prépondérance dans la Méditerranée. »

Certains hommes, en Italie, sont persuadés que l'ancienne autorité de Rome sur le monde va renaître. La Rome des Césars va sortir du suaire où les barbares l'ont ensevelie.

C'est pour cela qu'ils ont fait l'unité de l'Italie et qu'ils lui ont donné Rome pour capitale.

Ces idées étranges, ces rêves insensés sont caressés dans les loges, et c'est de ces folles espérances qu'on berce la jeune Italie.

III

Les sectaires méconnaissent les enseignements de l'histoire, quand ils font abstraction des desseins de Dieu sur Rome et qu'ils ne considèrent que les étroites limites de leur patrie.

Tout est merveilleux dans Rome, son nom lui-même est un mystère. Les anciens Romains étaient persuadés qu'elle ne périrait point. On cite là-dessus les paroles vraiment étonnantes de Virgile et d'Horace.

Les rois qui la fondèrent eurent le pressentiment de sa grandeur future. Ils lui donnèrent de larges dimensions ; elle était née d'hier, et elle effaçait l'éclat des cités voisines, ses rivales, elle imprimait la terreur à Fidènes, Ardées, Albe-la-Longue.

Une lumière du ciel éclairait Romulus quand traçant sur le mont Palatin, avec une charrue, suivant l'usage ancien, le périmètre de Rome, il prononça cette parole prophétique : « Les Dieux veulent que ma ville soit un jour la capitale du monde. » Tarquin l'ancien, faisant creuser les fondements du Capitole, trouva une tête. Le peuple y vit un heureux présage et augura que le Capitole serait un jour le centre de l'Empire, et la tête de l'Univers. Les historiens qui racontent ces faits, ne se doutaient pas que ces prédictions désignaient la Rome chrétienne.

Ces grandes espérances étaient vivantes dans tous les cœurs. Les patriciens comme le peuple croyaient travailler pour une patrie qui ne finirait point. Ni les fatigues de la guerre, ni la crainte de la mort ne les arrêtaient. La persuasion où ils étaient qu'ils préparaient à leur patrie un long avenir de gloire, soutenait leur courage.

Chose étonnante ! les rois qui gouvernent l'Empire à ses débuts, ne songent qu'à faire la cité grande et puissante, sans s'inquiéter du territoire. La puissance de Rome ne s'étendait pas au delà de la plaine qui l'environne. Son enceinte n'a pas varié. Tibère, Auguste, César, Marius, que tant de légions suivaient dans leurs triomphes, purent se mouvoir à l'aise dans le périmètre tracé par les rois.

Les grandes destinées de Rome ont survécu à son Empire. Le Sénat a été dissous, le peuple dispersé, les faisceaux brisés. Mais Rome n'a pas cessé d'être puissante et obéie. Elle n'est plus la capitale de l'Empire ; mais elle n'a pas cessé d'être le centre du monde, plus grande dans sa déchéance que dans tout l'éclat de son ancienne gloire.

Des peuples dont l'ancienne Rome ignorait le nom, reconnaissent pour mère la nouvelle Rome, et tiennent à cette patrie des âmes plus qu'à leur patrie de la terre.

Rome n'est pas aux Italiens seulement, elle est aux Français, aux Anglais, aux Espagnols, à tous les peuples civilisés, aux barbares eux-mêmes, puisqu'elle est le centre de l'Église universelle ; ses Basiliques où tant de générations, tant de princes et de Pontifes ont laissé des traces de leur munificence et de leur piété, mais surtout Saint-Pierre et le Vatican où l'or de la terre entière a été prodigué, diront au roi d'Italie la grandeur de ces Pontifes, successeurs de Pierre, qui gouvernent le monde par la parole et la persuasion, comme les Césars le gouvernèrent par la force.

Qu'il prenne garde, s'il persiste à demeurer à Rome, son autorité pâlira devant celle du vicaire du Christ. Le Pontife absorbera le roi. Il y a là un danger plus grand qu'on ne croit pour le jeune et faible royaume d'Italie.

Tout est prêt dans le monde pour une grande et nouvelle manifestation de la puissance spirituelle, comme aux temps de saint Dominique et de saint François d'Assises.

Il serait facile plus qu'on ne croit, de faire du chef de l'Église, le chef et le prince de l'Italie entière. La *Revue des Deux Mondes*, à moitié incrédule, explique ainsi cette évolution: (1)

« Les catholiques au pouvoir, le vrai roi n'est plus au Quirinal. Les cléricaux, maîtres des Chambres, il n'y a qu'à établir un télégraphe ou un téléphone entre les ministres et la place Saint-Pierre. Ce jour-là les libertés parlementaires ne seraient plus qu'une forme ou un voile. Le pouvoir temporel du Saint-Siège serait indirectement rétabli, avec toute l'Italie comme patrimoine de saint Pierre. L'unité italienne confisquée tournerait au profit de

(1) Janvier 1884, page 139.

la grande victime. Le Pape serait le véritable souverain de la Péninsule et souverain presque aussi absolu qu'autrefois. Au sommet du royaume, élevé par la Révolution, sur les débris des états de l'Église, seraient arborées les clefs de saint Pierre, de même que jadis, Sixte-Quint dressait la croix au-dessus des obélisques de l'Egypte et les statues des Apôtres au faite des colonnes des Césars. »

Les longues luttes de l'Église pour la liberté religieuse et la dignité de la conscience humaine, tant de sang versé pour elle à la Castelfidardo et à Mentana, nouvelles batailles des Thermopyles et de Marathon contre les barbares modernes oppresseurs de la liberté, tant de morts glorieuses qui valent celles de Léonidas et de ses braves, l'ont grandie dans l'esprit des peuples. Les préjugés sont tombés. Rome règne encore sur les esprits et sur les cœurs.

Napoléon entrevoyait cet avenir de gloire pour l'Église dans un entretien célèbre avec Canova :

« Sire, lui disait avec tristesse le grand artiste, il semble que vous n'ayez pas lieu de craindre le clergé aujourd'hui. Les Papes ont toujours été respectueux, ce n'est que si les Papes étaient doués de génie, qu'ils pourraient se rendre maitres de l'Italie. »

« C'est de cela qu'il s'agit, répondit Napoléon. Si Jules II, si Léon X avaient vécu plus longtemps, on ne sait pas ce qui aurait pu advenir ».

M. Guizot va plus loin :

« Que fut-il arrivé, se demande ce ministre clairvoyant, si, de nos jours, un grand Pape, un Grégoire VII, un Sixte-Quint, comprenant son temps et la société nouvelle, eut donné ou plutôt, rendu aux Etats romains, cette indépendance municipale qui est si voisine de l'autonomie politique ? Je crois que le Pape peut bien devenir chef d'une aggrégation de cités et de provinces régies sur les lieux mêmes par des institutions libres et reconnaissant la souveraineté du Pape, sans être soumises à son pouvoir absolu. »

Mais qui avait dit à Napoléon et à Guizot que Léon X, Jules II, Sixte-Quint et Grégoire VII ne remonteraient pas sur la chaire de saint Pierre.

Peut-être, à l'heure où je trace ces lignes, un autre Sixte-Quint, un Grégoire VII se prépare à l'ombre de quelque cloitre dévasté ; peut-être il est là déjà, il fonde des universités au delà de la mer Atlantique, il protège les *chevaliers du travail*, il fascine, il remue les multitudes ; peut-être il occupe déjà le trône Apostolique, et c'est lui qui règne, qui prépare les grandes victoires de l'Église.

Pour l'homme impartial qui juge avec sang-froid et sans parti pris les hommes et les choses, la situation de l'Italie est celle de l'Empire Romain au cinquième siècle. Le trône était occupé par des princes faibles et sans génie, Valens, Valentinien, Honorius, Arcadius, Théodose-le-Jeune ; l'Église, au contraire, était gouvernée par ces génies immortels qui se nommaient Athanase, Jean-Chrysostome, Ambroise, Augustin, Jérôme, Léon-le-Grand.

L'Empire était faible, l'Église toute puissante. L'Empire avait perdu son autorité sur les esprits, l'Église gouvernait le monde intellectuel et moral. Il en est ainsi à l'heure présente. Ce roi constitutionnel, sans autorité ni prestige, qu'est-il à côté du Pontife suprême que le monde civilisé tout entier reconnait pour guide et pour maître? Le premier citoyen de Rome et de l'Italie n'est pas le roi Humbert, mais Léon XIII. Que faudrait-il pour que l'autorité souveraine passât des mains du roi dans celles du Pontife? La guerre, une bataille perdue, une crise financière, la misère publique, la lassitude universelle, le dégoût du peuple pour un régime qui ne lui a valu jusqu'ici que la déception et la ruine.

Les sectaires italiens jouent] gros jeu dans la guerre acharnée qu'il font à l'Église. Il pourrait se faire qu'en voulant tout séculariser, les États du Pape, les maisons religieuses, les œuvres pies, ils ne finissent par tout *cléricaliser,* jusqu'au pouvoir civil lui-même, et faire de l'Italie entière un autre patrimoine de saint Pierre plus vaste que le premier.

Des hommes politiques de grande portée, eurent cette crainte dans les siècles passés. L'empereur Constantin comprenant que les deux puissances qui avaient été en présence l'une de l'autre et s'étaient mesurées pendant les trois siècles de persécution ne pouvaient plus vivre ensemble, quand la paix fut donnée à l'Église, que l'autorité spirituelle finirait par éclipser le pouvoir civil et attirer tout à elle, se décida, quoiqu'il en eût, à transférer à Bysance le siège de l'Empire et à fonder une nouvelle Rome. Ce que redoutait autrefois ce grand prince, peut arriver de nos jours et plus aisément encore le roi d'Italie n'étant pas l'empereur Romain ni le maître du monde.

IV

Si les sectaires qui réclament l'abolition du pouvoir temporel du Pape, désiraient seulement la gloire et la grandeur de leur patrie, sans vouloir les suivre dans leur égarement, on pourrait leur trouver une excuse, car il est naturel qu'on aime sa patrie, qui est pour chacun de nous, une seconde mère. Jésus-Christ aima sa patrie, et lorsqu'il entrevit les malheurs de Jérusalem, il pleura sur elle. Mais tel n'est pas le mobile secret des sectaires. Ce qu'ils veulent surtout, c'est la ruine du pouvoir spirituel. L'Église, sur ce point, ne pouvant les satisfaire, le dissentiment existe.

L'unité de l'Italie a été l'œuvre des sociétés secrètes. Depuis un siècle, elles y travaillaient, mais comme il n'y a point de patrie pour les sectaires, ce qu'ils veulent, ce qu'ils réclament, c'est la République universelle, c'est le triomphe du socialisme, du nihilisme. L'Église s'opposant à leurs desseins pernicieux, ils ont juré sa ruine.

Quand Victor-Emmanuel entra dans Rome par la brèche de *Porta-Pia,* Rome n'était pas un obstacle à l'unité de l'Italie; l'indépendance des Papes aurait pu être respectée, noyée et comme perdue dans les vastes domaines de la maison de Savoie.

Ce n'est pas là, du reste, un fait isolé dans l'histoire. Pendant 70 ans, la Papauté fugitive vint s'abriter à l'ombre de la maison de France et forma un petit État indépendant, au sein de nos provinces méridionales, sans nuire à l'unité française.

L'Etat romain démembré, réduit aux plus étroites limites, ne gênant d'aucune sorte, les communications de l'Italie du Nord avec le royaume des Deux-Siciles, à travers les Marches et l'Ombrie qui avaient cessé de lui appartenir, ne pouvait être un obstacle sérieux à l'unité de l'Italie.

Mais les sectaires avaient préparé de longue main cette unité, pour s'en faire une arme contre l'Église. Leurs projets perfides ont été exécutés et leur plan a réussi.

V

Cette unité durera-t-elle ? Les faits accomplis comme Napoléon III les appelait, seront-ils maintenus ? Aucun homme politique ne le pense. La *Revue des Deux Mondes* (1) s'exprime ainsi :

« Les peuples, comme les individus, sont trop enclins à croire qu'il ne tient qu'à eux de se soustraire par un coup de tête, ou par quelque heureuse invention à certaines difficultés qui les troublent ou les irritent. On s'avise d'un expédient pour les résoudre, et on se flatte d'en être à jamais débarrassé ; mais quand on s'y attend le moins, elles reparaissent subitement, et il se trouve que la politique a ses *revenants* ».

Un de ces *revenants*, la même *Revue* le reconnait, c'est la question romaine.

L'Italie, on l'a dit avec esprit, est un pays ouvert. En cas de guerre, elle sera aisément envahie.

Jusqu'ici, elle a résisté aux difficultés qui lui venaient à la fois du dedans et du dehors. Mais elle n'a pas encore été soumise à la rude épreuve de la guerre étrangère et de la guerre civile. Quand le canon grondera du côté de la France ou de

(1) Février 1882.

l'Autriche, quand l'émeute éclatera dans les Romagnes ou en Sicile, l'Italie aura vécu.

Si la guerre tardait, la diversité des races amènerait la ruine d'une unité factice.

Les races sont différentes, ainsi que les idiomes, et les capitales sont aussi nombreuses que les races. Tôt ou tard, ces capitales recouvreront leur indépendance.

VI

Mais en dehors de ces considérations humaines, il en est d'autres de l'ordre surnaturel qui ont leur importance. Il y a la prophétie de Jésus-Christ :

Tu es Pierre, et sur cette pierre, je bâtirai mon Église, et les portes de l'enfer ne prévaudront point contre elle. Pierre est au-dessus de tout dans l'Église. Il est la source de tous les pouvoirs, l'origine de toutes les juridictions, le centre de l'unité religieuse, le phare qui brille au milieu des plus épaisses ténèbres et qui éclaire le monde.

Dans l'oracle de Jésus-Christ, deux choses sont à considérer : le pouvoir donné à Pierre ; l'étendue de ce pouvoir.

C'est le plus grand, le plus élevé de tous les pouvoirs, c'est le droit d'ouvrir et de fermer les cieux. On n'appelle point des jugements de Pierre, ni sur la terre, ni au Ciel. Les droits du siège suprême se confondent avec ceux de Dieu lui-même.

Ce pouvoir durera jusqu'à la fin des temps. C'est un article de notre foi, que jusqu'au dernier jour du monde, Pierre enseignera la vraie doctrine de Jésus-Christ. Il guidera les fidèles et les évêques dans le droit sentier de la justice et de la vérité. Il foudroiera les erreurs et les nouveautés profanes, il fera briller du plus vif éclat, la foi catholique.

Le siège de Pierre est un phare qui indique aux âmes leur route. La main de Dieu l'a allumé, il ne s'éteindra point.

Toujours le Pape sera évêque de Rome, puisque c'est à ce titre qu'il a l'autorité souveraine. Par une inspiration divine, peut-être l'ordre exprès de Jésus-Christ, saint Pierre porta la primauté spirituelle de Jérusalem à Antioche, d'Antioche à Rome.

C'est d'institution divine. Nul, ni le Pape, ni le concile œcuménique ne peuvent changer ce que Jésus-Christ a établi, transférer à un autre siège l'autorité suprême. Le Pape est le chef et le Pontife de l'Église universelle, puisqu'il est évêque de Rome et successeur de Pierre.

Donc, le Pape siégera toujours à Rome. Tous les efforts de l'impiété, toutes les combinaisons de la politique ne pourront l'enlever au siège de sa primauté. Peut-être la captivité de Babylone se renouvellera comme au quatorzième siècle. La haine des sectaires rendra le séjour de l'Italie et de Rome impossible au vicaire de Jésus-Christ, et la papauté exilée ira demander encore à des rivages plus hospitaliers le calme et la sécurité. Mais dans son exil, toujours il sera l'évêque de Rome. Toujours, après des années plus ou moins nombreuses, des épreuves plus ou moins cruelles, le Pape reviendra à son antique siège.

Il le faut pour la paix des consciences. Du haut du ciel, Dieu veille sur son Église. C'est pour elle, pour l'établir, l'éprouver, la dilater, la faire connaitre et la glorifier que les plus grands événements s'accomplisent. Ses ennemis eux-mêmes concourent à son triomphe; il n'y aura donc jamais de guerre assez désastreuse, de pacte assez inique, de transformation des peuples et de changements dans les Etats assez importants pour arracher définitivement de Rome, celui que la main de Dieu y a placé.

Les victoires de la Papauté dans les siècles passés, nous garantissent des triomphes plus éclatants dans l'avenir.

Enfin, la ville de Rome participe d'une certaine manière à l'immortalité promise à l'Église et au siège de Pierre. On ne peut supposer que cette ville cesse d'exister, d'être une cité vivante. qu'elle devienne tout d'un coup, un monceau de ruines, comme Antioche, Spartes, Babylone, Ninive. Il ne convient pas que le Pontificat suprême, source de la vie de l'Église, soit attaché à une ruine. L'Église, mère et maîtresse de toutes les Églises, doit être vivante, et pour que le Pape soit vraiment l'évêque de Rome, il faut que les murs de cette ville soient toujours debout, qu'il y ait des Romains, que Rome appartienne à l'Église catholique.

Les villes célèbres de l'Orient qui reçurent autrefois l'honneur du Patriarchat, étendirent leur juridiction sur l'Asie et l'Afrique, ont pu disparaitre sans déhonneur pour l'Église et pour Jésus-Christ lui-même. Les titres brillants dont elles furent décorées, et la juridiction attachée à leur siège, n'était pas d'institution divine.

Il en est différemment de Rome. Ses destinées sont unies à celles du siège suprême. On ne peut les séparer. Jusqu'à la fin des temps, Rome sera le centre de l'unité religieuse.

Mais si le Pape ne peut s'éloigner de Rome pour toujours, il faut qu'il y soit le maitre, puisqu'il n'y a pour lui d'autre alternative que d'être roi ou sujet. Et comme il ne peut être sujet, cela répugne à la dignité de l'Église, le pouvoir qui remplacera le Pape, sera de courte durée. Après une épreuve douloureuse, la royauté du Pape sera rétablie, comme elle le fut au moyen-âge, comme elle l'a été par miracle, à trois reprises différentes, dans notre siècle.

Il y aura donc une restauration Pontificale. L'histoire, l'analogie, le pressentiment du peuple chrétien, l'Évangile lui-même et la promesse de Jésus-Christ nous le font croire et espérer. L'œuvre des sectaires périra, les portes de l'enfer ne prévaudront point contre l'Église. Léon XIII sortira de sa prison, comme le Christ sortit de son sépulcre. Si ce n'est lui, c'est le Pontife qui prendra sa place.

VII

Comment aura lieu cette restauration? Dans quelles conditions se fera-t-elle? Le nouveau pouvoir temporel sera-t-il comme l'ancien? Ce sont là des problèmes difficiles à résoudre.

La forme n'est rien, le fond est tout. La forme est la manière dont l'autorité pontificale peut s'exercer à Rome. Le fond c'est la souveraineté et l'indépendance elle-même.

La défense des États romains pourra être confiée à un prince séculier, roi, empereur, avec le titre de vicaire du Saint-Siège ou de patrice, comme aux temps de saint Henri, empereur d'Allemagne, de Conrad le Salique, d'Henri le Noir qui furent patrices de Rome, protecteurs et défenseurs du Saint-Siège, dont la souveraineté était entière (1).

(1) Darras, t. 21, p. 489.

Peut-être aussi le Pape aura une armée choisie parmi ses fidèles sujets, où formée de chevaliers de Malte, de zouaves pontificaux, pris en Italie ou dans toutes les nations catholiques.

Peut-être enfin, ce sera l'idée de confédération italienne qui prévaudra. De même, qu'au delà du Rhin, sous l'hégémonie prussienne et avec l'unité de l'Allemagne, il y a des Etats indépendants et souverains, même des royaumes, comme la Bavière, la Saxe et le Wurtemberg, groupés autour de l'empereur, de même, au delà des monts, le pouvoir temporel du Pape et la souveraineté du Saint-Siège pourra exister, ayant Rome pour capitale avec le roi d'Italie et la Péninsule confédérée.

La confédération italienne existe déjà. Il y a l'Italie avec Rome pour capitale, et, dans l'Italie, la monarchie subalpine, au cœur de l'Italie, formée des anciens états de la maison de Savoie, ayant Turin pour capitale, avec ses princes résidant à Turin et non à Rome, et surtout avec l'attachement inviolable de ses peuples. Si l'unité de l'Italie venait à se disjoindre, le roi d'Italie n'aurait qu'à revenir au Piémont. Il n'y trouverait rien de changé. Pourquoi n'y aurait-il pas aussi dans l'Italie une, à côté des états Sardes, les états de l'Église avec leur souveraineté imprescriptible et leur constitution particulière ?

C'est l'ancien plan élaboré dans les conseils du roi de France Louis XV, proposé au roi de Sardaigne,

Victor-Emmanuel III, par le marquis d'Argenson, secrétaire d'État. On ne put s'entendre, mais tout a son heure dans les desseins de la Providence (1).

La grave question du pouvoir temporel du Pape sera résolue par un congrès, ou par un peuple fidèle qui se lèvera unanimement et voudra briser lui-même les chaînes qui tiennent son père captif. L'avenir le décidera et avec l'aide de la Providence, les exigences de la politique.

On le sait, la diplomatie timide et cauteleuse vit au jour le jour. Les hommes d'État suivent la marche des événements plus qu'ils ne la dirigent.

On a résolu dans notre siècle bien d'autres problèmes qui paraissaient insolubles autant et plus encore que le pouvoir temporel du Pape au milieu de l'Italie une et libre. Mais ce que l'homme faible et impuissant ne peut faire, et qui échappe à nos faibles pensées, Dieu le peut; il n'a qu'à donner à l'Italie, un roi chrétien, un roi comme saint Louis ou Charlemagne et le dissentiment de l'Église et de l'État cessera.

Quand le Pape saint Léon IX, après la bataille de Civitella, tomba aux mains de Robert Guiscard (1053), le chef des Normands, entouré de ses guerriers, entra dans la tente du Pontife, se jeta à ses pieds, lui demanda ses conditions au lieu de lui imposer les siennes. La paix se fit aussitôt entre

(1) M. de Broglie, *Études diplomatiques.*

le Pape et le prince Normand qui devint après cette victoire, le zélé protecteur de Rome et du Saint-Siège. La paix se fera peut-être entre l'Église et l'État de la même manière ? Que faut-il pour cela ? La protection de Dieu et le concours de deux volontés humaines, un Pape aimant l'Italie, un roi aimant et respectant sa mère la sainte Église. Peut-être ces deux grands facteurs existent déjà, ils sont en présence, ils se sont communiqué leurs pensées, comme en 1362 au Mont-Cassin, en 1370 au conclave d'Avignon, le Bienheureux Urbain V et Grégoire XI, promirent à Dieu, dans le secret de leur cœur, de reporter le Saint-Siège à Rome, s'ils venaient à ceindre la tiare.

Tout est admirablement disposé pour une restauration Pontificale. La cour Romaine se tient en dehors de toutes les intrigues de la politique. Les deux puissances qui, autrefois, se disputaient l'influence à Rome, l'Autriche et la France, étant hors de l'Italie, ne peuvent plus nouer des intrigues ténébreuses et faire prévaloir leurs intérêts sur ceux de l'Église, sous prétexte de la protéger. D'un autre côté, l'Italie indépendante et libre, disposant pleinement d'elle-même, n'a qu'à vouloir pour que ses désirs s'accomplissent. L'honneur, l'indépendance, les intérêts du Saint-Siège sont les siens, le Christ les lui a confiés, et elle comprend sa mission. Jamais une occasion plus belle ne s'est présentée dans l'histoire pour une grande pacification religieuse, pour la tranquillité du monde et de l'Église.

Heureux celui qui trouvera une formule pouvant concilier les droits séculaires du Saint-Siège, et les aspirations légitimes d'une grande nation catholique! La postérité le bénira, comme elle a béni Pie VII et Napoléon se donnant la main pour mettre un terme aux maux de l'Église.

VIII.

Il est possible que le pouvoir temporel des Papes ait, à l'avenir, une autre forme extérieure qu'au temps de Pie IX et de Grégoire XVI. Avec le temps et les années tout se modifie. A une époque de socialisme chrétien et de démocratie universelle, on est porté à croire à la restauration du pouvoir temporel comme le connurent le Moyen-Age et la Renaissance, où la crainte de blesser le cœur du Père et du Pontife était plus forte que celle des châtiments où des conseils nombreux et libres se tenaient régulièrement dans les plus humbles cités, comme dans les chefs-lieux des provinces; où sous la tutelle des constitutions Œgidiennes plus libérales que le *statuto* de Charles-Albert, florissait un peuple libre; où la République et la Monarchie se donnaient la main. C'était, du reste, la forme de toutes les monarchies de l'Europe, avant que la réforme eut introduit partout, avec l'esprit de révolte et sous le manteau d'une liberté sans limite, le césarisme et le pouvoir absolu des princes.

La situation actuelle de l'Église et de la Papauté est une épreuve passagère que Dieu fait subir à son Église, comme toutes les persécutions, pour la purifier et lui ôter ce qu'il peut y avoir en elle d'humain et de terrestre.

Quand le nombre des confesseurs de la foi sera complet, c'est-à-dire aura atteint le chiffre que Dieu a marqué dans ses desseins mystérieux, la persécution cessera, le Saint-Siège recouvrera tous ses droits. Cela se fera naturellement, sans qu'il y paraisse, sous le souffle de Dieu, c'est-à-dire sans effort, sans secousse et surtout sans effusion de sang, pour qu'il ne reste dans les cœurs aucun ferment de haine ou de discorde.

Peut-être Léon XIII ne verra pas le triomphe de l'Église. Il aura bu jusqu'à la lie, le calice amer. Il aura été le Pape des grandes douleurs sans qu'un rayon du Ciel soit venu illuminer sa prison. Il aura semé dans les larmes, un autre recueillera dans l'allégresse. A défaut de Léon XIII, ce sera Léon XIV, ou Pie X, ou Clément XV qui aura la victoire dernière. Mais la délivrance viendra certainement au jour marqué dans les desseins de

Dieu, de l'initiative des rois, de l'élan spontané des peuples.

L'Europe ne peut consentir à la suppression définitive du pouvoir temporel des Papes, et obéir dans les choses spirituelles au prisonnier du roi d'Italie. L'Église universelle serait captive avec son chef.

Aussi, les puissances n'ont pas adhéré à l'envahissement de Rome ; elles n'ont pas protesté ouvertement, mais leur silence a une grande portée. C'est une protestation énergique qui garantit leurs droits et ceux du Pape, et leur permettra d'ouvrir la bouche quand le temps de parler sera venu.

La loi des garanties qui ne garantit rien est un acte individuel n'engageant que l'Italie. Ni le Pape, ni les puissances n'y ont adhéré. Comme il s'agissait des rapports du Pape avec tout l'Univers, les cours de l'Europe auraient dû intervenir et faire de la loi des garanties un traité international, comme ceux de Vienne ou de Westphalie. Si elles se sont abstenues, c'est pour réserver les droits du Pape. Telle est du moins l'opinion des hommes politiques.

« Les Italiens, dit la *Revue des Deux Mondes*, dans les articles précités, pensèrent avoir tout conclu, tout sauvé, répondu d'avance à toutes les difficultés par la fameuse loi des garanties qui octroyait au Pape l'inviolabilité de son domicile, aussi bien que de sa personne et ses libres communications avec tous les fidèles. L'Europe n'y trouva rien à redire. Elle parut acquiescer par son silence, elle laissa aux habiles politiques de Florence, la responsabilité de leurs décisions et de leurs arrangements ».

Le Pape n'est pas libre, avec la loi des garanties, comme l'a prouvé tout récemment l'ancien ministre de Napoléon III, de présider les grandes réunions de l'Église, à Saint-Pierre, au Latran, à la chapelle Sixtine, de convoquer un concile œcuménique, de traverser les rues de Rome pour une grande cérémonie.

S'il essayait de le faire, les sectaires, ennemis de l'Église et cette plèbe inconsciente que des chefs perfides poussent ou retiennent à leur gré par des promesses ou des menaces, feraient entendre des cris lugubres et lui jetteraient des pierres comme ils le firent quand la dépouille mortelle du dernier Pape fut portée au cœur de la nuit, à San-Lorenzo.

L'Europe ne peut tolérer de pareils outrages. Que ses armées traversent les Alpes, comme autrefois les légions héroïques de Pépin et de Charlemagne. Que les Italiens quittent Rome d'eux-mêmes, après une invitation plus ou moins pressante et impérieuse de la diplomatie ; ou que livré à ses instincts et à ses aspirations, le peuple romain acclame son ancien maitre avec cette unanimité qui ne souffre point de réplique, et la chose est croyable. Le moyen échappe à nos prévisions, car l'esprit des hommes et des multitudes est mobile. Mais la chose se fera, on y peut compter d'avance. C'est une des fatalités de l'histoire que ne peuvent conjurer ni la valeur, ni la fortune des conquérants, ni le génie, ni les savantes combinaisons de la politique.

IX

Quand on a franchi le seuil de Saint-Pierre, on s'arrête et on admire le riche parvis qui mène à la Basilique. Vos yeux se portent naturellement sur l'ancienne fresque de Giotto, la *Navicella*. La frêle barque porte l'Église et les Apôtres. Elle traverse une mer houleuse. Soulevée par la vague écumante, elle va périr, et pourtant, elle résiste à la tempête, elle flotte au-dessus des ondes soulevées. Le courroux de la mer n'effraye pas les Apôtres, et l'affreuse tempête qui vient les assaillir ne leur fait pas oublier les filets et la pêche.

Cette fresque ornait l'ancienne Basilique. Elle est là bien à sa place, au-dessus de la grande porte de Saint-Pierre, par où des flots de peuple passent continuellement. Elle est un enseignement et une espérance.

Symbole touchant de l'Église! Toujours agitée, toujours tourmentée, rien ne l'arrête dans sa course mystérieuse à travers les âges. Les flots tumultueux finissent toujours par se courber devant elle. Après de longs siècles de luttes et de combats où toutes les puissances de la terre s'unissent pour lui faire la guerre et s'opposer à sa marche, la *Navicella* surnage aux plus violents orages. Elle promène ses filets divins sur les flots agités et fait toujours de nouvelles conquêtes et des pêches miraculeuses.

L'avenir lui appartient comme le passé. C'est elle qui donnera aux générations nouvelles, le calme après la tempête, qui préservera de la ruine et de la mort la société humaine. Elle porte dans ses flancs, l'avenir des races nouvelles et le secret de nos destinées.

Déjà, on entrevoit les premières clartés de l'aube renaissante et on ne peut douter que la fin des ténèbres ne soit proche. C'est vers la barque de Pierre, c'est vers l'Église que se tournent aujourd'hui les âmes généreuses.

1857

DE MARSEILLE A CIVITA-VECCHIA

4 Avril.

C'est du bateau que je vous écris, en vue de Civita-Vecchia, où nous descendrons tout à l'heure, quand toutes les formalités de police et de douane auront été remplies.

Le voyage n'a pas été long : un jour et deux nuits. Mais que de choses dans ce court espace ! Que d'émotions tristes, douces et pieuses ! Quand il fallut vous quitter vous et les autres, jeudi au soir, et vous dire adieu, pour longtemps et peut-être pour toujours, j'ai ressenti un déchirement qui m'a donné une idée des tristesses de la mort. Quand le navire s'ébranla avec un craquement sinistre et commença de glisser sur l'eau; quand de l'arrière je vous appelai une dernière fois, je pleurai et je reconnus qu'après la mort, l'exil est la plus grande peine que les hommes aient inventée !

La nuit était froide et humide. La lune à demi-voilée par les nuages qui passaient devant elle, jetait sur le rivage des teintes indécises. Les étoiles brillaient un moment, puis s'éclipsaient derrière un nuage tout noir. Le clapotement des vagues qui allait en grandissant à mesure que nous nous éloignions du rivage, ajoutait quelque chose à la tristesse de la nuit.

Je voyais peu à peu disparaître au loin les montagnes qui forment une haute barrière au fond du golfe. Puis c'était Marseille avec ses maisons, ses églises et ses clochers, qui s'évanouissait au loin. Les lumières pâlissaient et enfin disparaissaient une à une comme le matin, après une nuit de fête, s'éteignent les flambeaux des salles tantôt animées. La terre était déjà loin, bien loin, et il ne restait plus rien à voir. J'ai été me jeter sur mon étroite couchette, mais je n'ai pu dormir de la nuit. Ma pensée tout entière était attachée au rivage que je venais de quitter. J'ignore où m'eût conduit ma rêverie, mais la Providence a des grâces merveilleuses pour adoucir toutes les amertumes de l'âme.

Le lendemain aux premiers rayons du jour, je me suis levé, j'ai paru sur le pont. Le spectacle de la haute mer m'a saisi tout entier. Je l'ai trouvé sublime et mon cœur s'est relevé.

Un vaste cercle d'azur nous environnait de tous côtés. Au-dessus de ma tête le ciel bleu, le ciel immense que doraient les premiers feux du soleil brillant d'un éclat que je ne lui avais jamais vu sur terre. A gauche, le soleil qui semblait sortir des eaux et en porter l'empreinte humide. Il n'avait pas encore cette lumière qui éblouit et que l'œil ne peut supporter. Quelle grandeur imposante! Quel tableau! Je me prosternai en esprit devant la majesté infinie de Dieu qui m'apparaissait dans une de ses images les plus pures, et, pendant longtemps, j'adorai en silence. L'admiration enchaînait ma langue; une vive joie remplissait mon cœur, je craignais de la troubler en essayant de la communiquer au moyen de la parole. La mer était si belle, le ciel si pur, mes pensées si grandes, que j'aurais cru descendre du monde supérieur où je m'étais élevé, en venant me mêler aux divers groupes qui devisaient, riaient, jouaient sur le pont du navire.

La soirée a été belle aussi. La lune éclairait de sa pâle lumière les vagues éblouissantes d'écume et jetait sur elles un large ruban argenté. Une douce chaleur animait l'air. La fatigue a pu seule m'arracher à ce spectacle séduisant et un sommeil réparateur est venu envelopper mes sens. J'ai rêvé de mer et de navire. Il me semblait, en dormant, ressentir le tangage du navire avec le malaise indéfinissable qu'il apporte.

Quand l'aurore a brillé, j'étais déjà sur le pont. Voilà les rivages de l'Etat ecclésiastique. Là, sur cette crête, à quelque distance de la mer, s'élève Corneto, l'antique cité du moyen-âge, la ville aux grands souvenirs, où les papes abordaient au retour de l'exil.

Le navire s'avance parallèlement au rivage qui vient expirer à la mer par une pente douce et insensible. Il n'y a point de falaise, point de rocher haut et menaçant qui écarte les navires. Tout vous invite à approcher, à descendre sur le sable du rivage.

C'est la terre amie et hospitalière, où tous les exilés trouvent un asile. C'est la patrie universelle des âmes.

Après Corneto, apparaît Civita-Vecchia, l'ancienne *Centumcellæ*, protégée des Empereurs et des Papes, où vivent encore les souvenirs de l'Eglise et des Césars, Civita avec son élégante citadelle, œuvre de Michel-Ange, que la pureté de son architecture plus que ses canons et ses obus met à l'abri de toute attaque, Civita avec ses clochers, ses horloges, ses maisons blanches. Je retrouve tout ce que j'ai laissé là-bas. La patrie ici, la patrie au-delà des mers!

L'officier du bord qui était allé porter nos passeports au palais du gouvernement, arrive sur un frêle canot, à force de rames. D'avides bateliers nous entourent. Ils nous tendent leurs mains calleuses. Ils s'agitent, ils parlent, ils crient: *Padre mio! Eccellenza!* Ils nous offrent des oranges et du pain. Une armée entière de facchini, de vetturini et d'escrocs, soupirant après le moment où il leur sera donné de nous exploiter, se dresse sur le quai, là en face. Ils nous offrent leurs services, ils veulent emporter nos malles, nous emporter nous-mêmes et nous voler, avec des paroles emmiellées pour peu que nous les laissions faire. Malheur à nous, si un moment seulement, notre vigilance était en défaut!

C'est là ce que vient de m'apprendre un bon religieux de Saint-François, procureur de son ordre, le Père Fulgence, qui a fait route avec nous, modèle de courtoisie, de simplicité, de prudence.

DE CIVITA-VECCHIA A ROME

5 Avril.

Hier, à 2 heures, après les longues formalités de la douane et des pourparlers interminables avec les *vetturini* pour régler les conditions du voyage, nous nous sommes mis en route. Nous étions quatre, un prêtre de Gênes qui faisait pour la première fois le pèlerinage des saints Apôtres, deux bons Irlandais et moi.

Nos chevaux soulevant des flots de poussière s'élancèrent dans le chemin qui longe le rivage de la mer ; c'est l'ancienne voie Aurélienne. Bientôt les clochers et les murailles de Civita disparurent, nous étions en pleine campagne romaine. Ces vastes prairies, steppes interminables, m'ont plu. Figurez-vous une plaine immense toute verte, émaillée de pâquerettes qui brillent au soleil au milieu de l'herbe, des monticules verdoyants qui coupent le paysage, des hêtres, des peupliers qui s'élèvent par intervalle, agitant leur tête touffue au souffle du vent ; des ruisseaux bordés de saules sillonnant les prairies, des fontaines coulant dans un long bassin où les troupeaux viennent boire ; ici, un pâtre enveloppé dans un large manteau et appuyé sur son bâton, veille sur le nombreux troupeau qui broute l'herbe autour de lui ; là des chevaux libres du frein bondissent dans l'immensité, vont, viennent, s'approchent des barrières qui longent le chemin, nous jettent un regard scrutateur, fuyent avec la rapidité de l'éclair et disparaissent. Aucune habitation humaine ne parait à l'horizon, point d'autre bruit que le cri aigu du berger ou le hennissement plaintif des chevaux, partout le silence et la solitude. C'est là ce qu'on appelle la campagne romaine, dont les voyageurs, par habitude, disent beaucoup de mal, j'ignore pourquoi. D'un côté, elle aboutit aux monts azurés qui, au loin, bordent la plaine, et à droite, elle se termine à la mer qui vient mollement caresser le rivage.

Le soleil couchant, un beau soleil de printemps, entouré de nuages d'or et d'azur, enflammait les eaux de la mer, jetait sur la campagne romaine et sur les montagnes lointaines une teinte de pourpre qui relevait la beauté du paysage et portait à la rêverie. Revêtue de ces couleurs, brillant de tout l'éclat d'un beau soleil couchant, la campagne romaine m'apparut dans toute sa splendeur. Je l'aime, il me semble que j'y vivrai heureux, que jamais je ne pourrai me rassasier de cette solitude et de ce silence. Ici, le ciel et la terre parlent de Dieu plus qu'ailleurs, invitent au recueillement et à la prière. J'ai éprouvé un tel saississement que je n'ai pris aucune part à ce qui se disait autour de moi. J'ai fermé l'oreille de mon âme au bruit extérieur, et, absorbé dans mes pensées, je ne me lassais pas de contempler. Mes yeux erraient de côté et d'autre, savouraient avec volupté ce spectacle étrange et embrassaient dans un même regard la terre verdoyante, la mer azurée et le soleil qui allait disparaitre derrière les eaux, éblouissant de lumière. Je ne puis vous dire tout ce que j'ai ressenti. C'était doux comme le souvenir, intime et consolant comme la prière. Je sais maintenant où je devrai porter mes pas, quand je voudrai dissiper mon ennui et goûter un peu de bonheur.

Le soleil a disparu derrière les flots sombres et tristes; nous sommes à Palo, où les voyageurs et les chevaux se reposent. Sur le bord de la mer s'élève un château crénelé, aux fières allures. Il domine les pauvres maisons d'alentour. Quelques gendarmes pontificaux y montent la garde. Ce n'est plus qu'une ruine, mais une ruine qui a grand air, comme ces vieillards robustes qui montrent sous leurs cheveux blancs, la vigueur du premier âge. Sept heures sonnent, nous partons.

La nuit commence à nous envelopper, mais la lune nous montre la route et le ciel est sans nuages. Enfin, après une longue attente, beaucoup de fatigue et de poussière, nous apercevons des murs sur le bord du chemin, des portes architecturales, de majestueuses villas. Le chemin tourne, nous sommes sous les murs de Rome. La voilà cette Rome que j'ai tant aimée, qui m'apparaissait en songe bien souvent, cette Jérusalem des siècles futurs, la nouvelle Sion dont on a dit la gloire avec des paroles sublimes : *Gloriosa dicta sunt de te, civitas Dei.* Si j'eusse été seul dans le char, je serais descendu de voiture, j'aurais collé ma lèvre brûlante sur ces pierres vénérables, je les eusse baisées avec un frémissement de joie et de piété. Je l'ai fait en esprit.

Il est dix heures, le dôme de Saint-Pierre nous apparait. Les rayons de la lune l'éclairent des lueurs les plus douces. Il se détache comme une montagne sur l'azur du ciel. Sa vue me fait tressaillir. Je porte la main à mes yeux, ils sont humides de larmes. Je me découvre et, recueilli dans une fervente prière, je salue le prince des Apôtres dont le temple m'apparaissait. Avec l'accent du cœur, je disais : *Tu es pastor ovium, princeps Apostolorum, tibi tradidit Deus claves regni cœlorum.* Le prêtre de Gênes partage ma tendre émotion et prie avec moi. Les Irlandais sont impressionnés, mais à leur manière. Il ne pleurent, ni ne prient, mais ils laissent échapper des cris plaintifs comme les tourterelles.

Le pavé de Rome résonne sous les roues de notre char. Voilà la colonnade, ici la façade de Saint-Pierre éclairée d'un beau clair de lune ; à côté s'allonge l'ombre gigantesque du Vatican, qui domine et protège Saint-Pierre. Ici, coule le Tibre, là se dresse le sombre portique du Panthéon. Il est minuit, nous arrivons à l'hôtel de la Minerve. Comme tous les lits sont pris, j'ai demandé une plume et de l'encre et, en attendant l'aurore, je trace ces lignes. Vous recevrez ainsi de la première main, l'expression de toutes mes pensées et des douces émotions que j'ai ressenties.

DIMANCHE DES RAMEAUX

SAINT-PIERRE ET LE PAPE

6 Avril.

Aux premières clartés du jour, j'ai couru à Saint-Pierre, impatient de toucher de mon front le seuil des saints apôtres et de prier à leur tombeau.

Cette large façade, ces parvis, cette place et la forêt de colonnes qui l'entoure, ce dôme altier qui s'élance vers le ciel portant, au-dessus de tout, la croix triomphante, m'ont ravi d'admiration. Je franchis le seuil sacré, j'entre dans la nef qui semble grandir à mesure que j'avance. La majesté de Saint-Pierre ne m'apparut pas d'abord. Il y fallut de la réflexion et je n'ai compris l'harmonie de l'architecture qu'au moment où, ayant adoré devant la chapelle du Saint-Sacrement, je me suis levé pour continuer ma route. Alors, s'offrirent à mon regard les larges bras du transsept et le dôme qui devenait plus vaste à chaque pas que je faisais.

L'or, le marbre, le bronze, les tombeaux, les mosaïques m'apparaissaient dans un seul regard, et la richesse des détails augmentait l'illusion de l'ensemble. Un monde nouveau se dévoilait à mes yeux, je croyais voir une image du Ciel, nulle part la terre n'offrant un pareil spectacle. Je n'ai pu tout voir ce jour-là, je ne puis tout dire. J'y reviendrai une autre fois.

La pensée qui me dominait, c'était que mes pieds foulaient la terre où repose le pêcheur de Galilée. Pour moi, saint Pierre c'est l'église entière, c'est Jésus-Christ, c'est Dieu lui-même dont il tient la place. Or, ce disciple fidèle de Jésus-Christ, qui but à son calice, qui exerça sa puissance et mourut pour lui, est là couché sous le marbre et le bronze, au milieu de la nef. Au-dessus brillent dans l'or et les mosaïques ces paroles qui affirment la grandeur et la puissance du pêcheur : « Tu es Pierre et sur cette pierre je bâtirai mon Eglise et les portes de l'enfer ne prévaudront point contre elle. Je te donnerai les clefs du royaume des cieux. » C'est le Ciel qui parle, qui donne ces louanges sublimes, qui rend témoignage à celui qui, par ses paroles et par son sang, a rendu sur la terre témoignage à Jésus-Christ.

Au-dessous est le tombeau de l'apôtre, entouré de feux qui brûlent constamment, symbole de vie et d'immortalité. Après le tombeau de Jésus-Christ à Jérusalem, le tombeau de saint Pierre est le plus illustre de la terre. Celui de saint Pierre est plus grand encore. Le Sauveur n'a fait que passer dans le sien. Le roc du saint sépulcre a gardé seulement l'empreinte de son corps, tandis qu'il repose encore à Rome avec les restes de son premier ministre, et tous les honneurs que les générations ont rendus à saint Pierre dormant à Rome son sommeil de paix, s'adressent plus particulièrement à Jésus-Christ qui, dans ses saints, règne et triomphe.

Je m'approchai de la balustrade qui entoure le saint tombeau, j'inclinai mon front, j'imprimai d'ardents baisers sur les dalles, et, tout ému, rempli d'une piété que je n'avais jamais ressentie, j'exhalai mon âme dans une prière qui était un acte d'amour et une contemplation silencieuse. Je goûtai longtemps ces délices de l'âme, et quand j'eus épuisé toutes mes pensées, tous mes sentiments, j'empruntai les belles paroles gravées sur des tablettes autour de la confession, je dis les louanges de saint Pierre, je lui exprimai la tendre dévotion que j'avais pour lui, j'implorai les grâces qui m'étaient nécessaires. Puis, je cherchai une humble place, attendant le moment où le Pape viendrait présider la cérémonie de ce jour.

La basilique était agitée. Des flots de peuple s'y précipitaient par toutes les portes à la fois. Neuf heures sonnent. Le cortège pontifical commence à se dérouler dans la nef; les camériers du Pape portant les mitres et les tiares, les chanoines de Saint-Pierre, les auditeurs de rote, les évêques marchant deux à deux, précèdent le Pape, puis c'est la croix papale, le sacré cortège, enfin, le Pape lui-même, porté sur la chaise curule et dominant toute cette assemblée. A mesure qu'il passe, tous les genoux fléchissent, tous les fronts se courbent pour recevoir sa bénédiction. On se relève aussitôt et la foule immense est comme la houle de la mer. La vague humaine monte et descend, et une parole tombée des lèvres du successeur de Pierre, produit le calme ou la tempête.

Le Pape était revêtu de la chape rouge traditionnelle, il portait la mitre, emblème de l'autorité spirituelle. Sa main gauche retenait sur ses genoux la chape, l'autre était levée et bénissait le peuple à droite, à gauche, avec une paix sublime. On portait autour de lui ces *flabelli* mystérieux, rappelant aux fidèles que les regards de leur père sondent toutes les profondeurs et voient jusqu'aux extrémités de la terre.

Quand le cortège fut plus rapproché de moi et que je pus contempler les traits du Pape, je vis tant de douceur et de bienveillance répandues sur sa physionomie que je lui aurais volontiers, comme Jacob à Esaü, adressé ces paroles : « Quand vous m'avez paru, il m'a semblé que je voyais le Seigneur lui-même. » *Vidi faciem tuam quasi viderim faciem Dei.* Je voyais le vicaire de Jésus-Christ, il me semblait que c'était Jésus-Christ lui-même. Quand il passa devant moi, j'inclinai mon front devant le successeur de Pierre, avec ce respect et cette dévotion intérieure qu'inspire l'Eucharistie. Toutes les grandes scènes de l'Evangile et des actes des Apôtres se présentèrent à mon esprit. C'était saint Pierre recevant le pouvoir des clefs sous les murs de Césarée, c'était Jésus-Christ lui donnant sur les bords du lac de Galilée, le droit de paitre les agneaux et les brebis, c'était encore saint Pierre présidant le cénacle, prêchant sur les places publiques, ressuscitant la veuve Tabithe, brisant les fers du cruel Hérode, et, par un miracle, échappant à la mort qu'on lui préparait. Avec le Pape, entouré d'évêques et de cardinaux m'apparaissait l'Eglise du Ciel, l'Eglise de tous les temps, présidée par Jésus-Christ lui-même.

J'assistai à la bénédiction des palmes ; je vis la procession défilant avec majesté dans la grande nef, le Pape et les cardinaux, tenant des palmes dans leurs mains, emblème des victoires de l'Eglise, je vis l'entrée du Pape et des évêques par la grande porte de la Basilique, symbole de l'entrée au Ciel du peuple des élus à la suite de Jésus-Christ, le Pontife des siècles futurs ; j'entendis le chant de la Passion, mélodieux et triste, dont chaque mot vibrant comme un cri de douleur, faisait passer le frisson dans mes veines. C'était plein de grandeur et de magnificence, et pourtant rien ne put effacer l'émotion que j'avais éprouvée en voyant le chef de l'Eglise. Cette impression domina toutes les autres et se grava profondément dans mon âme. Elle ne s'effacera jamais.

VUE GÉNÉRALE DE ROME

8 Avril.

La fièvre qui dévore tous les étrangers arrivés de la veille s'est fait sentir à moi. J'ai voulu tout voir en un jour, courir d'une basilique à l'autre, du Forum au Tibre, et en ne voyant rien attentivement, me faire une idée générale de Rome.

Voici la rue princière de Rome, où le mouvement afflue, où, tous les soirs, accourt une population entière , elle n'est pas large. A droite et à gauche, des palais magnifiques la décorent. A l'extrémité, c'est le palais de Venise, masse imposante et sombre, couronné de créneaux, percé de quelques fenêtres étroites. On dirait une citadelle ou une prison d'État. Ici, est le riche palais Torlonia , là, l'humble demeure où Madame Lœtitia trouva un refuge, quand ses malheureux fils qui avaient occupé les plus beaux trônes du monde, furent proscrits ou prisonnniers, et rendit le dernier soupir au milieu des douleurs que la désolation de sa famille faisait sentir à son âme altière. A droite, le palais Sciarra et l'église de Saint-Marcel qui remonte aux premiers siècles de l'Église. A droite, le palais Doria, une des merveilles de Rome, et l'église de Sainte-Marie *in via lata*, dont le souterrain fut la demeure de saint Paul.

Plus loin, s'ouvre la vaste place Colonna où l'on admire la colonne de Marc Aurèle, élégante et hardie. Vous laissez à gauche le palais Chigi, le palais Ruspoli, d'une architecture sévère, et l'église Saint-Charles, où le Pape vient une fois l'an tenir chapelle.

Voici la place du Peuple, ornée de belles églises et d'un obélisque imposant qui, en face de la voie Flaminienne, par où les étrangers arrivent, élève dans les airs la croix triomphante. C'est par là que les Papes sortent ordinairement pour aller en exil ou en prison ; c'est par là aussi qu'ils reviennent au bruit des acclamations populaires.

Au delà est la villa Borghèse, ouverte à tout le monde, où, chaque soir, la société romaine vient passer quelques heures sous de belles allées. L'église de Sainte-Marie-du-Peuple est en face. J'y entre pour offrir ma prière à la Très-Sainte Vierge. Cette église n'a rien de bien séduisant dans son architecture. Mais que de chefs-d'œuvre entassés dans ce court espace ! Allons au Pincio, gracieuse promenade qui n'a pas sa pareille au monde. Comme l'air est pur et transparent à ces hauteurs ! On vit, on respire ici mieux qu'ailleurs. Quelles gracieuses allées ! Que de fleurs écloses dans ces parterres ! Les grands hommes de l'Italie ont été bien placés sur ce mont où tout réjouit le regard. Au delà du Tibre, qui roule avec lenteur ses flots dorés sur un tapis de verdure, on voit Saint-Pierre éclairé des premiers rayons de soleil, le Vatican austère et le belvédère, et derrière ces constructions gigantesques, les montagnes veloutées qui terminent la campagne de Rome. Assis sous un pin touffu, je ne me lassais pas de contempler, mon regard se reposait doucement sur cet horizon enchanteur, mon âme s'élevait; elle grandissait avec le paysage.

Je quitte le Monte Pincio, je laisse à gauche le palais Medici, demeure somptueuse que la France a ouverte aux arts, la Trinité-du-Mont, et en bas, la place d'Espagne et la colonne de la Vierge Immaculée que Pie IX, plein de délicatesse, a élevée en cet endroit pour honorer la piété envers Marie d'une grande nation catholique.

Nous voilà arrivés aux *quatre fontaines*, je traverse la *via Pia*, je laisse à droite le Quirinal et ses magnificences, j'ai hâte d'arriver à Sainte-Marie-Majeure. Faisons le tour de l'édifice. Quel gracieux portique! Comme ici tout est plein de douceur, tout parait aimable! C'est bien le temple de la mère la plus tendre.

Mon regard court des tombeaux imposants à la dorure des voûtes, aux riches mosaïques de l'abside et de l'arc triomphal, aux chapelles Borghèse et Sixtine. Je suis venu pour prier, je ne puis qu'admirer. Mon guide m'entraine à travers une allée de peupliers tout verts, jusqu'à l'église de Sainte-Croix-de-Jérusalem, solitaire et reculée jusqu'aux extrémités de Rome. Le désert convient bien à l'église de Sainte Hélène, où sont gardées soigneusement les reliques de la Passion. Ici, dans ce coin retiré, la douleur, le silence, les humiliations. Au loin, en face de vous, à l'extrémité de cette pelouse verdoyante, dominant tout de sa masse à la fois gracieuse et imposante, Saint-Jean-de-Latran, la royale cathédrale de Rome, *omnium ecclesiarum Mater et caput*. Elle porte au milieu des airs une brillante couronne, le Sauveur tenant sa croix entouré de martyrs et de pontifes.

A droite, se dresse fièrement l'acqueduc de Néron, dont les ruines sont le plus riche ornement de la campagne romaine.

Des parvis de Saint-Jean-de-Latran, on domine la campagne au midi. On aperçoit, au loin, les montagnes du Latium, de Monte-Cavi, de Franscati, Albano, les champs où furent Ardée, Lavinium, Laurentum, humbles commencements de Rome, et premiers champs de bataille qui devaient aboutir, après dix siècles, à une bataille suprême et à la victoire de l'Église sur la puissance Romaine. Les destinées de Rome commencent à Lavinium et Albe-la-Longue ; elles se terminent au Latran. D'ici, en un seul regard, j'embrasse toute l'histoire de Rome.

Sorti par la porte de Saint-Jean-de-Latran, je longe les murailles antiques, défendues par des tours d'un aspect sévère, construites par Aurélien, réparées par l'infortuné Bélisaire; j'admire en passant les nobles restes des portes de Saint-Sébastien et de Saint-Paul, que le temps a noircies et rendues vénérables. Je m'engage dans la voie d'Ostie qui était autrefois la grande voie des nations, aujourd'hui déserte et abandonnée. Voilà Saint-Paul que la piété de Constantin éleva à la gloire du grand apôtre, que l'impératrice Placidie orna magnifiquement. Consummée par les flammes dans une nuit de tristesse et de deuil, il y a trente-quatre ans, elle est sortie de ses ruines plus riche et plus merveilleuse encore. Saint-Paul est étincelant d'or, de marbre, de jaspe, d'albâtre, de malachites, de peintures et de mosaïques, mélange harmonieux de l'art ancien et de l'art moderne. L'Église a l'éternité devant elle. Dans sa course miraculeuse, elle retient quelque chose, quelques usages, les souvenirs de tous les âges qu'elle traverse. Pourquoi ses monuments et ses basiliques ne feraient pas de même ?

Connaissons-nous exactement l'architecture en vigueur au temps de Placidie et de Constantin ? Quand on veut imiter l'architecture de ces siècles reculés, on invente, on crée. Bâtissons, ornons, peignons les églises suivant les règles établies aux temps où nous sommes et unissons de cette manière les temps nouveaux et les temps anciens.

Saint-Paul est loin de Rome ; il s'élève au milieu de la campagne, dans un désert, à côté du Tibre.

Les bruits du monde et de la cité n'arrivent pas jusqu'à l'antique basilique et jamais la foule ne remplit ses nefs. Ses fêtes elles-mêmes sont abandonnées. On rencontre à peine, sur le chemin qui y mène, quelques pèlerins qui vont prier sur le tombeau du grand apôtre et vénérer ses restes. Mais, comme on prie bien dans les chapelles solitaires qui s'ouvrent au transsept, et quelles grandes pensées vous viennent à l'esprit dans ces longues nefs qui se perdent au loin dans l'ombre et le mystère !

Le soleil décline, hâtons-nous de rentrer dans Rome et donnons un regard à ses ruines après avoir contemplé ses magnificences. Voilà le temple de Vesta, noble et gracieux monument, qui excite encore l'admiration bien que le temps lui ait enlevé une partie de ses ornements. Il est bien à sa place sur les bords désolés du Tibre, au milieu de ces pauvres habitations.

J'ai, à ma gauche, l'orgueilleux Palatin où les cyprés agités par le vent se balancent parmi les arceaux à demi-ruinés du palais des Césars et semblent porter le deuil de la puissance Romaine. Le chemin poudreux qui est devant moi traverse le vaste Cirque, où les Romains venaient demander, à grands cris, aux tyrans qui les dominaient, des jeux et du pain. A droite, s'élève le mont Aventin, couvert de vignes, de jardins et de monuments écroulés. Partout les ruines et le silence.

Ici, le peuple-roi venait assister aux fêtes les

plus somptueuses qu'ait vu la terre, et maintenant c'est à peine si on rencontre, ça et là, quelques paysans couverts de haillons, conduisant des bœufs, ou des étrangers qui viennent, la tristesse au cœur, contempler les débris des siècles. Ici, les Empereurs et les riches Patriciens s'étaient construit de splendides demeures. L'or, les pierres précieuses, les marbres éclataient partout, et maintenant partout où votre regard se repose, il ne découvre que des ruines.

Montons sur l'Aventin désert. Il y a fête. Aux lieux où était autrefois la maison de Trajan, où se dressaient les temples célèbres d'Hercule et de Diane, on voit une humble chapelle dédiée à la vierge sainte Prisque. Convertie par saint Pierre, elle subit, sous l'empire de Claude, un long et douloureux martyre : la trace du sang chrétien remonte haut dans les siècles. Issue d'une famille Patricienne, elle fut souffletée ; elle se trouva heureuse d'être humiliée pour Jésus-Christ. Le lion qui était destiné à la dévorer quand les bestiaires le lâchèrent dans l'arêne, vint se coucher à ses pieds et les caresser. Enfin on lui trancha la tête ; elle n'avait que treize ans. Les persécuteurs avaient hâte de faire couler le sang des martyrs, ils craignaient de voir ces tendres victimes leur échapper. Sainte Prisque fut la première immolée pour le Christ dans la ville de Rome. On lui a érigé ce temple sur le Mont Aventin, dans la maison où s'était écoulée son enfance, où saint

Pierre, suivant la tradition, avait reçu l'hospitalité et commencé son ministère. Le pape Calixte III a fait graver ces beaux vers près du grand autel de l'ancienne basilique :

PRIMA UBI AB EVANDRO SACRATA EST HERCULIS ARA
URBIS ROMANÆ PRIMA SUPERSTITIO
POST UBI STRUCTA ÆDES LONGE CELEBRATA DIANA
STRUCTAQUE TOT VETERUM TEMPLA PUDENDA DEUM
MONTIS AVENTINI NUNC FACTA EST GLORIA MAJOR ;
UNIUS VERI RELIGIONE DEI.

C'est aujourd'hui la station de Sainte-Prisque. Des rameaux de buis sont parsemés à l'entrée du temple. Quatre vieillards assis sur les marches en pierre sollicitent la charité des passants avec des prières touchantes. La foule n'était pas grande, l'office était terminé. Des nuages d'encens remplissaient encore l'enceinte du temple et on respirait les derniers parfums qui restent des saintes solennités. J'ai prié avec beaucoup de ferveur et de recueillement la jeune vierge qui inaugura dans Rome l'ère des martyrs et versa avec tant de courage un sang si pur; je me suis souvenu aussi le l'apôtre qui la convertit, lui inspira un si généreux dévouement et j'ai uni son nom à celui de la martyre.

Le soleil a disparu à l'horizon; au loin, le murmure harmonieux des cloches se fait entendre, on ferme les portes du temple; sortons. Je suis rentré dans Rome en suivant les rives du Tibre.

Dans cette longue course qui a pris toute ma journée, je me suis fait une idée de Rome. C'est une ville de ruines et de grands souvenirs. L'ancienne ville présente l'image de la plus affreuse désolation, sa vue plonge l'âme dans une tristesse infinie et lui arrache des larmes. On ne voit partout que des pans de murs à demi écroulés, dont les pierres, couvertes de terre, branlent déjà et vont tomber, des arceaux encore majestueux et imposants dans leur détresse. Le palais des Césars semble encore avoir des menaces.

La ville moderne, au contraire, est pleine de vie et de magnificence. Mais, il faut l'avouer, tout y ressent la puissante influence de l'Église. C'est son souffle vivifiant qui a fait sortir du milieu des ruines ces magnifiques édifices, ces riches palais, ces basiliques somptueuses que l'univers envie à Rome. La puissance des Césars est morte, celle des Papes a pris leur place, elle est encore vivante et dans la vigueur de sa force. C'est là, la Jérusalem nouvelle, la sainte cité descendue du Ciel, parée comme une fiancée qui va au devant de son époux. L'époux immortel c'est le Christ qui règne à Rome avec les pontifes successeurs de Pierre et dont l'empire n'aura point de fin.

LE MERCREDI SAINT A ROME

CHAPELLE SIXTINE ET BÉNÉDICTION DES GRANDES RELIQUES DE LA PASSION

9 Avril.

Hier, j'ai voulu entendre les chants de la Chapelle Sixtine. Il a fallu attendre pendant une heure au bas de l'escalier royal, au milieu d'une foule bruyante. A un signal donné, les Suisses nous ont permis de monter et nous avons envahi la chapelle. L'office a commencé, les chants de la Chapelle Sixtine sont pleins d'harmonie et de gravité, les lamentations émeuvent, le *Miserere* vous touche de pitié. Malheureusement, il y a trop de foule et une foule qui n'écoute pas les chants mélancoliques avec recueillement; on parle, on rit, on se pousse; des anglais voraces mangent, poussent des cris, plaisantent; on vole, on se fait des affaires avec les Suisses et les Gardes-Nobles. Il est impossible de prêter aux chants de la Passion, l'attention qu'il faudrait pour les comprendre et les goûter.

Les peintures ont parlé à mon cœur. Ce qui frappe le plus dans la Chapelle Sixtine, ce qui excite votre admiration au moment ou vous en franchissez le seuil, ce sont les peintures. La Chapelle Sixtine est un carré long, très vaste, mais sans caractère ni architecture. Elle n'aurait rien de bien remarquable n'était les chefs-d'œuvre empreints sur les murs et les voûtes qui sont le vaste champ où le talent de Michel-Ange s'exerça. D'autres peintres, le Perugin et Signoretti ont orné ces murs; mais le grand artiste les éclipse tous.

Les grandes scènes de l'Ancien et du Nouveau Testament ont été représentées sur les murs de la chapelle. C'est le temps présent, l'Église de Jésus-Christ et des Apôtres; sous la voûte, comme pour rappeler le passé qui est loin déjà, mais qui domine cependant tous les événements écoulés, les prophètes de l'ancienne loi et les Sybilles se courbent gracieusement et se donnent la main. Ils nous apprennent qu'un même souffle les inspirait, que Dieu prodigue de ses grâces aux enfants d'Abraham, avait aussi envoyé sa lumière aux nations dispersées. Quelle autorité, quelle force sur les traits des Prophètes! Quelle gravité sévère, quelle confiance dans la possession de la vérité éclate sur la figure des Sybilles! On dirait qu'elles se détachent de la voûte, qu'elles vont descendre et vous parler! Elles parlent véritablement.

Jonas, assis au dessus de l'autel, dominant toute la chapelle et le jugement dernier lui-même, déploie une vigueur, une majesté divine. Ce n'est pas Jonas sortant de la baleine, rendu à la vie et au ministère sublime qu'un Dieu lui a confié. C'est le Christ victorieux, sorti du tombeau après avoir rompu les liens de la mort, dominant toutes les choses divines et humaines, régnant avec son Église dans les siècles des siècles.

Enfin, le sombre avenir réservé à la terre, aux hommes de tous les temps, le lendemain de la fin du monde, vous apparaît au fond de la chapelle, dans le poème que Michel-Ange, d'un pinceau inspiré, a tracé sur le mur. C'est le jugement dernier, chef-d'œuvre de la peinture et la plus étonnante conception du génie humain. Il occupe tout le fond de la chapelle ; on ne peut le regarder sans frémir.

Jésus-Christ, assis sur les nuées, dans le calme de la force et de la majesté, lève sa main vengeresse pour maudire. Il semble que ses lèvres entr'ouvertes laissent tomber les paroles qui foudroient les impies : *Ite maledicti in ignem æternum,* « Allez maudits au feu éternel. » L'Auguste Vierge qui lui donna le jour, la mère d'amour et de miséricorde, est elle-même saisie d'épouvante en voyant se lever cette droite pleine de menaces. Elle recule épouvantée. On voit qu'elle ne songe pas à prier pour les coupables, à s'établir médiatrice entre eux et son divin Fils. Comme les saints qui environnent Jésus-Christ, comme les anges qui traversent l'espace, portant la croix empourprée de son sang et la colonne où on le flagella, suivant la parole de l'Evangile, elle se trouble, elle sèche de crainte et d'épouvante. Au-dessous, les morts pâles encore et déchirant leurs suaires, remontent avec la rapidité de l'éclair devant le Juge terrible, qui sépare le grain de la paille légère, les bons d'avec les méchants. Les saints anges aux formes vigoureuses mènent les justes au Ciel et les démons hideux entrainent aux enfers les damnés qui se tordent dans les angoisses du désespoir. Il y a là un mouvement, une ardeur, une vie qu'on ne rencontre pas ailleurs. Le cœur se brise de douleur et toutes sortes de grandes pensées vous agitent.

Il me semblait entendre les paroles de Massillon : « Je suppose que c'est ici votre dernière heure, que les cieux vont s'ouvrir sur vos têtes, Jésus-Christ paraitre dans sa gloire, au milieu de ce temple et que vous n'y êtes assemblés que pour l'attendre. »

Les cieux sont ouverts, Jésus-Christ parait dans l'éclat de sa gloire et de sa majesté. L'Eglise du Ciel et de la terre sont ici réunies, l'Eglise de la terre avec son chef visible, le Pape ; l'Eglise du Ciel, les martyrs, les apôtres, les anges avec leur chef Jésus-Christ qui va nous juger tous. Quelle scène ! quel aspect ! On ne peut supporter longtemps cette pensée, on ne peut se livrer à toutes les réflexions que cette vue inspire, l'âme est glacée de terreur. Sortons, allons chercher ailleurs des images plus douces, des pensées plus consolantes.

Il est tard, le soleil est déjà descendu du Ciel, la

nuit vient lentement, j'entre dans Saint-Pierre. L'obscurité la plus complète règne dans l'édifice qui, à cette heure, parait plus vaste encore dans son immensité. Les voûtes sont plus élevées, les nefs plus larges, le dôme est un abîme. On est ému, on frissonne. La foule circule dans Saint-Pierre, recueillie et en proie à des pensées austères. Le souvenir de la Passion du Sauveur domine toutes les âmes. Ce n'est plus cette curiosité mondaine, ce bruit sourd, cette joie qu'on remarque les autres jours et qui choque l'âme chrétienne. Aujourd'hui tout est grave et silencieux. Aucun flambeau n'éclaire l'obscurité du temple ; les cent lampes qui brillent autour de la Confession sont éteintes, une tristesse religieuse remplit l'âme. Le chant du *Miserere* a cessé, les prêtres sortent lentement de la chapelle de la Vierge ; ils marchent deux à deux, recueillis et silencieux. Ils viennent se placer au milieu de la nef, devant la Confession, la foule lui ouvre ses rangs. Tout à coup les flambeaux éclairent le pilier de la Véronique, la foule s'arrête et se prosterne, un silence de mort s'établit partout, du haut du balcon les prêtres présentent aux adorations des fidèles les reliques de la Passion et bénissent la foule. La Sainte Croix où le corps de Jésus-Christ reposa pendant son agonie, la croix qui fut son lit de douleur et sauva le monde, qui paraîtra, à la fin des temps, brillant du plus vif éclat et annoncera, comme une aurore éclatante, l'arrivée du Souverain

Juge, la lance qui déchira la poitrine du Sauveur, ouvrit son cœur, en mesura la profondeur et fit couler jusqu'à la dernière goutte de son sang, le voile de la Véronique où son visage fut empreint, qui garde encore ses traits défigurés par la souffrance, furent tour à tour élevés au-dessus de nos têtes et offerts à nos hommages. Aucun chant, aucun cri, aucune parole n'accompagnait cette cérémonie sublime, aucun accent n'eut pu répondre à la grandeur du spectacle.

Plein d'émotions douces et tristes tout à la fois, on se prosterne, on adore en silence, on touche la terre de son front, on verse des larmes. On se figure sainte Marie-Egyptienne entrant au Saint Sépulcre, adorant cette même croix, fondant en larmes et formant le projet d'une vie entière de douleur et de pénitence.

Je viendrai souvent assister à cette cérémonie.

LE JEUDI SAINT

ENTRÉE DES PÈLERINS A SAINT-PIERRE

10 Avril.

Le Jeudi Saint est partout une journée de prière et de piété. C'est à Rome plus qu'ailleurs que cela est vrai. De bonne heure j'ai été prendre place à la Chapelle Sixtine, où les cardinaux et toute la Cour romaine ont reçu la Communion des mains du Pape. Spectacle touchant et sublime! Il y avait là un recueillement, une tristesse, une grandeur dont rien n'approche. Après la messe, le Pape s'est approché de l'autel, il a pris dans ses mains le Saint-Sacrement qu'il a recouvert d'un voile blanc jeté négligemment sur ses épaules, et le cortège s'est mis en marche. Les camériers, les évêques, les cardinaux, tenant des torches dans leurs mains et récitant des prières, allaient lentement et deux à deux, se dirigeant vers la chapelle Pauline, où était dressé un tombeau splendide, entouré de lumières. La foule était si compacte dans la salle royale qui sépare les deux chapelles, que les cardinaux et les évêques étaient pressés l'un contre l'autre. Le Pape lui-même, sous le dais, avait de la peine à marcher. Il ne paraissait pas s'en inquiéter, absorbé qu'il était par la pensée du Dieu qu'il portait dans ses mains. Je me rappelais le récit du Saint Évangile et les paroles de saint Pierre: « Maitre, la foule vous presse et vous incommode. » De la chapelle Pauline, le Pape est allé à la Loggia et a donné sa bénédiction à la ville de Rome. Il n'y avait pas beaucoup de monde sur la place ; le temps était mauvais, la foule avait envahi l'église de Saint-Pierre et la salle qui est au-dessus du parvis, pour voir le lavement des pieds et le diner des apôtres.

Pourtant, j'ai trouvé que cette bénédiction avait un caractère particulier. Je l'ai trouvée sinon plus belle que celle de Pâques, au milieu de toutes les splendeurs du Ciel et de la terre, avec une foule immense remplissant la place de Saint-Pierre, du moins plus intime, plus religieuse, plus en harmonie avec les saintes tristesses de ce jour. Le lavement des pieds et le diner des apôtres ont eu lieu au milieu d'une foule innombrable et si bruyante qu'il n'y avait pas moyen de bien se pénétrer du mystère.

Le soir, comme j'étais avec la foule dans Saint-Pierre, dont les voûtes et les extrémités les plus reculées retentissaient au bruit des sons harmonieux et des lamentations qui nous venaient du chœur des chanoines, j'ai vu entrer le cortège du grand Pénitencier. Il était entouré de tout le personnel de la Pénitencerie, il est monté sur son trône où il s'est assis, tenant dans sa main la baguette symbolique du Préteur qui affranchissait les esclaves. On venait, on se prosternait, on recevait avec foi un coup de cette baguette et on gagnait les indulgences. Puis, le Cardinal s'est levé, il est sorti de la Basilique. La nuit se faisait, l'obscurité commençait à envahir les nefs de Saint-Pierre ; les lumières de la Confession étaient éteintes, on ne voyait plus que les cierges du tombeau et les pâles flambeaux de l'autel du Chapitre, qui s'éteignaient un à un, image des ténèbres qui couvrirent la terre au moment où le Christ expira. La tristesse gagnait les cœurs, j'étais ému.

Tout à coup, la porte de Saint-Pierre s'ouvre, un pieux cortège entre dans la Basilique. C'était les pèlerines de la Trinité-du-Mont qui venaient adorer. Elles étaient nombreuses ; il y en avait de tous les points de la Sabine et de la campagne romaine, jeunes filles et femmes âgées, pauvres des biens de la terre, mais riches de foi et de piété ; elles avaient été recueillies et soignées par la charité chrétienne. Les princesses romaines les accompagnaient à Saint-Pierre, marchaient à côté d'elles, les tenant par la main comme des sœurs et des filles, et leur inspirant une tendre confiance.

L'égalité, la fraternité, tant célébrées par des hommes abusés, nulle part n'est si bien comprise qu'à Rome. L'Eglise seule, cette démocratie universelle de tous les hommes et de tous les peuples, en a seule une idée.

SAINTE-CROIX-DE-JÉRUSALEM ET VENDREDI SAINT

11 Avril.

C'est aujourd'hui le grand anniversaire, jour de tristesse et de deuil! Où irai-je m'attendrir sur les douleurs du Calvaire? Il y a trop de magnificence à Saint-Pierre, la Chapelle Sixtine est trop bruyante. J'irai à Sainte-Croix-de-Jérusalem.

Le temps est affreux, le ciel est noir, il pleut à torrents, n'importe! Le temps répond à la tristesse de ce jour.

Je gravis le Capitole, je descends au Forum dont l'aspect désolé me navre; je laisse à droite et à gauche des ruines, des arcs de triomphe, des colonnes debout au milieu des ruines, comme des spectres, je longe le Palatin où l'herbe pousse, je traverse le Colysée plein de grandeur et de solitude ; voilà les parvis de Saint-Jean-de-Latran, et au bas d'une pelouse verdoyante, enfermée entre les vieux remparts de Rome et l'aqueduc de Neron, se montre la vieille Basilique de Sainte-Hélène!

Elle s'élève à l'extrémité de Rome, au milieu des ruines et dans le désert. C'est bien la place qui lui convient. Un temple consacré à la croix du Sauveur doit inspirer la fuite du monde et le silence.

Sainte Hélène, qui habitait, on le croit du moins, dans le palais Sessorien, bâti par Héliogabale, fit construire cette Basilique, et y plaça les reliques qu'elle apportait de Jérusalem. La plus importante était la vraie croix. Cette église n'avait pas les dimensions des grandes basiliques de Constantin. Lucius II, Urbain V et Benoît XIV la reconstruisirent ou la réparèrent. Elle a trois nefs que séparent de belles colonnes de granit. Dans l'abside a été réprésentée, sous le Pape Alexandre VI, la découverte de la Sainte Croix, peinture suave et naïve. L'auteur, sans doute, par humilité, refusa de signer son œuvre dans l'Église destinée au triomphe de la Croix. Un baldaquin élégant, porté sur quatre colonnes, s'élève au-dessus de l'autel qui est une urne antique.

Derrière l'abside est la chapelle de sainte Hélène. La terre que la pieuse impératrice recueillit sur le Calvaire, forme le sol. Si la terre du Colysée et celle du Vatican ont bu le sang des martyrs, celle-ci a plus de prix encore, elle a reçu le sang qu'un Dieu répandit.

Je m'attendais à trouver une grande foule à Sainte-Croix-de-Jérusalem, le jour du Vendredi Saint, je croyais que les étrangers, venus à Rome, auraient, comme moi, la pensée de venir prier aujourd'hui aux lieux où la croix du Sauveur repose. Je me suis trompé, la foule n'aime pas la solitude et la tristesse.

Il lui faut le bruit et les pompes. J'assistai seul à l'office, avec trois prêtres français qui avaient eu la même pensée que moi. Nous nous plaçâmes à l'extrémité de la petite nef, en face du balcon des reliques. Nous suivîmes avec émotion la passion de saint Jean et les prières de la liturgie. Il me semblait que les paroles du Sauveur avaient ici plus de force et d'onction que dans les autres églises. Je croyais l'entendre lui-même, reprochant du haut de la croix leurs crimes à tant de chrétiens ingrats et légers : « Que vous ai-je fait, répondez-moi ? » *Popule meus quid feci tibi.*

Quand les moines, avec beaucoup d'ensemble et d'harmonie, chantaient les louanges de la croix, de la couronne d'épines, des clous qui percèrent les mains et les pieds du Sauveur, je comprenais mieux les paroles de la liturgie dans l'Église où l'on garde les reliques de la Passion.

Felle potus ecce languet
Spina, clavi, lancea
Mite corpus perforarunt
Unda manat et cruor.

« Le voilà, il est abreuvé de fiel, il languit, les épines, les clous, la lance cruelle ont déchiré sa chair délicate, et de ses plaies le sang et l'eau jaillissent. »

Crux fidelis inter omnes
Arbor una nobilis,
Sylva talem nulla profert
Fronde, flore, germine.

« Croix fidèle, le plus noble et le plus précieux de tous les bois; nulle forêt n'en produit de semblable. »

Je croyais être au Calvaire, j'assistais à la mort du Sauveur, je touchais sa croix, je la serrais dans mes bras comme Jean le disciple bien-aimé et Marie-Magdeleine, j'entendais, avec les chants de l'Église, les soupirs qu'exhalait sa poitrine haletante. Tout ce qui était sur le Calvaire se trouvait là : la terre, la croix, les clous, la victime elle-même, et, faut-il le dire ? l'abandon où on le laissa.

Quand l'office fut achevé, les moines vinrent deux à deux et, recueillis, se prosterner dans la nef de droite. Du haut du balcon, le prieur du monastère nous montra en nous bénissant, la sainte croix, une des épines de la sainte couronne, un des clous qui percèrent la chair du Sauveur, enfin le doigt de saint Thomas qui sonda la profondeur de ses plaies sacrées.

J'adorais en silence, pénétré de confiance et de regret. Ce sont là, en effet, les deux sentiments qu'excite dans l'âme la Passion du Sauveur : le regret, ce sont nos fautes qui ont causé les tourments, les humiliations et la mort d'un Dieu ; la confiance, le Dieu qui ne s'est pas contenté de mourir pour nous et d'expier nos crimes, qui a voulu encore multiplier les souffrances, être flagellé, couronné d'épines, attaché à la croix est le Dieu qui pardonne. Il attend, cloué à la croix et les mains étendues pour les embrasser, les plus grands pécheurs, et ceux-là même qui flagellent son corps mystique, la sainte Église. Puisse le souvenir de sa croix, inspirer le repentir et la confiance à ces fils ingrats et dénaturés qui font aujourd'hui une guerre acharnée à l'Église leur Mère !

Quand les Français entrèrent dans Rome, en 1849, Garibaldi et les siens s'enfuirent par la porte de Saint-Jean-de-Latran et gagnèrent Velletri. L'épouse de Garibaldi, Annita, était parmi les cavaliers. Elle jeta en fuyant, un regard douloureux sur l'église de Sainte-Croix-de-Jérusalem. Les fatigues de la route, les émotions d'une fuite précipitée avaient altéré sa santé. Elle fut prise par la fièvre et laissée mourante au milieu d'une plaine. La passion douloureuse du Sauveur lui vint à l'esprit au moment suprême. Que se passa-t-il dans cette âme altière où la foi n'était pas éteinte ? On l'ignore. Mais, comme si elle demandait grâce et implorait la miséricorde de ce Dieu crucifié qui allait être son juge, elle poussa ce cri déchirant : *Santa Croce di Gerusalemme !* et elle expira. Il n'en fallut pas davantage au larron pour être pardonné !

PAQUES ET BÉNÉDICTION PAPALE

12 Avril.

Rome célèbre deux grandes fêtes qui rivalisent d'éclat et de magnificence, Pâques et saint Pierre : ces deux fêtes se ressemblent. L'une est la fête du Ciel, c'est le triomphe de Jésus-Christ sur la mort et sur l'enfer. L'autre, c'est la fête de la terre ; elle rappelle les victoires de l'Église et la présence de Jésus-Christ parmi nous jusqu'à la fin des temps. Comme saint Pierre est le vicaire et l'image du fils de Dieu, qu'il exerce son autorité, ces deux solennités ne diffèrent point.

Aujourd'hui, la joie est peinte sur tous les visages, on s'aborde le sourire sur les lèvres et on se félicite, *Pasqua, Pasqua, felicissime sante feste!* Des guirlandes de lumières courent autour des magasins ornés de buis et de lauriers. Ce sont des restes des anciens temps où des couronnes verdoyantes décoraient les maisons aux jours de grandes fêtes. La foule se porte de bonne heure à Saint-Pierre, qui est comme le Forum de la Rome chrétienne. C'est là que le peuple fidèle va se réunir pour se réjouir ou pour verser des larmes, suivant le temps, avec l'Église.

Un bruit sourd résonne dans la Basilique, pareil au murmure des flots que le vent agite. On se précipite autour de la Confession pour y prier et on fait queue devant la statue de saint Pierre, pour toucher du front et des lèvres, son pied vénéré.

Dix heures sonnent. Les deux portes en bronze de la Basilique s'ouvrent, un silence religieux s'établit dans l'enceinte du temple. Le cortège Pontifical descend l'escalier royal, traverse lentement le parvis de Saint-Pierre; viennent ensuite les membres de la Prélature, les évêques présents à Rome de tous les pays et de tous les rites avec leurs différents costumes, les cardinaux diacres revêtus de riches dalmatiques et la mitre en tête, les cardinaux prêtres avec leurs chasubles, les six cardinaux suburbicaires revêtus de chapes de soie et d'or, chacun suivi de sa maison, enfin le Pape porté sur la sédia, revêtu de la chape blanche, symbole de joie et de triomphe, entouré des mystérieux *flabelli*. Dès qu'il a franchi le seuil de la Basilique, les trompettes sacrées résonnent et des fenêtres du fond elles jettent dans la nef des accents de victoire. Les chantres de la Chapelle Sixtine disent, sur un air joyeux, les louanges de saint Pierre: *Tu es pastor ovium princeps apostolorum tibi tradidit Deus claves regni cœlorum.* « Vous êtes le pasteur des brebis et le prince des apôtres. Dieu vous a donné les clefs du royaume des Cieux.

Au son éclatant de la trompette, au bruit des

chants harmonieux, on ne peut dominer son émotion; on se prosterne et on incline son front sous la main du Pontife qui se lève pour vous bénir. Cette marche triomphante du Pape vers l'autel du sacrifice, figure la marche victorieuse de l'agneau sans tache que les élus suivent dans le Ciel en chantant ses louanges. Le Pape a prié devant la Confession de saint Pierre, il monte sur le trône qu'on lui a préparé à gauche, et quand il est assis, les cardinaux, ses frères, laissant flotter leur pourpre sur les tapis du sanctuaire, viennent lentement, l'un après l'autre, reconnaître son autorité souveraine, courber leur front devant la majesté du Pontife et baiser cette main vénérable qui tient le gouvernail de l'Église.

La messe commence, le Pape encense l'autel et il va s'asseoir, entouré de cardinaux et d'évêques, au trône qui s'élève au fond de la nef. Le cardinal diacre est resté à l'autel, il s'assied en face du Pape. C'est ordinairement le cardinal secrétaire d'Etat qui remplit les fonctions de diacre à la messe. Il chante l'Évangile, sa bouche qui défend les intérêts de l'Église contre les attaques de ses ennemis, est digne de prononcer les paroles du saint Évangile dans cette auguste Assemblée.

A l'offrande, le Pape vient à l'autel et continue le sacrifice parmi les chants harmonieux de la Chapelle Sixtine. A l'Élévation, il tourne sur lui-même et montre à la foule qui remplit la Basilique, le calice et l'hostie. Rien d'auguste et de touchant comme cette simple cérémonie. A la Communion, il revient à son trône. Quand il est arrivé, le sous-diacre lui porte, sous des voiles, l'hostie, puis le cardinal diacre élève le calice au-dessus de toutes les têtes, et, fixant avec respect son regard sur le mystère qu'il porte, il traverse le sanctuaire et se dirige lentement vers le trône du Pape. Après la Communion sous l'espèce du pain, il plonge un chalumeau d'or dans le calice, et le Pape communie sous l'espèce du vin. Le cardinal communie après lui et rapporte le calice. Tous les yeux regardent et admirent. On sort ému de la Basilique et on va se ranger sur la place de Saint-Pierre pour la bénédiction du Pape.

La loge, où bientôt le Pape va paraître, est tendue de rouge. Un voile immense, attaché par des cordes aux portiques de Saint-Pierre, flotte au-dessus du balcon et donne à la Basilique un air de fête.

Figurez-vous la plus belle place de l'univers, entourée de colonnes gigantesques et terminée par une architecture imposante. Au milieu s'élève l'obélisque de Néron, qui porte dans les nues la croix triomphante; à droite et à gauche, deux fontaines ou mieux deux sources impétueuses jettent des flots d'écume avec un bruyant murmure; sur cette place est répandue une foule innombrable d'hommes de toutes nations, de tous les cultes, portant les costumes les plus variés. Il y a là un bruit, un tumulte effroyable. On parle, on crie, on chante, on se pousse. Le flot populaire vous emporte quelquefois à vingt, à trente pas de distance. Ces milliers de têtes ondoient comme les vagues de la mer quand le vent les soulève. Le bruit de toutes les cloches de Rome se mêle aux voix humaines. Tout à coup on aperçoit, aux larges fenêtres de Saint-Pierre, des formes blanches, violettes et rouges. C'est le cortège Pontifical qui défile. La croix papale se montre et un silence religieux s'établit dans la foule. Les évêques et les cardinaux passent deux à deux sur le balcon; ils jettent un regard sur la foule et se retirent. Puis on voit dans l'ombre le trône pontifical s'avancer lentement. Le Pape est là, portant la tiare vénérable. D'une voix puissante qui vibre sur la place tout entière, il implore la protection des saints apôtres et celle de la bienheureuse Vierge. L'évêque qui portait le livre se retire et le Pape se montre dans toute sa majesté. Il se lève, non, il s'élance vers le Ciel ! Il étend ses bras comme un père vers ses enfants, il tourne les yeux et la tête en haut et prononce les paroles de la Bénédiction. La foule tombe à genoux. Catholiques, protestants, incrédules tous sont en ce moment les enfants d'un même père et d'une seule Église. Ils croient, ils s'inclinent. Le canon du Fort Saint-Ange gronde, les mille cloches de la ville sainte sonnent à la fois; la voix des capitaines criant : *Genoux terre !* parcourt la place. L'impression qu'on ressent est si grande qu'on ne peut la contenir et on pleure.

Le Pape se retire lentement, comme avec peine, dans l'ombre, levant sa main pour bénir encore. On dirait un père qui se sépare à regret de ses enfants.

La foule s'écoule aussitôt et le défilé commence. J'ai couru me placer à l'entrée du Fort Saint-Ange et un spectacle nouveau a frappé mes yeux. Le peuple, les soldats avec leurs joyeuses fanfares marchant au pas de charge, des milliers de voitures, les équipages somptueux des évêques, des ambassadeurs, des princes, des cardinaux et des rois passaient devant moi. Que de noms illustres ! Que de célébrités européennes avec qui on est heureux de faire connaissance ! Que de grands personnages qu'on ne voit que là réunis en si grand nombre !

Rome seule peut offrir un pareil spectacle et elle est vraiment la ville par excellence, le centre de l'univers. Non, Paris, dans toutes sa gloire et avec toutes ses magnificences, n'a rien qui approche des grandes solennités de Rome.

MUSÉE DU VATICAN

16 Avril.

J'ai visité, aujourd'hui, les musées du Vatican, comment vous dire ce que j'ai vu, ce que j'ai ressenti ?

La Transfiguration, de Raphaël, et la Communion de saint Jérôme m'ont tenu plus d'une heure. Que de naturel, que de foi dans saint Jérôme ! quelle piété dans ce diacre ! quelle noblesse dans les traits et la personne de Jésus-Christ ! La figure des Apôtres respire une conviction profonde. Raphaël croyait à la divinité de Jésus-Christ, aux Apôtres, à l'Église ; mais le Dominiquin croyait à la présence réelle. Je regardais, j'admirais, l'impression que je ressentais était douce et tranquille ; je ne sais pourquoi une tristesse langoureuse me gagnait peu à peu. Je quittai la salle à regret, plusieurs fois je détournai la tête pour jeter encore un regard sur ces chefs-d'œuvre.

La Madone de Foligno, qui brille de tant de grâce et de majesté, attacha ma pensée. C'est là vraiment la reine du Ciel et la mère de Dieu, douce, miséricordieuse, toute puissante.

Que puis-je vous dire des chambres de Raphaël? Comment décrire la dispute du Saint-Sacrement, l'École d'Athènes, l'incendie du Borgo, le Parnasse, Héliodore chassé du temple, saint Pierre délivré de sa prison, le miracle de Bolséna? Ce sont là autant de miracles de l'art. L'admiration expire sur les lèvres; on voit, on contemple, c'est tout ce qu'on peut faire. Le génie éclate ici dans toute sa grandeur, il vous écrase.

Voyons les statues. Traversons l'immense galerie où se dressent une foule de bustes, d'autels antiques, de cippes, de débris de toute sorte, des milliers d'inscriptions payennes et chrétiennes. Nous voici dans la salle des statues. Que de chefs-d'œuvre! Comment les compter, bien loin de pouvoir les décrire? Je me suis arrêté longtemps devant Tibère. Quels nobles traits! quelle finesse dans ces lèvres! Tacite l'aura calomnié. Il n'est pas possible d'être à la fois si beau et si cruel! Les crimes qu'on lui attribue ne sont peut-être pas démontrés. Ah! pourquoi n'y avait-il pas sous son règne un Virgile ou un Horace, habiles dans l'art de flatter les gens, qui eussent porté aux nues ses largesses et sa clémence. En mourant, il laissa les coffres de la République remplis. Il ne payait pas certainement des panégyristes et on s'est vengé.

Entrons au Belvédère. Je n'aime pas ces lutteurs. Quelle figure atroce! l'Antinoüs est beau; mais ce qu'il rappelle! Nous devons beaucoup de reconnaissance à l'Église de Jésus-Christ qui a balayé l'idolâtrie et purifié le monde. L'Apollon est plus beau que l'Antinoüs, cependant il a trop de colère et de fierté; la figure est impérieuse et menaçante. L'orgueil ne va pas mieux chez les dieux que chez les hommes. Je ne m'arrête pas longtemps devant l'Apollon. Le groupe de Laocoon m'attire.

Quelle scène touchante et quel sublime! un serpent hideux enlace le malheureux père et ses enfants. Ils vont mourir. Déjà un des enfants, le plus jeune, sans doute celui qui inspirait à Laocoon le plus de tendresse et de sollicitude, puisqu'il était le plus faible, a déjà rendu le dernier soupir. Ses yeux sont éteints, la mort a glacé ses veines, ses bras tombent languissamment. L'autre résiste encore, il cherche à se dégager des froides étreintes du serpent, il lutte contre la mort. Le père est en proie à la plus vive douleur, il souffre pour lui et pour ses enfants, plus encore pour ses enfants que pour lui; arrivé au terme de sa course, la mort n'a rien qui puisse l'effrayer, mais ses enfants sont moissonnés au seuil de la vie et le vieillard est atteint dans ce qu'il a de plus cher. Ses mains cherchent en vain à éloigner l'affreux reptile qui l'étouffe. Elles sont impuissantes et il se tourne vers les dieux qui demeurent sourds à ses prières. Son regard accuse et implore le Ciel; suivant l'arrêt du destin, il faut qu'il meure, que la vengeance de Minerve, qu'il a offensée, s'accomplisse. Rien ne peut le dérober aux coups de l'implacable déesse, ni le malheur, ni le repentir, ni l'innocence de ses enfants. Il n'y avait pas encore le Dieu mort au Calvaire. Le fatalisme ancien est figuré dans ce groupe admirable.

Je me suis assis en face, sur un banc, j'ai contemplé pendant une heure le père et les enfants. La douleur m'a gagné, j'ai pleuré. J'étais seul, personne n'est entré, j'ai donc pu me livrer à mon aise et sans respect humain à la pitié qui pénétrait mon âme.

Si je voulais vous dire tout ce que j'ai vu, vous parler en détail des tableaux, des statues, des vases antiques, ce n'est pas une lettre qu'il faudrait, mais un livre. On ne peut se faire une idée exacte des richesses entassées dans les musées du Vatican. Quelle différence entre le Vatican et le Louvre! Je n'exagère rien en vous disant que tous les musées de l'Europe n'égalent pas celui du Vatican, comme aussi les ruines de Rome si bien conservées et si imposantes, valent à elles seules, les ruines de l'univers entier.

Maintenant, que des voyageurs impies et légers, parcourant les rues de Rome, déplorent la perte de tant de monuments anciens, que la fureur des barbares et des Normands ont fait disparaitre ; qu'oubliant l'histoire, ils accusent l'ignorance, le fanatisme et le mépris de l'antiquité unis ensemble d'avoir laissé périr tant de nobles monuments, qu'ils rejettent la faute sur l'Église catholique et les Papes, le musée du Vatican, ceux du Capitole, de Saint-Jean-de-Latran et les autres, tant de ruines que l'esprit éclairé des Papes et leur magnificence a sauvées de l'oubli, répondent à ces accusations injustes. Où sont les restes des monuments anciens à Delphes, à Athènes, à Antioche ? D'où vient que tout a péri, les débris eux-mêmes ? Ah ! c'est que dans ces villes il y avait pas la main des Pontifes romains qui s'est étendue sur les ruines pour les défendre et les protéger. La croix n'a pu prendre possession des temples pour les purifier, et les faire passer avec une consécration nouvelle, à la postérité. Au lieu du blâme, ce sont des actions de grâces éternelles que les arts doivent aux Papes. Et pourtant, malgré l'évidence qui éclate ici, l'ignorance et l'impiété continueront longtemps encore à se déchaîner contre l'Église, qui n'a pas veillé avec assez de soin sur les monuments de Rome !

TIVOLI

18 Avril.

Rien ne brise les ressorts de l'âme comme le spectacle des grandes choses, *Nihil lacrimâ citius arescit*, a dit Cicéron. Il en est de même de l'admiration qu'on ne saurait supporter longtemps. C'est pourquoi, après les émotions de la semaine sainte et le jour de Pâques, j'ai fait le voyage de Tivoli, l'antique Tibur, en société d'aimables compagnons.

Le soleil se levait à peine derrière les montagnes de la Sabine et déjà nous franchissions le seuil de la porte Tiburtine, presque enfouie sous terre. Nous laissons à droite la Basilique vénérable de Saint-Laurent et le vaste cimetière où les fidèles de Rome viennent dormir leur sommeil de paix sous la garde des diacres saint Laurent et saint Étienne, qui reposent sous l'autel de la Basilique. Ce cimetière n'a pas l'air des nôtres. Tout y parait doux et riant. La mort n'a rien qui effraye à côté des saints et des martyrs.

Nous voilà bientôt en pleine campagne ; ce sont des prairies immenses, c'est la solitude, c'est le silence comme partout et la mélancolie qui est le caractère distinctif de la campagne romaine. Mes compagnons de route auraient voulu voir, au milieu de ces prairies solitaires, des forêts et de riches villas. Je n'étais pas de leur avis. Cette désolation et ces ruines, ces steppes interminables et cet abandon me paraissent convenir à la terre qui entoure Rome. J'approuve bien que la reine des nations soit assise parmi les ruines. Il y a dans cette solitude un symbole. La cité qui est le centre de l'Église Universelle ne serait pas à l'aise au milieu des bruits du commerce et de l'agriculture. Il faut qu'on laisse tout pour venir jusqu'à elle.

Tandis que nous devisons, une puissante odeur de soufre nous suffoque. Nous étions près des eaux sulfureuses connues sous le nom d'*Aquæ Abulæ*. Nous laissons à droite les ruines superbes de la villa d'Este, où on ne voit plus que des murs crevassés et des portiques qui s'écroulent. Adrien avait voulu, quelles folies n'inspire pas le despotisme! réunir sous sa main tous les monuments de l'Empire, et des milliers d'hommes, des sommes immenses furent employés à satisfaire ce caprice du maître.

Nous voilà au pied d'un riant coteau. Le désert cesse. La culture et l'industrie se montrent. Une forêt d'oliviers ombrage la montagne. Sous leurs allées gracieuses nous montons à Tivoli. Arrivés au sommet, nous nous arrêtons pour contempler le paysage. Voilà, sous nos yeux, toute la campagne romaine qui se déploie jusqu'à la mer. Rome est au milieu. Elle nous apparait dans tout son éclat avec ses remparts, ses palais, ses basiliques et son dôme de Saint-Pierre qui domine tout. Les Apennins azurés courent à droite vers le nord et forment de ce côté un haute barrière. Au-delà du Tibre et de Rome apparaissent d'autres montagnes moins fières que les Apennins, mais plus gracieuses ; leur azur semble se confondre avec celui du ciel. C'est à peine si on les distingue. Le soleil qui a déjà accompli la moitié de sa course, inonde la campagne romaine de chaleur et de lumière. Les prairies n'ont plus le même éclat, ni la même verdure. Elles pâlissent sous les rayons qui les brûlent. Nous gardâmes longtemps le silence, heureux de voir et d'admirer; nous n'essayions pas de nous communiquer nos pensées. Nos yeux et notre visage exprimaient dans un langage muet, tout ce qui se passait dans notre âme.

Entré à Tivoli, j'admire les ruines du temple d'Hercule, je ne m'y arrête pas longtemps, je cours au temple de la Sybille. Il est bâti sur la crête d'un rocher au-dessus de l'abime. Que ces colonnes où le temps a empreint sa trace, se détachent bien sur l'azur du ciel ! Quelle gracieuse couronne elles forment au-dessus du rocher ! Le temple de la Sybille a un charme inexprimable. Je voudrais être peintre pour le retracer sur la toile. Appuyé sur ces colonnes antiques, j'en admirais les lignes harmonieuses et je songeais à Tibur, à Horace, à la Sybille, à Properce, dont les pieds, sans doute, ont foulé ces dalles. Je m'arrachai à regret de ce noble débris et j'allai visiter la cascade.

L'eau coulait autrefois sous une vaste grotte, au-dessus de laquelle s'élevaient les maisons de Tivoli. Le roc allait céder sous la violence des eaux. Le Pape Grégoire XVI entreprit un travail de géant, il détourna le cours de l'Anio et son entreprise hardie réussit.

L'Anio ou Tévérone, rivière illustre dont le nom remplit les premières pages de l'histoire de Rome, et qui fut chantée par Horace, vient lentement à travers les montagnes de la Sabine, entre deux rives puissamment endiguées et arrive toute formée à Tivoli. Ses eaux calmes et limpides comme le ciel ne produisent aucun bruit, ne font pas entendre le plus léger murmure en traversant le lit que la main d'un Pontife leur a tracé. Tout à coup elle ne retrouve plus ses rives. Furieuse, elle bouillonne, se précipite avec fracas sur les rochers et produit un bruit sourd et terrible. On croirait entendre les éclats du tonnerre. Elle tombe, se perd dans le gouffre et disparait. Ce n'est pas une rivière, c'est un nuage et une poussière qui se répand à l'entour comme la brume, c'est une fumée qui descend au lieu de monter, et au fond du large bassin qui la reçoit, dans le gouffre, redevient une rivière et va continuer à travers la campagne romaine sa course capricieuse.

Du haut du parapet, j'admirais l'impétuosité de l'onde, les couleurs de l'arc-en-ciel qui brillaient au-dessus de l'abime. J'enviais le sort de ceux qui habitèrent la ruine qui se montre dans la plaine en face de la cascade. Horace y fit, dit-on, sa demeure et la villa porte son nom. Du moins, s'il n'a pas habité là, il y est venu souvent pour entendre le murmure des eaux de l'Anio. Sans cela aurait-il pu écrire de si beaux vers sur ces eaux harmonieuses? Aurait-il pu dire avec tant de charme et de vérité :

Laudabunt alii claram Rhodon aut Mitilenem
Me neque tam patiens Lacœdemo
Nec tam Larissæ percussit-campus opimæ,
Quam domus Albuneæ resonantis
Et precæps Anio, et Tiburni lucus, et uda
Mobilibus pomaria rivis.

« Les uns célèbreront les louanges de l'illustre Rhodes, les autres celles de Mytilène. Pour moi, l'austère Lacédémone ou les riches campagnes de Larisse ne m'ont plu autant que les lieux où l'Albunée résonne, où l'Anio se précipite, autant que ces vergers arrosés par une eau limpide. »

J'eus de la peine à m'arracher de ces lieux, je ne pouvais me lasser de voir ces tourbillons d'écume et entendre gronder ces flots courroucés. Je promis de revenir à Tivoli. Cependant, une pensée m'attriste, ces lieux ont vu des crimes affreux et des scènes de deuil. Là, dans cette demeure enchantée, le sang des martyrs a coulé à flots.

Quand le tyran cruel Adrien jouissait, dans sa villa, du spectacle de tant de monuments inutiles, construits avec l'or et le sang de l'univers entier, une dame romaine, la noble Symphorose, vint troubler son repos. On lui dit qu'elle n'adorait pas le même dieu que lui. Son orgueil fut blessé, il crut fléchir la martyre comme il avait dompté toutes les volontés et le Sénat lui-même sous sa main puissante. Il l'appela, essaya de l'adoucir par ses promesses et de l'effrayer par ses menaces, ainsi que ses enfants chrétiens comme elle. Tous ses efforts furent inutiles. Cette veuve héroïque fut précipitée du haut du rocher, une corde au coù, dans l'Anio.

Elle expira au milieu des eaux sanctifiées par ses souffrances. Ses sept enfants, tendres victimes de la barbarie, furent élevés sur un gibet douloureux autour du temple d'Hercule et expirèrent au milieu d'affreux tourments. Adrien, à qui les anciens et les modernes ont donné tant de louanges, ne comprit pas tout ce qu'il y avait de honte et de cruauté à faire couler le sang d'une veuve et celui des jeunes orphelins qu'elle aimait. Telle était la douceur des Césars. Maintenant Adrien a passé, son pouvoir aussi. Cette villa somptueuse, bâtie à grands frais, n'est plus qu'un amas de ruines, tristes et désolées, que souvent le voyageur dédaigne de visiter. Le souvenir de Symphorose a survécu à toutes ces ruines. C'est la victoire du Christ sur le monde, sur la science et la force.

Un souvenir et une prière à la grande martyre et nous partons.

MESSE SUR LE TOMBEAU DE SAINT PIERRE

27 Mai.

J'ai dit, ce matin, la messe sur le tombeau de saint Pierre, là où son corps repose depuis tant de siècles !

J'avais devant moi cet homme sublime qui rendit, le premier, témoignage à la divinité de Jésus-Christ, qui reçut de ses mains sacrées les clefs du royaume des cieux et jeta les fondements de l'Église. Mes mains tremblantes élevaient sur son corps la précieuse Victime de notre salut qu'il nous apprit lui-même à immoler. Cette pensée me ramenait aux premiers siècles, à l'Église primitive, aux temps de Jésus-Christ lui-même. Mon esprit remontait dix-huit siècles, et je croyais vivre avec le fils de Dieu. Non, ce n'était pas une illusion de mon esprit et une imagination pieuse; je touchais le corps de saint Pierre et, en lui, Jésus-Christ. Cette pensée m'a occupé tout le temps de la messe, et, certes, ce n'était pas une distraction. La foi était plus vive et la piété plus ardente. C'est le secret de Rome d'augmenter la foi, de la rendre visible, sans rien ôter à la piété; on sent que saint Pierre est encore là, enseignant par la bouche des Pontifes, ses successeurs, et pour mieux dire, c'est Jésus-Christ qui est à Rome et gouverne l'Église dans la personne de son vicaire.

Le corps de saint Pierre fut placé là après son martyre. Les fidèles, au moment où il venait de rendre le dernier soupir, détachèrent son corps de la croix, et, tout chaud encore et couvert de sang, ils l'entourèrent de parfums et le cachèrent dans un sépulcre. Sous Héliogabale, la crainte les obligea à le porter dans la catacombe de Calixte. On y montre encore le puits où il fut descendu avec celui de saint Paul. Plus tard, il fut ramené aux lieux où il était primitivement. Constantin érigea sur le tombeau de saint Pierre la grande Basilique. A la Renaissance, quand on éleva la coupole monumentale de Saint-Pierre, on creusa au-dessous et on découvrit l'autel primitif. On ne voulut pas troubler le repos de l'apôtre et, par respect pour ses cendres glorieuses, on n'ouvrit pas le tombeau, on le laissa aux lieux où on l'avait trouvé, et au-dessus on érigea l'autel de la chapelle souterraine et celui de la Basilique.

La petite chapelle que saint Anaclet fit ériger sur la tombe de saint Pierre existe encore, c'est la même où j'ai dit la messe. Les murs antiques ont disparu sous les marbres, les pierres précieuses et le bronze dont on les a recouverts; vrai joyau, écrin inestimable qu'on n'ose admirer ou étudier, tant le souvenir de saint Pierre vous domine.

On ne peut dire ici d'autre messe que celle de saint Pierre, on ne peut célébrer d'autres louanges que les siennes ; on ne peut louer que ses vertus, son amour tendre pour Jésus-Christ, l'abandon généreux qu'il fit pour lui de tout ce qui lui était cher, la haute place qu'il occupe dans l'Eglise de Dieu, son pouvoir si grand que son ombre seule faisait des prodiges, le trône auguste où il siège dans le Ciel près du Pasteur divin, prince des pasteurs, qui l'a mis sur la terre à la tête de son Église.

Ces pensées ont rempli mon esprit pendant cette matinée. J'ai éprouvé comme un déchirement intérieur quand il a fallu m'arracher de ce tombeau où je passerais volontiers ma vie.

LA VILLA BORGHÈSE

3 Juin.

En France, qui est un pays de nouveau régime, c'est-à-dire obéissant aux grands principes libéraux et démocratiques de 89, quand on passe devant un château, une prairie, une chaumière, on est assailli par une nuée de dogues hurlants à fendre l'air. Vous êtes heureux si vous ne vous retirez pas meurtri dans un de vos membres.

A Rome, au contraire, qui appartient à ce qu'il y a de plus ancien régime, où les belles institutions dont nous croyons avoir droit de nous montrer si fiers et si glorieux, n'ont pas encore pénétré, où l'aristocratie en un mot domine, toutes les villas, tous les palais sont ouverts, ils appartiennent à tout le monde ; y entre qui veut. On va, on vient, on circule, on admire, on pénètre dans les galeries et dans les musées, on s'assied sur l'herbe, on cause, on court, on se livre à de joyeux ébats, on va boire aux fontaines limpides, on cueille des violettes et des roses comme si la villa était à vous, personne ne vous dit rien, vous n'êtes pas même tenu rigoureusement de saluer le maitre de ces lieux enchanteurs, si le hasard fait que vous le rencontriez dans un corridor où dans une allée. La villa est à lui, elle porte son nom, il en prend soin, il paye au fisc les droits de propriété. C'est là tout ce qui lui revient. Mais, au fond, ces prairies, ces arbres, ces fleurs appartiennent à tout le monde, chacun a le droit d'en jouir.

Ce que l'on dit de toutes les villas romaines est plus vrai encore de la villa Borghèse. Sise aux portes de Rome, à deux pas de la place du peuple, les portes en sont ouvertes à tout venant. On ne les ferme qu'à la nuit. Chaque jour, des flots de peuple s'y précipitent et en parcourent les allées, les chemins et les gazons. C'est le bois de Boulogne de Rome.

La villa est vaste et profonde. On y voit de belles prairies, sillonnées de longues allées où passent les cavaliers parmi des flots de poussière. Les piétons s'engagent de préférence dans les petits sentiers serpentant à travers les prairies. On y voit des jets d'eau et des fontaines retentissantes. Au milieu est un vaste cirque où la jeunesse de Rome vient jouer au ballon. On y fait aussi des tombolas aux grandes occasions. Tous les jardins sont alors occupés par une foule animée et compacte ; on croirait être au milieu de l'ancienne Rome. Ceux qui aiment les arts vont se délasser au musée des statues qui est au fond de la villa. Les chrétiens, après avoir savouré les charmes de la promenade et de la fraîcheur, vont prier dans une modeste chapelle qui s'élève sur une éminence au milieu de la verdure.

J'aime la villa Borghèse, je vais respirer souvent le parfum de ses roses et de ses violettes. Je vais admirer ses larges pins, ses chenaies épaisses, ses riches prairies, je vais m'y délasser de mes ennuis et de mes études.

Ce matin, j'étais en proie à la tristesse. Le souvenir de la patrie m'obsédait. Je ne pouvais chasser de mon esprit tout ce qui m'est cher là-bas. Le printemps va finir et je n'ai pas vu fleurir les amandiers ni les arbres pousser! où pourrai-je trouver des fleurs?

Cette terre me semble stérile et le mal du pays me gagne. J'ai couru à la villa Borghèse, je me suis reposé au milieu des prairies, sous un arbre touffu à droite du chemin qui entoure la villa, j'ai lu, j'ai prié, j'ai pensé à la patrie absente, j'ai jeté de longs regards sur la campagne romaine qui m'apparaissait par dessus les murs de la villa, je suivais le cours capricieux du Tibre, je contemplais les montagnes azurées qui forment au Nord une large barrière; mon regard allait plus loin, il contemplait le ciel pur et brillant qui est celui de ma Provence, il me semblait qu'au-delà, j'entrevoyais la patrie. La villa Borghèse m'a rendu le bonheur.

SAINT-JEAN-DE-LATRAN

24 Juin.

Après le Vatican, il n'y a pas au monde un nom plus célèbre que celui de Latran. Là se tinrent les conciles œcuméniques, là fut la demeure des Pontifes, là, au fond de l'abside, se trouve encore leur siège, là se dressent fièrement, au-dessus de l'autel, les têtes des saints Apôtres, là, au milieu d'une foule recueillie, apparut un jour l'image du Sauveur, et Saint-Jean-de-Latran est appelée, avec raison, la mère et la reine de toutes les églises: *omnium ecclesiarum mater et caput.* Au milieu de ses pompes royales, Saint-Pierre ne vient qu'après l'antique basilique de Latran.

Le nom de Latran vous paraît sans doute étrange; il faut une explication. La voici en deux mots : Ici était un palais magnifique appartenant à la grande famille des Laterani. Le dernier qui l'habita fut ce Plautius Lateranus, enveloppé misérablement dans la conjuration de Pison contre Néron. Il s'était souillé de crimes à l'exemple de tant de jeunes patriciens qui passaient leur vie dans la débauche, mais ramené au sentiment du devoir par sa tante Pomponia

Grœcina, une chrétienne, il rappela par l'héroïsme de sa mort, le courage et la dignité des anciens romains. Le tribun Statius, son complice, qu'il pouvait perdre d'un mot, lui trancha la tête. Il ne lui reprocha sa lâcheté que par un sinistre regard. Néron s'empara de son palais qui devint une demeure impériale. Constantin le donna au Pape saint Sylvestre, et, dans son enceinte, s'éleva bientôt une élégante basilique appelée Constantinienne, du nom de son fondateur, la basilique du Sauveur, parce que le Sauveur y apparut, et enfin Saint-Jean-de-Latran à cause du précurseur à qui elle est dédiée et de Plautius Lateranus.

Sur la pierre de la façade, les Papes ont fait graver six vers *léonins, qui disent* la haute dignité ainsi que les gloires de cette basilique :

Dogmate papali datur ac simul imperiali
Quod sim cunctarum mater caput ecclesiarium.

Elle s'élève au milieu du désert et des ruines. Autour d'elle règne une immense désolation. On voit, au loin, les restes d'un amphithéâtre ; à droite et à gauche, des remparts ébranlés par le temps et des acqueducs à demi-ruinés. Point de palais, point de maisons, partout des ruines. Là cependant furent autrefois des jardins superbes et de riches palais. Là les familles patriciennes et les empereurs eux-mêmes avaient choisi leur demeure. Vous êtes sur le mont Cœlius, au centre de l'ancienne Rome. Là, fut Rome payenne qui a disparu, laissant la place à la basilique chrétienne. Ce sont les dieux de l'Olympe qui ont pris la fuite devant la croix de Jésus-Christ. Du fond de ce palais partirent les édits de persécution. C'est de là que Néron ordonna la mort des saints apôtres Pierre et Paul, et le martyre de ces chrétiens qui, enveloppés de résine, éclairaient de sombres lueurs ses courses nocturnes. Mais de là aussi partirent les édits de Constantin, rendant à l'Église la paix et la tranquillité.

Après une lutte de trois siècles où coulèrent des flots de sang, où tombèrent, victimes de la plus cruelle tyrannie, des milliers et des milliers de martyrs, le Christ eut la victoire et Saint-Jean-de-Latran s'élevant au milieu des ruines me semble un brillant trophée dressé sur le champ de bataille où tant de héros sont tombés glorieusement.

La façade de Saint-Jean-de-Latran domine tous les édifices qui l'environnent. Suivant moi, c'est la plus belle façade de Rome. On y admire le plus heureux mélange de l'arc romain et de la ligne grecque. Deux parvis unis par des degrés mènent à la basilique et la relèvent.

Au bas est un portique dont les arcs sont séparés par des pilastres et des colonnes. En-haut est un autre portique où s'ouvrent cinq gracieux arceaux. Celui du milieu, soutenu par des colonnettes, sert de loge pour la bénédiction Papale. Au-dessus est un fronton qui s'harmonise parfaitement avec le reste de la façade. Enfin, le monument est orné d'une riche balustrade où s'élèvent les statues colossales des Pontifes et des martyrs. Le Christ Sauveur, tenant dans ses bras la croix qui a opéré le salut du monde, domine et couronne tout le monument. Il est là, dans sa gloire, régnant au milieu de tous les saints qui forment sa cour.

Aucune façade de Rome, ni d'ailleurs, pas même les façades gothiques avec leurs tours élancées et leurs flèches, leurs statues symboliques et leurs délicates ciselures, n'a produit sur moi la même impression que Saint-Jean-de-Latran. La solitude des lieux, l'aspect sévère et mélancolique de la pelouse qui l'environne y contribuaient peut-être. Je ne suis pas le seul qui ai ressenti cette émotion. Tous les pèlerins qui voient pour la première fois cet arc de triomphe, élevé sur les ruines payennes et portant jusqu'aux nues l'image victorieuse du Christ, ont partagé mon émotion.

Le vestibule du temple est orné de marbres précieux et de riches sculptures tirées de la vie de saint Jean-Baptiste. L'antique statue de Constantin est debout au fond du portique. Le premier empereur chrétien dans tout l'éclat de la victoire semble défendre encore, de son épée et de son regard, la Basilique qu'il a fondée et l'union des deux puissances qu'il a inaugurée par ses édits. Il a dans ses traits beaucoup de force et de bonté. Un souffle chrétien a passé sur son visage. Quelle différence entre la tête majestueuse de Constantin et les ignobles figures d'Auguste, de Néron et les autres.

Cinq portes monumentales donnent accès dans les cinq nefs de la Basilique. La porte sainte est murée. On ne l'ouvre qu'au temps du jubilé. Quand on pénètre dans le temple, on n'est pas saisi d'admiration comme à Saint-Pierre et à Saint-Paul. Le Latran ne se distingue pas par la grandeur et la majesté de l'architecture. Mais elle renferme des richesses artistiques de tout genre, qu'il faut voir en détail et une à une. L'ensemble ne vous frappe pas. Ce qu'on ressent c'est une impression religieuse et un pieux recueillement. Quand on songe que le premier *empereur chrétien a foulé ce sol, qu'ici le* grand Pontife saint Sylvestre accepta la donation du palais des Césars et reçut une partie de l'héritage impérial, que les conciles œcuméniques ont formulé ici leurs décrets, que les Pontifes y sont venus prendre possession de leur siège, que là-bas, derrière l'autel, est le trône sur lequel le Pontife romain seul a le droit de s'asseoir et la pierre de laquelle Jésus-Christ a dit: *Sur toi je bâtirai mon Église*, comment ne serait-on pas ému? Il semble qu'à Saint-Jean-de-Latran le Ciel est uni à la terre, que le temps touche à l'éternité. On croirait voir encore la nuée qui vint du Ciel et enveloppa le temple de Jérusalem quand Salomon en fit la dédicace.

Les deux Églises de l'ancien et du nouveau

Testament se donnent la main dans la grande nef. En haut sont représentés les prophètes, au-dessous se détachent de magnifiques reliefs représentant les scènes de l'ancien et du nouveau Testament, disposées de manière qu'en face de la figure prédisant l'avenir, apparait la réalité qui l'accomplit. Enfin, un peu en dessus du sol, s'élèvent les statues colossales des apôtres. L'une d'elles m'a frappé plus que les autres. C'est saint André. Il tient l'instrument de son martyre et ne voudrait pas s'en détacher. Il lui dit encore, du moins par l'expression de sa physionomie : « O bonne croix, longtemps désirée, tendrement aimée, je te conjure de me recevoir dans tes bras, afin que par toi me reçoive Celui qui, par toi, m'a racheté. » Ses traits expriment la souffrance, mais cette souffrance est supportée avec la vigueur que donne la résignation chrétienne. L'attitude de saint André est celle du héros chrétien.

Après avoir admiré ces merveilles je m'approchai de la Confession où l'on vénère les reliques du saint Précurseur et de saint Jean l'Évangéliste. Le Pape Martin V a voulu être inhumé au fond de la Confession. Sa statue en bronze décore son tombeau. Il est revêtu des ses habits pontificaux et il prie pour l'Église, dont il a pu guérir les plaies et éteindre les longues divisions. Pie VI aussi a la forme d'un suppliant devant la Confession de saint Pierre. Moins heureux que Martin V il a inauguré les persécutions modernes contre l'Église de Jésus-Christ et ses Pontifes. Il prie, sans doute, pour que l'horrible tempête s'apaise, tandis que des lèvres de Martin V c'est un cri de reconnaissance qui s'échappe.

Au-dessous de l'ancien autel des Pontifes romains, on a enfermé avec soin la table en bois de saint Pierre *où ses premiers successeurs offrirent* le saint Sacrifice dans la maison de Pudens et dans les catacombes. Après la table où la cène fut célébrée et les têtes des saints apôtres, c'est la plus insigne relique de la Basilique.

La table de la cène est conservée avec soin dans une chapelle à côté de l'abside, une lampe veille nuit et jour devant elle et les fidèles aspirent à l'honneur de venir la toucher de leurs doigts et de leurs lèvres.

Les têtes des saints Apôtres s'élèvent au-dessus de l'autel, et de là elles commandent encore à l'Église universelle. Elles vivent dans la personne des successeurs de saint Pierre, elles rendent encore des décrets immortels. Urbain V les trouva dans le trésor du saint des saints et les fit placer sous le baldaquin majestueux qui domine l'autel. Il voulut que l'Église, qui est au-dessus de toutes les autres, gardât les têtes des saints apôtres, il les enchâssa dans deux statues d'or ornées de pierres précieuses. Ces statues ont été, plus tard, exigées par la rapacité sacrilège d'un gouvernement victorieux. On les a remplacées par deux autres moins précieuses, mais aussi vénérables par la piété de l'illustre princesse qui en fit don à l'Église.

Le monument qui les garde fut commencé par Urbain V et terminé par Grégoire XI. Il est orné de peintures naïves, de riches dorures et de sculptures délicates, ouvrage des plus habiles maîtres du moyen-âge. Tout récemment, le cardinal Antonelli a fait restaurer le monument qui porte encore les armes du roi de France, Charles V, et de Grégoire XI, d'Urbain V et de son frère le cardinal Anglic, de Pie IX et de son secrétaire d'État, le cardinal Antonelli.

Derrière le monument, au fond de la nef, se dresse le siège papal. On ne le découvre qu'aux jours où le Pape vient en prendre possession ou officier dans la Basilique. Sur les degrés qui le supportent on a gravé ces paroles de nos livres saints, qui expriment la nature de la puissance spirituelle et annoncent les victoires qu'elle ne cessera pas de remporter jusqu'à la fin des temps sur les puissances infernales : *Super aspidem et basiliscum ambulabis et conculcabis leonem et draconem.*

Dans le transsept on admire les belles fresques représentant les victoires de l'Église et la fondation de la Basilique. A gauche, au fond du transsept, est l'autel de Saint-Sacrement, un des plus beaux de Rome assurément. Il est orné de quatre colonnes en bronze ayant appartenu au temple de Jupiter. Le tabernacle est couvert de pierres précieuses. Les statues colossales d'Aaron et de Melchisedech, d'Élie et de Moïse, s'élèvent à côté, ingénieux emblème des deux puissances unies dans les Pontifes. En face est l'entrée primitive de la Basilique, ornée au dehors d'un double portique et de la statue d'Henri IV.

L'Église mère et maitresse de toutes les églises est sous la protection de la France, qui se piquait autrefois d'être la nation très chrétienne et la fille aînée de l'Église.

Hélas ! il y a de nos jours beaucoup de Français qui ignorent cette gloire de leur nation et peut-être la répudient.

Maintenant, comment vous dire les richesses ensevelies dans la Basilique, la magnificence des chapelles Corsini et Torlonia et de la sacristie, le baptistère Constantinien, les trésors de sculpture du moyen-âge et des premiers siècles, gardés précieusement dans le cloître ou au musée patriarchal. J'y renonce. Il faudrait un volume entier si on voulait tout dire, et encore ce volume ne suffirait pas. Je me suis borné à vous retracer les joies intimes que j'ai éprouvées en parcourant la Basilique.

C'est aujourd'hui la fête de Saint-Jean-de-Latran. Avant que la foule envahisse la Basilique, je suis venu prendre place à la sacristie et j'ai eu le bonheur de célébrer la messe à l'autel de la Confession. J'avais devant moi les saintes reliques des deux Jean, mes protecteurs au Ciel. J'étais rapproché d'eux autant qu'on peut l'être des saints quand on est sur la terre. Il me semblait qu'ils entendaient mieux les prières que je leur adressais. La messe a été longue et fervente. C'est à regret que je me suis arraché de l'autel. J'y serais resté davantage n'était l'impatience de l'enfant qui m'assistait. Arrivé à la sacristie, j'ai été généreux. Il m'a remercié avec transport et, dans sa naïve reconnaissance mêlée d'étonnement, il semblait me dire : *Pourquoi vous gêner ? Vous pouviez rester davantage.*

Autour de la place de Saint-Jean-de-Latran et du palais patriarchal sont rangés, avec ordre, les marchands qui tiennent la foire de Saint Jean. La foule nombreuse et souriante circule partout. Je n'ai jamais vu les abords de la Basilique aussi animés. Chacun veut emporter quelque chose en souvenir de la fête. J'ai acheté un bouquet d'œillets blancs et rouges qui avaient des senteurs exquises. On en vend aujourd'hui des quantités considérables. Toutes les maisons voisines se changent en *osterie* où les nouveaux venus à la fête vont se délasser..

Fêtes touchantes de l'Église où le peuple a tant de part, puisqu'on les a établies pour lui, rien ne pourra vous remplacer !

FÊTES DES VENDANGES

20 Octobre.

Le mois qui me paraît ici le plus beau, où l'on ressent le moins les incommodités du chaud et du froid, c'est le mois d'octobre. On n'a plus les chaleurs étouffantes de l'été qui vous tiennent captif, sous peine d'encourir les rigueurs de la malaria. On n'éprouve pas, comme en décembre et en janvier, les fureurs de la tramontane. Le soleil se fait sentir encore, mais sa chaleur est bienfaisante, elle donne la vie. Une légère brise rafraîchit l'air. Quand on sort, qu'on va au Monte-Pincio, à la villa Borghèse, à Saint-Pierre, on respire, on boit la vie, on se sent revivre.

L'automne est à Rome un autre printemps, il en a les grâces et la jeunesse. Les fleurs du printemps renaissent, les roses et les violettes embaument l'air, les arbres ont conservé leur verdure. Il y a de plus les fruits savoureux dont les arbres sont couverts comme d'une riche parure. Le raisin noir, blanc, vermeil, brille à travers le pampre qui l'enveloppe ; les pommes, blanches comme de l'albâtre ou teintes de vermeil, éclatent au milieu des branches touffues. La terre épuise, en un mot, ses richesses, et avant de mourir, elle verse, comme une tendre mère, tous ses trésors aux mains de ses enfants.

Quand le mois d'octobre commence, on bannit toute espèce de crainte. Il n'y a plus à redouter la funeste *malaria*. Elle s'est envolée avec les chaleurs de l'été. Rome est en fête. Les bureaux sont fermés, tout chôme, les études, les affaires, la politique. C'est pour chacun le temps du repos. Les riches ont hâte de sortir de Rome. Ils vont passer dans leurs villas ce mois charmant, présider à la vendange et à la cueillette des fruits. Tivoli, Frascati, Albano, Genzanno, Lariccia, Viterbe sont envahis par la foule des Romains qui fuyent les affaires et viennent se délasser dans les douceurs de la villégiature, des soucis de l'année. On ne pense plus qu'à se distraire, à rire, à s'amuser, sauf à reprendre le sérieux de la vie quand novembre arrivera avec ses longs jours de pluie, ses brumes et ses frimats. Notre vie est si courte, on trouve tant de vide dans les honneurs, les richesses, la gloire, le pouvoir, les talents, qu'on se demande s'il n'y a pas une sagesse plus profonde dans le rire et l'insouciance, que dans une application continuelle aux choses sérieuses.

Tant y a que les Romains passent gaiment leur mois d'octobre. Ceux qui ne peuvent aller au loin, goûter les charmes de la villégiature, font tout comme s'ils étaient aux champs et Rome devient une immense villa. Ce sont des fêtes, des chants, des danses et des divertissements sans fin. A certains jours, quand le soleil commence à décliner, les divers quartiers de Rome s'animent. Tout le monde est devant les portes ; c'est comme au temps du carnaval, avec cette différence que les fêtes du carnaval n'ont lieu qu'au Corso et à la place du Peuple, tandis que les fêtes d'octobre s'étalent partout, sur toutes les places, dans toutes les rues où les chars peuvent passer.

Les jeunes filles, les femmes elles-mêmes des Monti et du Trastevere, vêtues à la romaine, se promènent sur des chars rustiques ornés de guirlandes de lierre. Elles se tiennent debout, agitant des cymbales et poussant des cris de joie. Gracieuses et souriantes, elles saluent, à droite et à gauche, la foule qui les admire. Leurs époux et leurs frères les suivent de loin. Quand elles ont parcouru le Borgo, la Lungara, le Corso, elles vont au Ponte-Molle, à la Porta-Portèse ou au Monte Testaccio, faire en famille un repas champêtre sur les bords du Tibre ou à l'ombre d'une tonnelle. Les fiasquettes couvrent la table rustique, l'Orvieto pétille dans les verres, le jambon, les gigots, les dindonneaux passent tour à tour devant les convives, et quand le festin est terminé, les jeunes filles vont sur la pelouse former entr'elles des danses innocentes, au son de l'antique cymbale. Leurs mères se rangent en cercle autour d'elles et les admirent. A la nuit, on rentre au

Trastevere et aux *Monti* à la fois triste et content, heureux d'une journée si belle passée dans les rues de Rome et sur les bords du Tibre, mais triste à la pensée que ces heures de bonheur ont passé bien vite.

LA FÊTE DES MORTS

3 Novembre.

La fête de la Toussaint a été célébrée avec beaucoup de solennité, comme il convient à la dernière fête de l'année ecclésiastique. C'est la fête qui termine le temps et commence l'éternité! Le Pape a officié aux premières vêpres de la chapelle Sixtine. Le jour des Morts, il a donné l'absoute à l'issue de la messe, chantée par le Cardinal Grand-Pénitencier. La tristesse était empreinte sur son visage, et cette lugubre cérémonie a fait sur son âme une vive impression. Les chants de la chapelle Sixtine, toujours beaux et touchants, ce jour-là sont ravissants. Il y a des larmes dans le *Dies iræ* et le *Libera*, de Palestrina. J'ai prié avec recueillement pour ceux que j'aimais et qui ne sont plus. Quand j'ai entendu le chef de l'Église demander pour eux, d'une voix attendrie, au Dieu de miséricorde, le repos et la lumière éternelle, sa voix a remué mes entrailles, et, comme autrefois Joseph, j'ai détourné ma tête pour cacher mes larmes.

Le jour des Morts, la foule va prier aux divers

cimetières de Rome, où l'on admire d'ingénieuses représentations en cire qui ont trait aux faits de l'Ancien Testament et de l'Histoire ecclésiastique.

Au cimetière de Saint-Jean-de-Latran, on avait figuré les offrandes pour les morts, dont il est parlé dans le livre de Tobie.

Au caveau de l'église Della Morte, on voyait une scène des Catacombes.

Dans un long corridor, que les lampes sépulcrales éclairaient, le corps d'un martyr, pâle et défiguré, enveloppé de linges ensanglantés, était porté par deux fossoyeurs. Devant, marchait un jeune enfant tenant une palme, symbole de victoire et d'immortalité. Une dame romaine, sans doute la mère du martyr, suivait le corps, versant des larmes. Un ouvrier de la catacombe, sa pelle à la main et debout, attendait le corps du martyr. J'admirais cette scène touchante au bruit des flots du Tibre qui viennent battre contre les murs de ce cimetière. Ce murmure plaintif qui ne cesse pas, vous rappelle les coups terribles que la mort ne cesse de frapper à toutes les heures, à chaque instant, et on a le cœur serré de tristesse. Tout vous parle ici de la mort et en présente l'image, l'église, le cimetière où vous êtes venu prier, les eaux du Tibre qui gémissent.

Mais l'Église, cette divine enchanteresse, sait adoucir la pensée de la mort. Elle éloigne tout ce qui peut la rendre hideuse, et nous y fait voir des charmes. Elle console ainsi de ceux qui ne sont plus ; elle montre ce qu'il y a au-delà de la tombe : la paix, la lumière et l'immortalité ; elle essuie les larmes de ceux qui pleurent et fait naitre dans tous les cœurs les saints désirs de la mort. Autrefois, elle inspirait le courage des martyrs et les poussait à la mort, comme à un festin, et aujourd'hui elle ôte à la mort toute son amertume, elle adoucit chez tant de chrétiens qui meurent dans l'union et le baiser du Christ, les douleurs de la séparation.

LA FÊTE DE SAINTE CÉCILE

23 Novembre.

Il n'est pas une ville au monde qui garde fidèlement le souvenir des saints comme Rome. Chaque année, le jour qui rappelle leur triomphe est fêté avec joie et leur mémoire ne s'efface pas de l'esprit.

La foule se portait, il y a quelques jours, au Panthéon d'Agrippa, où reposent des milliers de martyrs ; demain, elle ira déposer de pieux hommages sur le tombeau de saint Clément, dans l'antique Basilique ; aujourd'hui, elle célèbre avec des transports de joie la fête de sainte Cécile, la reine de l'harmonie, la vierge romaine par excellence et la patronne du Trastevère. La Basilique dédiée à la vierge où elle mourut est en fête, et les catacombes de Saint-Calixte s'ouvrent pour recevoir la foule qui vient prier aux lieux où Cécile fut ensevelie.

Allons d'abord au Trastevère. C'est ici la maison de Valérien, l'époux de Cécile. Ici, elle fut amenée à la lueur des torches et au bruit des chants d'hyménée ; ici, enfin, elle joignit sa voix aux doux concerts des anges, et, fermant l'oreille aux mélodies de la terre, elle chanta : « Faites, Seigneur, que nulle tache ne souille mon âme, faites que je ne sois point confondue ».

Cantantibus organis, Cœcilia decantabat dicens.

Vous êtes aux mêmes lieux où Cécile, aussi matinale que l'aurore, disait à la troupe des martyrs : « Courage, soldats du Christ, *Eia milites Christi*, allez recevoir la couronne de vie que vous donnera le juste juge. »

Au fond de l'Atrium, où se tenait autrefois l'humble foule des pénitents, s'élève un gracieux portique, formé de colonnes de marbre et de granit ; c'est par là qu'on entre dans la Basilique. Une musique ravissante vient frapper vos oreilles. Tout ce qu'il y a de belles voix dans Rome et les artistes les plus renommés sont venus célébrer les louanges de leur patronne. Peut-être vous trouverez cette musique un peu mondaine, vous aimeriez plus de silence et de recueillement, mais ce qui choque parfois dans les autres églises de Rome, on le pardonne dans l'église de Sainte-Cécile, la patronne de l'harmonie et la reine des pieux concerts. Une émotion ineffable vous saisit au moment où vous franchissez le seuil de la Basilique. Prenez à droite, descendez quelques degrés, vous êtes dans la salle où le sang de Cécile a coulé. Quand Valérien et son frère eurent été immolés, le préfet de Rome, Almachius, voyant qu'il ne pouvait dompter le mâle courage de Cécile, qui, appelée à son tribunal, lui disait, avec une fierté toute romaine : « Je suis citoyenne de Rome, je suis noble et de race illustre. » *Romana sum civis, illustris et nobilis,* le préfet la condamne à mourir. Mais, craignant d'émouvoir le peuple, il veut qu'elle expire dans sa maison, au milieu d'une salle de bain.

Or, voilà cette salle. Vous marchez sur les dalles que les pieds de Cécile ont touchées. Autour des murs courent les tuyaux qui versaient ces vapeurs et cette chaleur étouffante où Cécile devait trouver la mort. On voit encore la chaudière d'airain où l'eau bouillonnait. Elle est là-dessous dans l'hypocauste. Une rosée céleste distilla dans ces lieux, la sainte était miraculeusement rafraîchie et ne mourait pas. Le licteur entra dans la salle de bain et frappa trois fois, de sa hache, le cou de Cécile. Elle était couchée sur ce marbre ; son sang ruisselait là où vous êtes. A cette pensée, on frémit, on admire, on tombe à genoux aux pieds de l'autel et on répand son âme dans une prière ardente.

Dans la nef latérale de droite, ne manquez pas de vous arrêter devant cette barrière en fer qui s'ouvre aujourd'hui seulement. Là sont des restes précieux, la tête de Valérien et celle de son frère Tiburce, placées à côté l'une de l'autre, le voile ensanglanté de Cécile quand elle reçut le coup de la mort, et qui, dessiné par un sculpteur immortel, n'est pas la moindre perfection de la plus belle statue de Rome.

Elle est au milieu de la nef, au-dessus de la Confession ; une foule de lampes veillent devant elle, le marbre est irréprochable de blancheur et de pureté. Mais laissons la matière pour ne voir que l'art. Sainte Cécile est représentée comme elle est tombée sous les coups du licteur. Cette vue inspire la pitié et arrache des larmes. La martyre est couchée modestement, elle serre ses genoux. La robe, en plis pudiques, descend jusqu'aux pieds. Son cou gonflé montre la large plaie que le fer vient d'y ouvrir. Ses deux bras s'allongent convulsivement; ses doigts, au moment où la mort glace ses lèvres, rendent témoignage à l'unité de l'essence divine et à la trinité des personnes. C'est vraiment beau, c'est vivant, cela parle. Mais soyons juste, si le ciseau de Maderne a produit cette merveille, un modèle céleste a posé devant lui. Il a représenté la sainte telle que la mort l'avait faite et que la découvrit, dans l'arche de cyprès, le cardinal Sfondrate. Le sculpteur n'a rien ajouté, rien inventé, il a copié.

A peu de distance est le tombeau du cardinal Sfondrate lui-même, si dévoué à la gloire de Cécile. Une inscription touchante fut gravée par l'ordre du cardinal. On dit :

Cardinalis Sfondratus miserrimus peccator
Atque ejusdem virginis humilis servus
Hic ad ejus pedes humiliter requiescit.

Il ne nous reste plus qu'à vénérer les tombeaux où reposent Cécile, Valérien et son frère. Descendons les degrés qui mènent à la crypte au-dessous de l'autel. Ici est le corps de Cécile gardé dans une chasse d'argent, don précieux d'un pontife. A côté, dans un même cercueil, reposent Tiburce et Valérien. Ils s'aimèrent pendant leur vie, ils furent inséparables. Le même glaive les a frappés, ils n'ont pas été désunis par la mort et ils dorment dans le même sépulcre. Ils sont là, tous les trois, dans la paix du Seigneur, attendant l'heure de la résurrection, quand le Christ les appellera. Ils prêtent l'oreille pour entendre sa voix, mais ils l'ouvrent aussi aux prières des Chrétiens et leur tombeau est comme un trône où ils accueillent les vœux qu'on leur adresse.

Cependant, ne croyez pas que les émotions les plus douces, vous les avez éprouvées dans l'église de Sainte-Cécile ; les catacombes vous attendent. Prenez la voie Appienne, appelée par les anciens la reine des voies, *regina viarum*, et qu'on pourrait nommer la voie des martyrs. Vous sortez par la porte de Saint-Sébastien, une des plus belles de Rome. Deux grandes tours la défendent. Vous traversez l'Almon, ruisseau fameux où les prêtres de Cybèle venaient laver la statue de leur impure déesse. Vous laissez de côté l'église du *Domine quo vadis*, bâtie aux lieux où Notre-Seigneur apparut à saint Pierre qui fuyait la persécution de Néron ;

interrogé par l'apôtre, surpris et tremblant: « Seigneur, où allez-vous, » *Domine, quo vadis ;* il lui répondit: « Je vais monter sur la croix et mourir une seconde fois. » L'antique pavé de la voie Appienne apparait. C'est là que le Sauveur a posé son pied et que l'apôtre promit à son Maitre d'aller au supplice et à la mort. Vous n'êtes pas encore arrivé à Saint-Sébastien: devant vous s'élève le tombeau de Cécilia Metella, masse imposante et gracieuse qui domine, de ce côté, la campagne romaine, et à votre droite est l'entrée des catacombes de sainte Cécile. Ainsi, les gloires de la terre et celles du Ciel *étaient* rapprochées, et le tombeau de Cécilia Metella est là pour attester qu'aucune illustration ne manquait à Cécile.

Maintenant, supposez que vous êtes au temps de la primitive Église, que vous vivez au siècle des Laurent, des Cécile, des Sébastien, que vous faites partie de ce troupeau choisi qui aspirait avec ardeur au martyre et venait célébrer dans les entrailles de la terre, à la lueur des torches, les ineffables mystères. Supposez encore que la tempête de la persécution agite l'Église, que le tribunal du Préfet de Rome est dressé aux pieds du Capitole, que les cruels licteurs s'apprêtent à saisir leurs victimes, que les fidèles volent aux catacombes pour s'animer au combat et prier ensemble une dernière fois. De quels sentiments ne serez-vous pas animé! Quelles émotions pieuses passeront dans votre âme ! que vous serez heureux ! C'est là ce que l'on ressent le jour de sainte Cécile, quand on descend aux catacombes. On est comme transporté aux premiers siècles. C'est la primitive Église, c'est l'ère des martyrs !

Déjà sur la voie Appienne, des indices vous invitent à vous arrêter. Vous entrez dans un édifice en ruine. Une porte mystérieuse s'ouvre ; vous êtes au milieu d'une vigne qui appartenait à quelqu'une de ces dames romaines si dévouées à l'Église. Peut-être est-ce le champ de cette Lucine qui donna la sépulture à saint Sébastien et à des milliers de martyrs. Des roses, des feuilles de laurier, le buis parfumé couvrent le petit sentier qui est devant vous. Suivez ces traces, elles mènent aux catacombes. Avant de descendre l'escalier, que les pieds des martyrs nos pères ont consacré, admirez ces guirlandes de buis et les riches tapis qui décorent les murs. Enfin, vous voilà dans la crypte. Cette chambre sépulcrale fut destinée aux souverains Pontifes. A droite, à gauche, au-dessus de vous et à vos pieds, s'ouvrent les tombes mystérieuses où saint Pontien, saint Antère, saint Fabien, saint Denys dorment leur sommeil de paix. Les beaux vers latins que vous lisez au fond de la crypte, furent gravés sur le marbre par le Pape saint Damase. Ils sont de sa composition. En sortant, vous admirez, à votre droite, à votre gauche, devant vous, derrière vous, partout enfin, ces corridors sombres et ce dédale de voies souterraines qui vont se perdre au loin à des distances inconnues. La voûte et les murs sont tout noirs. On a creusé, le long des murs, quatre ou cinq rangs de tombeaux, aujourd'hui vides. On venait y déposer les martyrs et ceux qui mouraient dans la paix du Seigneur. Un vase plein de sang et les instruments de supplice distinguaient la tombe des martyrs. Aujourd'hui, ces lieux ténébreux sont éclairés par des flambeaux attachés au mur, et, de distance en distance, les gardiens des catacombes, une lampe à la main, vous indiquent la route. Un silence profond règne autour de vous ; vous n'entendez d'autre bruit que celui de vos pas ; vous ne voyez devant vous que de longs corridors où des lumières expirantes jettent un pâle reflet, et, par intervalle, un gardien silencieux qui se dresse le long du mur et vous laisse passer. On a froid au cœur et un frisson court dans vos veines.

Mais bientôt les lumières deviennent plus vives. Vous êtes dans une chambre où l'on offrait les saints mystères. Elle est éclairée par un lustre qui descend de la voûte. Autour règne une banquette en marbre où les prêtres venaient s'asseoir. La table de l'autel était au milieu et au fond se dressait le siège du Pontife. Sur les murs on voit encore des peintures gracieuses, respectées par le temps, qui attestent la foi de nos pères et le talent des artistes.

C'est Jonas sortant de la baleine. Orphée enchantant les tigres et les léopards au son de sa lyre, Daniel au milieu des lions. Ici, on voit une Orante, symbole touchant de l'Église ; là, une corbeille de pains que porte le poisson mystérieux; Moïse frappant le rocher de sa baguette et en faisant jaillir une eau mystérieuse; puis, des arabesques, des guirlandes et des dessins à l'infini. En face et de l'autre côté du corridor est la chambre où les fidèles assistaient aux redoutables mystères. La voûte s'élève jusqu'au sol pour laisser entrer un peu d'air et de lumière.

Poursuivons notre route à travers la catacombe. Nous voilà devant l'oratoire de saint Corneille et de saint Cyprien. Le Pontife romain y reposa et le grand martyr de Carthage y fut honoré. Quelles belles fresques ! quelle vigueur de pinceau dans ces têtes! Le beau sujet d'études pour un peintre chrétien.

Vous n'aurez pas une idée exacte des catacombes si vous vous bornez à marcher devant vous. Il faut monter, il faut descendre. Le corridor que vous venez de parcourir, a été creusé au-dessus de vous et sous vos pieds. On va de l'un à l'autre par une pente douce et insensible.

Hâtons-nous de remonter, et avant de quitter ces lieux habités par la mort, allons prier à la tombe de sainte Cécile.

Comme elle appartenait à une famille illustre et qu'elle était morte avec un courage au-dessus de son âge et de son sexe, on lui choisit la demeure la plus digne dans cette région des tombeaux. On voulut qu'elle dormit son sommeil de paix à côté des pontifes du Seigneur. Un léger mur de terre l'en séparait. C'est ici que son corps sanglant fut déposé, et qu'il fut trouvé par le Pape saint Pascal. L'alvéole qui le renfermait vient d'être découverte. Aujourd'hui tout revêt un air de fête; les tentures, les fleurs, les flambeaux, rien ne manque. Des couronnes de roses et de palmes entrelacées ornent le front de la crypte, et, au fond du tombeau, des mains pieuses ont formé un tapis de roses et d'immortelles. C'est là, sans doute, ce que firent les chrétiens quand ils reçurent dans la catacombe le corps glacé de Cécile : en voyant ces fleurs répandues sur la terre où la Sainte reposa, on croirait être au lendemain de son martyre. La foule qui remplit ces lieux et qui erre dans la catacombe, ajoute à l'illusion : On rencontre des prêtres, des évêques, des cardinaux qui viennent promener leur pourpre au milieu des tombes des martyrs et se préparer aux sacrifices héroïques; on assiste à l'assemblée des premiers chrétiens.

Cette salle est ornée avec élégance plus que les autres. Elle a des fresques admirables et une tête de Christ en mosaïque d'une rare beauté. C'est la figure douce et aimante du Sauveur, comme on se la représente et comme elle devait être. Mais on ne voit rien, on ne peut rien admirer. La pensée de sainte Cécile toute seule vous occupe dans ce lieu vénéré. On ne songe qu'à son courage, à ses souffrances, à la piété de ceux qui lui donnèrent cette sépulture, et on quitte les catacombes avec le regret de n'avoir pas vécu au temps des martyrs, avec le dégoût de la terre et le désir du Ciel.

NOËL

27 Décembre.

Jamais, depuis que je suis à Rome, je n'ai tant marché, tant couru, je n'ai vu tant d'églises et de choses que ces jours derniers. J'ai voulu me distraire. C'est Noël, vous êtes tous réunis là-bas et moi, je suis tout seul, ici, loin de ceux que j'aime et qui se livrent à cette heure aux doux entretiens. Noël, c'est la fête du cœur, des joies intimes et de la famille. Il en est autrement pour moi. Je ne suis bien que dehors, je vas, je viens, je m'agite, je veux tout voir, tout étudier, me faire une idée exacte des fêtes de Noël à Rome. Écoutez mon récit; peut-être vous envierez mon sort, au lieu de plaindre ma solitude.

Rome est en fête pendant huit jours. Les magasins sont ornés magnifiquement et entourés de guirlandes. Des lampes et des flambeaux brûlent devant une image de la Vierge. Au coin de toutes les rues, les madones sont parées de leurs plus riches ornements, le quartier a déployé un luxe inouï pour fêter sa patronne. On s'est cotisé pour faire venir un ou deux pifferari qui, pendant neuf jours, à la même heure, chantent un air antique et monotone, en s'accompagnant de la cornemuse. Les pifferari mettent la joie dans tous les cœurs et leurs chants joyeux appellent Noël.

La veille de la fête, aux premières clartés du jour, j'ai couru à Sainte-Marie-Majeure pour vénérer la Sainte-Crèche. On l'expose dans la sacristie, sur un autel, où des messes sont célébrées jusqu'à midi. On voit encore dans la châsse en cristal et en argent figurant un berceau, les planches vermoulues de la crèche, la sangle blanche dont la Sainte-Vierge enveloppa les membres délicats du Sauveur et quelques restes de la paille où il reposa. Je suis resté longtemps prosterné aux pieds de l'autel, adorant en silence et m'unissant d'intention à tous les saints sacrifices qu'on y célébrait. Par intervalles, je tournais vers la sainte crèche des regards indiscrets pour la contempler à mon aise.

Le Pape célèbre quelquefois trois messes solennelles, celle de la nuit à Sainte-Marie-Majeure, celle de l'aurore à Sainte-Anastasie, celle du jour à Saint-Pierre. Quand il est âgé ou infirme, il se contente de celle de Saint-Pierre. Il y a peu de monde à Sainte-Marie-Majeure, par la raison que l'on donne des cartes, et c'est difficile d'en obtenir.

A quatre heures du matin, on chante, à Saint-Pierre, la messe de l'aurore, appelée la Pastourelle. Quand l'hiver n'est pas rigoureux et qu'il fait clair de lune, il y a foule à cette messe. Les chants en sont très beaux. C'est un des chefs-d'œuvre de Palestrina.

La messe du jour, à Saint-Pierre, est, comme à l'ordinaire, une des merveilles de Rome. La Basilique semble trop étroite pour la foule venue un peu de partout.

La messe de Sainte-Anastasie est moins courue ; mais elle ne laisse pas d'avoir son charme.

Cette antique église, bâtie au pied du mont Palatin, est dédiée à une dame romaine qui fut martyrisée en ce jour. Voilà pourquoi, à la messe de l'aurore, l'Église unit le souvenir de sa mort à celui de Jésus naissant. On éleva un bûcher, on l'y précipita, et bientôt elle fut consumée par les flammes au milieu d'atroces souffrances. On admire sa statue faite par un habile sculpteur, au siècle dernier. La martyre est debout sur le bûcher où la flamme pétille. Sa longue chevelure flotte autour de sa tête ; ses traits, que la douleur contracte, expriment une résignation pieuse et tout en elle regarde le Ciel.

Bientôt son âme et son corps, lui-même consumé par les charbons ardents, monteront vers Dieu parmi les torrents de flammes et de fumée, sublime holocauste de tout son être ! Le cardinal Angelo Maï, qui avait une tendre dévotion pour la martyre, a été enseveli près de son tombeau. Il repose à côté de celle qu'il avait aimée pendant sa vie, et peut-être aussi, dans le Ciel, ils sont rapprochés.

Si nous sommes sensibles, sur la terre, à l'amitié

qu'on a pour nous, nul doute qu'au Ciel il n'en soit de même, et que les saints n'aient de l'affection pour ceux qui les aiment et qui les prient. Nous aimons ceux qui nous ressemblent. Or, le pieux cardinal eut, comme sainte Anastasie, son martyre, les recherches laborieuses, les études profondes, les longues heures passées dans le silence des livres, les veilles solitaires employées à déchiffrer d'antiques manuscrits et à grossir de précieux joyaux le trésor littéraire de l'Église. Les fidèles qui viennent aujourd'hui visiter l'antique église, ordinairement déserte, s'arrêtent devant la statue de la sainte et le tombeau du cardinal.

Du Palatin, je cours au Capitole ; car il faut se presser aujourd'hui, si on veut tout voir. J'entre dans l'église de l'Ara Cœli, construite aux lieux où se dressait le temple célèbre de Jupiter Capitolin. Là où Jupiter, c'est-à-dire l'orgueil humain, lançait autrefois ses foudres, repose sur la paille le divin enfant de la crèche.

On dit que Gibbon contemplant, du haut de l'Ara Cœli, le Capitole, Rome, le monde et voyant la bure de quelques moines balayer les dalles où flottait autrefois la pourpre des Empereurs et des Consuls, forma le plan de son ouvrage sur la chute de l'Empire Romain. Gibbon a mal pris les choses. En songeant à la pauvreté des moines, en méditant la crèche, les souffrances, les humiliations, et en les comparant à la puissance et à l'orgueil des Romains, chez qui l'esprit chrétien s'infiltra peu à peu, avec le sang des martyrs, il eût vu, qu'unies ensemble, ces grandes choses avaient produit le monde moderne et les diverses civilisations qui remplacèrent l'Empire Romain. Il eut, sans doute, modifié son jugement, et ce qu'il appelle une décadence lui eut paru une gloire. Certainement, il était prévenu contre Rome, l'Église et les moines !

Dans sa pauvreté, l'Ara Cœli a de la grandeur ; des colonnes imposantes divisent ses nefs, des tableaux de prix, de riches tombeaux, des pierres précieuses ornent ses chapelles latérales. C'est une des églises où la foule se porte aujourd'hui. On vient admirer la crèche que les Frères élèvent dans la seconde chapelle, à gauche. Il y a là, comme à toutes les crèches, des montagnes, une étable, des bergers ; mais ce qui donne un prix infini à la crèche de l'Ara Cœli, c'est le *santo Bambino*, image miraculeuse de l'enfance de Jésus. Il est en bois, on l'apporta de la Terre Sainte, au milieu du XIVe siècle. Les Romains, quand ils sont malades, ont la coutume de le faire venir chez eux. Il a sa voiture, ses chevaux, ses laquais, des moines qui le gardent et qui le portent. On le place dans une corbeille élégante, on l'enveloppe de mousseline et de dentelle, comme si on avait le bonheur de garder encore, et de porter à domicile, celui qui est représenté par la sainte image. Certes, le divin Enfant de Bethléem n'en avait pas autant quand les bergers et les mages l'adorèrent. Une étole pend à la portière de la voiture. Les Romains, qui rencontrent le pieux cortège, se découvrent, se prosternent et envoient de pieux baisers à l'aimable Enfant en embrassant l'étole, symbole de sa puissance.

Aujourd'hui, le *santo Bambino,* couvert de rubis, de diamants, d'or et d'argent, est couché sur la paille de la crèche. On le contemple, on l'admire, on lui adresse de ferventes prières. Ah ! c'est que le *santo Bambino* fait des miracles et opère des guérisons merveilleuses. Les Romains et les Romaines, debout autour de sa crèche, disent, à haute voix, ce qu'il a fait, tout récemment encore, dans tel et tel quartier de Rome. On parle comme si on était à la rue, et même un peu plus. C'est une vraie cohue, et pourtant quand on connait la foi et la mobilité de ces bonnes âmes, on ne s'en offense pas, comme on pourrait le faire en France. Il y avait là des hommes, des femmes, des vieillards, des enfants, des jeunes gens, de grandes jeunes filles du Trastevère, des Monti, de tous les quartiers de Rome, et surtout des gens du peuple ; des prêtres séculiers, des religieux de tous les ordres et de tous les costumes ; enfin, des Monsignori qui ne gardaient pas mieux le silence que les autres.

En face de la crèche est dressée une chaire où l'on fait monter de tout petits enfants de sept à huit ans, qui adressent à l'assistance un sermon tantôt gai, tantôt sérieux, et lancent, en les enveloppant de

paroles ingénues, des traits acérés contre les vices du temps, et un peu contre les personnes. On sourit, on applaudit, on courbe le front et on se signe dévotement quand la main de l'enfant se lève pour vous bénir. Descendu de la chaire, on le couvre de caresses, on lui donne des gâteaux, et les parents triomphants l'emmènent. Un autre prend aussitôt sa place, et, tout le jour, les jeunes orateurs se succèdent, instruisant l'assistance, flétrissant le vice, encourageant la vertu, adressant les paroles les plus flatteuses au *santo Bambino.*

Ah ! ils font bien, ces pauvres enfants, de louer leur divin Modèle, le tendre Enfant de Béthléem, qui a relevé et honoré leur faiblesse. Si on les écoute avec tant d'attention, si on les considère, si on les aime, si on a pour eux cette révérence souveraine qui leur est due, c'est bien Lui qui en est la cause. Qu'étaient les petits enfants chez les païens, à Sparte, à Rome, partout ? L'histoire le dit en frémissant ; et, de nos jours que sont-ils, là où l'Enfant divin ne règne pas encore ? On les immole sans pitié, on les plonge dans la misère et l'abrutissement. Les petits enfants de Rome, en exaltant le *santo Bambino,* semblent exhaler un chant de triomphe. Ce jour est, en effet, le triomphe de l'enfance.

Au-devant de la crèche et sous la nef latérale, on voit l'empereur Auguste et la Sybille. C'est une tradition que, pendant la nuit sereine où le Fils de Dieu naissait à Bethléem, quand les anges faisaient retentir dans les airs leurs cantiques harmonieux, appelant autour de la crèche les bergers et les pauvres, la Sybille Tiburtine se glissa dans le palais d'Auguste, au mont Palatin, et lui dévoila ce qui se passait en Orient. Auguste étant venu prier dans le temple de Jupiter Capitolin, eut une vision. Le mystère de la naissance d'un Dieu lui fut révélé, et dans ce temple il fit construire un autel au premier-né de Dieu. *Ara Primogeniti Dei.*

On a consacré ces pieux souvenirs en élevant à la Sainte-Vierge un temple sur les ruines de Jupiter Capitolin, avec le titre de l'Ara Cœli, c'est-à-dire l'autel du Ciel, et aujourd'hui on place Auguste et la Sybille au-devant de la crèche, on joint leur nom à la gloire du divin Enfant. La Sybille l'avait annoncé, Auguste lui avait préparé les voies, comme dit Bossuet : « Victorieux sur terre et sur mer, Auguste ferme le temple de Janus et Jésus-Christ vient au monde. »

Ultima cumœi venit jam carminis ætas :
Magnus ab integro sæclorum nascitur ordo ;
Jam redit et virgo redeunt saturnia regna :
Jam nova progenies cœlo demittitur alto.

Ce que Delille a traduit ainsi :

Déjà le Ciel accorde, à nos vœux exaucés ;
Ces temps par la Sybille autrefois annoncés ;
De vingt siècles pompeux, l'ordre se renouvelle
Déjà revient la Vierge et Saturne avec elle :
Un nouveau peuple enfin est envoyé des cieux.

Le soir, j'ai été au Trastevère voir la crèche historique de la tour de l'Anguillara. Quel nom bizarre est-ce là me direz-vous ? et qu'elle est cette tour ? C'est une affaire d'habitude. Comme à Paris on va à Longchamps aux derniers jours de la semaine sainte, à Rome on monte à la tour de l'Anguillara aux fêtes de Noël.

La tour de l'Anguillara est sise au Trastevère, unique reste d'un château féodal. On y faisait autre chose que de paisibles crèches au moyen-âge. Ce château fut longtemps la terreur de Rome. Le propriétaire actuel fait, tous les ans, la crèche au sommet de la tour. Au sommet ! pourquoi pas dans un étage inférieur, où on pourrait ménager, avec des toiles, des fresques et de la lumière, d'agréables lointains ? Le propriétaire a fait mieux que de mettre à contribution les peintres. Il a préféré la nature, il s'est servi, en guise de toiles et de panoramas, des montagnes de la Sabine et du Latium qui terminent l'horizon de Rome. On arrive au sommet de la tour, on voit, partout où l'on regarde, les champs de Bethléem où se presse la foule des bergers qui viennent adorer l'Enfant divin placé au fond d'une grotte. Au-delà des champs couverts de mousse et des collines en papier peint, se dressent les montagnes naturelles formant un arrière plan admirable. C'est une idée originale et qui en vaut une autre.

Il est certain que tout Rome, pendant ces fêtes,

monte à la tour de l'Anguillara. Or, comme on ne demande rien à la porte, les pauvres et les riches s'y coudoient. Les moines, les prélats, les abbés, les dames romaines, les ouvriers du Trastevère, les pauvres déguenillés, les rois et les reines se rencontrent là, et, chose singulière, ne sont pas étonnés de se trouver ensemble. C'est à Rome seulement qu'on a une idée juste de l'égalité humaine. Au moment où je montais, la reine Christine, vêtue de noir et le front couvert de la mantille espagnole, descendait au milieu d'une foule de gens du peuple qui ne songeaient pas même à lui demander quelques baïoques. La reine était souriante, elle parlait à droite et à gauche. On voyait que la crèche, les bergers, les montagnes de Rome vues à travers les horizons de Bethléem, et surtout la cohue de peuple qui se pressait au sommet de la tour, dans l'escalier et à la porte d'entrée, avaient produit sur son âme une bonne impression et, pendant une heure, fait trêve aux douleurs de l'exil. Peut-être elle n'avait jamais été aussi heureuse qu'en ce moment. L'orgueil de la puissance enivre, mais ne fait pas sourire ; il ne remplit pas le cœur comme la naïveté de ces spectacles. Il faut beaucoup de choses pour nous faire goûter un peu de bonheur, et, souvent, un rien fait couler dans notre âme la joie et l'espérance. Dieu l'a voulu ainsi afin que le bonheur pût être connu de tous et ne devînt pas le partage exclusif de la richesse ou de la puissance. Il en a fait la coupe assez large pour que tous les hommes puissent venir y tremper leurs lèvres. Les joies innocentes sont les seules véritables. Qui pourrait comprendre ce mystère, ignorerait la souffrance et trouverait le bonheur dans les peines de la vie, même les plus cuisantes.

1858

FÊTE DE SAINTE AGNÈS

21 Janvier.

Rome, ou pour mieux dire l'Église de Rome, célèbre, aujourd'hui, un de ses plus glorieux anniversaires, une de ses victoires les plus éclatantes sur les faux dieux, le martyre de la vierge Agnès, dont le nom lui-même est une louange.

A pareil jour, le peuple de Rome envahissait de bonne heure le cirque Agonal. Tous les gradins étaient remplis ; un bûcher s'élevait dans l'arène. Des cris tumultueux se faisaient entendre. Les Romains étaient divisés d'opinion. Les uns approuvaient, les autres témoignaient leur pitié par des cris et par des menaces. C'était pendant la persécution de Dioclétien ; une jeune fille, à peine âgée de treize ans, revenait des écoles publiques, accompagnée de quelques esclaves, parée avec goût, mais ayant dans sa modestie et sa piété, le plus beau de tous les ornements. Elle attira les regards du fils du Préfet de Rome. Aux avances du jeune homme, elle répondit par ces douces paroles : « Je ne puis répondre aux sentiments que vous avez pour moi. J'ai déjà donné ma foi à un autre époux. Il a entouré mes bras de pierres précieuses, il a placé à mes oreilles des perles d'un prix inestimable. Il a mis sur mon visage, un sceau, afin que je n'aime d'autre époux que lui. J'ai reçu de ses lèvres, le miel et le lait, et mes joues ont été empourprées de son sang. Il m'a fait voir tous ses trésors, il m'a promis de me les donner. »

A ces mots, l'amour du jeune homme se change en une haine furieuse, et d'ami il devient persécuteur. Il livre à son père, comme chrétienne, celle qui l'a repoussé. Agnès est exposée à un danger plus affreux que les bêtes féroces. L'ange du Seigneur la protège, et l'impie, qui n'a pas eu pitié de sa jeunesse, est frappé de mort. Rome contemple cette lutte d'un enfant avec l'Empire. Les uns prennent la défense de la jeunesse et de la vertu ; les autres, aveuglés par l'amour des idoles, demandent à grands cris la mort d'Agnès. Elle est placée sur le bûcher, la flamme brille, des torrents de fumée s'élèvent dans les airs. La martyre, au milieu des flammes, lève au Ciel ses yeux et ses mains, *expansis manibus,* et, dans l'angoisse de son âme, elle s'écrie : « O Dieu tout-puissant, Père qui inspires la crainte, je t'adore, je te rends grâce de m'avoir fait mépriser les menaces d'un tyran sacrilège. Et maintenant, je viens à toi, à toi que j'ai aimé, que j'ai cherché, et vers qui mon âme soupire. » Elle prononce cette prière, et, tout à coup, la flamme s'éteint ; le peuple allait demander grâce, quand un licteur monte sur le bûcher et, levant sa hâche, fait jaillir des flots de sang et couvre la vierge d'une pourpre qui sera sa riche parure aux noces de l'Agneau.

Les parents de la vierge prirent ses restes et les portant à travers les rues de Rome, comme en triomphe, entourés de chrétiens qui versaient des larmes et récitaient, dans l'amertume de leur cœur, des psaumes et des prières, ils les déposèrent à la villa qu'ils possédaient sur la voie Nomentane, et leur donnèrent la sépulture. Bientôt, les païens accourent en foule pour mettre à mort les hommes audacieux qui osent braver la colère des Césars. Les chrétiens prennent la fuite et se dispersent. Seule, absorbée par la tendre amitié qu'elle portait à sa compagne, ou pour mieux dire, à sa sœur, Emérentienne, qui suça le même lait qu'Agnès, était restée à son tombeau et le couvrait de ses baisers et de ses larmes. Elle n'était que catéchumène, mais toute bouillante de foi et de charité; elle reproche leur cruauté aux païens qui poursuivent les chrétiens; une grêle de pierres fond sur elle, bientôt elle est couverte de blessures, son sang coule et, tenant embrassé, au milieu des souffrances les plus aiguës, le tombeau de sa sœur et de son amie, elle expire, baptisée dans son sang qu'elle répandit, pour le Christ, jusqu'à la dernière goutte.

Là, où ces scènes de deuil eurent lieu, où le corps d'Agnès reposa, la fille de Constantin, honorée d'une vision et guérie miraculeusement, éleva un temple à la vierge courageuse. C'est la basilique de Sainte-Agnès, sur la voie Nomentane, une des plus gracieuses et des plus complètes de Rome. Une galerie bordée, à droite et à gauche, d'inscriptions tirées de la catacombe de Sainte-Agnès y conduit. Comme les églises primitives, elle est divisée en deux étages. Des colonnes élégantes partagent la Basilique en trois nefs. Sous un gracieux baldaquin est le tombeau de la sainte, surmonté de sa statue en albâtre oriental. De riches mosaïques, des sculptures précieuses, de belles peintures ornent cette église.

Le Pape Honorius Ier la reconstruisit; Innocent II, Alexandre IV, Jules II la restaurèrent, et, dans ces derniers temps, Notre-Saint-Père le Pape Pie IX l'a réparée entièrement. Ses peintures, ses fresques, ses mosaïques, ses marbres, ses colonnes, tout a été rafraichi et orné avec autant de goût que de magnificence, en souvenir du miracle opéré par la sainte, en faveur du Pontife. Le miracle a été représenté dans une large fresque, au fond d'une chapelle érigée à l'entrée du monastère.

La fète de sainte Agnès est populaire à Rome, la foule envahit la voie Nomentane. Mêlé aux groupes pieux, j'ai voulu faire le pèlerinage de la Sainte. Le temps était froid, et un ciel nuageux portait à la tristesse. Les Apennins, couverts de neige, donnaient au paysage un aspect sévère; pourtant, il y avait dans l'air quelque chose qui portait à la joie, tous les visages étaient radieux. Le souvenir des saints remplit le cœur et le console. Leur fête est comme un rayon de la gloire du Ciel, qui déchire les nuages, éclaire la terre et lui ôte sa tristesse.

Les pauvres, assis sur le bord du chemin, étaient venus en foule, malgré les rigueurs du froid, implorer la charité des fidèles ; le buis traditionnel couvrait le chemin, indiquant les approches de la Basilique. Je suis entré, l'église était pleine. Afin de mieux contempler les splendeurs du temple et des cérémonies, je montai à la galerie supérieure qui, elle aussi, avait été envahie de bonne heure. La reine Christine, entourée de ses filles et de la cour qui l'a suivie dans l'exil, occupait l'espace qui est en face de l'autel. A l'offertoire de la messe, on apporta, de la sacristie, deux agneaux dont la toison était blanche, comme la neige des Apennins. Ils étaient ornés de rubans rouges ; on avait mis sur leurs têtes une couronne de roses ; leurs pieds étaient attachés ; on les portait sur des coussins en soie. Placé devant l'autel, le célébrant les bénit avec des prières particulières, puis, on les fit circuler dans les rangs des fidèles et on les apporta dans la galerie supérieure. Le peuple les couvrait de baisers et les caressait de la main. Ils répondaient à toutes ces tendresses par des bêlements plaintifs, qui touchaient de pitié les assistants. La reine Christine partagea l'émotion générale et prodigua, comme les autres, ses baisers et ses caresses aux deux agneaux. Elle tira de sa poche des sucreries que les agneaux mangèrent dans sa main. C'était un spectacle bien touchant de voir une reine donner son attention à ces faibles créatures, et leur témoigner le plus vif intérêt. Quand les rois descendent des hauteurs où ils vivent pour jeter un regard de pitié sur les petits et les faibles, on ne peut s'empêcher de faire leur éloge, et de les admirer.

Les deux agneaux seront conduits, ce soir, chez le Pape, qui les bénira ; puis il les enverra, gracieux pensionnaires, à des religieuses avec ordre de les nourrir et de les soigner, comme il convient de le faire à ses protégés. A Pâques, il seront immolés ; ils paraîtront sur la table du Saint-Père, et de leur riche toison, on fera les Palliums que le Pape dépose sur le tombeau de saint Pierre, et envoie aux archevêques, comme signe de leur puissance.

Le sort de ces agneaux est bien doux. Ils vivent et ils meurent pour l'Église. Ils lui donnent tout ce qu'ils ont. Puisqu'ils attirent l'attention du Pape et que les reines sortent de leur gravité habituelle pour leur sourire, j'ai pensé qu'ils méritaient bien l'honneur d'une mention particulière, voilà pourquoi je vous ai parlé d'eux un peu longuement.

ANTEMNE

10 Février.

Je viens de faire une longue promenade. J'ai laissé, à gauche, le Ponte-Molle, et j'ai longé le Tibre jusqu'à l'Aqua-Acetosa où, pendant l'été, une foule nombreuse vient boire une eau de seltz naturelle qui a la vertu, dit-on, de fortifier les poitrines délabrées. Je n'en suis pas là, comme vous savez.

Aujourd'hui, la source est silencieuse et déserte. Je ne pouvais me lasser d'admirer le gracieux paysage que j'avais à ma gauche. Quel charme dans ce Tibre qui vient d'atteindre sa plus grande largeur en recevant l'Anio, et qui roule, avec majesté, ses flots terreux et tranquilles ; dans ces vastes prairies qui verdoient au-delà du Tibre, dans ces montagnes azurées et nues, comme celles de la Provence ; dans cette tour en ruines, antique débris d'un castellum ou d'une villa ; dans ces deux rochers au fond, qui semblent s'être séparés pour laisser voir bien loin un second plan de montagnes, qui termine le paysage.

J'ai grimpé sur la colline qui s'élève entre l'Anio et le circuit du Tibre. Le petit sentier qui serpente dans l'herbe m'a conduit au sommet. Là, fut Antemne, l'ennemie acharnée de Rome, détruite pour s'être liguée avec le roi d'Etrurie Porsenna. Défendue naturellement du côté de l'est et du nord par l'Anio et le Tibre, elle n'avait qu'à veiller du côté de l'ouest et du midi. La montagne où elle s'élevait est carrée et, de toutes parts, escarpée. Au nord et au sud, on a tracé un profond ravin, qui formait, sans doute, la double avenue de la cité. Une pelouse verte, émaillée d'asphodèles, recouvre les ruines. Le bruit de mes pas a fait lever une multitude de cailles. Partout où je regarde, je découvre des prairies interminables, sillonnées par l'Anio et le Tibre. Il me semblait être dans la haute mer, quand on ne voit plus que le ciel et la terre. Les ruines d'Antemne étaient le navire qui me portait. Le vert sombre des prairies augmentait l'illusion. On eût dit la mer quand elle est courroucée, qu'elle ne réfléchit plus l'azur du ciel, et que sa couleur est grise et sombre. Le silence du désert régnait autour de moi ; je pus me livrer à toutes mes réflexions. Tout à coup, une troupe de jeunes cavaliers vient me tirer de ma rêverie. Ils sont sept. Ils vont de l'Aqua-Acetosa à travers les prairies, à la Via-Salaria. Ils ont des ailes, ils volent, ils dévorent l'espace. Couchés sur la crinière de leurs chevaux, ils les animent de leur voix et de leur main, ils font beaucoup de bruit, ils s'agitent, ils poursuivent vivement un but et tâchent de l'atteindre.

Peut-être, ils n'en ont point, ils courent sans

savoir où ils vont. Bientôt les monticules verts qui bordent la voie Salaria les ont dérobés à mes regards ; ils ont disparu ne laissant aucune trace de leur passage. Ainsi notre vie s'écoule, nous passons vite, nous faisons un peu de bruit, nous nous donnons beaucoup de peine, nous nous agitons, nous poursuivons un but qui tient notre esprit attentif, quelquefois, nous n'en avons point, et nous courons inutilement. La mort vient, et nous disparaissons de la face du monde, sans laisser aucun souvenir, aucune trace de notre passage.

Quand les cavaliers se sont éloignés, le désert qui m'entoure a recouvré son calme habituel et sa solitude. Triste et pensif, j'ai quitté cette ville dont il ne reste plus rien, et en descendant la montagne où elle était assise, je me disais : Si des peuples entiers, si des villes célèbres périssent, si leur nom tout seul échappe à l'oubli, s'ils ont passé sur la terre, sans laisser de traces, que restera-t-il de nous, quand nous ne serons plus ? Pourquoi tant penser à l'avenir de la terre, qui n'est rien quand l'avenir du Ciel est si beau ?

Au pied de la montagne, j'ai rencontré un troupeau de moutons qui paissaient tranquilles à l'abri du vent et, mieux que beaucoup d'hommes, semblaient avoir la philosophie de la vie. Les chiens, empressés et vigilants, rodaient autour du troupeau pour le garder et le défendre contre les loups ravisseurs qui viennent parfois ici exercer leurs ravages. Les deux bergers, aux yeux noirs, aux longs cheveux flottants, appuyés sur un lourd bâton, et enveloppés d'un manteau roux qui descendait jusqu'aux genoux, m'ont salué timidement. Occupés à des travaux pénibles, en proie aux rigueurs de l'hiver, mal vêtus, mal nourris, ils ne paraissaient pas envier mon sort. Il n'y avait aucune haine, aucune jalousie dans leurs regards. Ce n'est pas ainsi dans les pays où le sentiment chrétien est éteint. Ces deux bergers paraissaient heureux dans leur pauvreté. La foi adoucit toutes les peines et fait goûter, au sein du travail et de la souffrance, des joies mystérieuses qu'ignorent les riches et les puissants ! Le plus grand bien qu'on puisse apporter aux hommes, ce n'est ni l'or, ni l'argent, ni les honneurs, c'est la foi et l'enseignement de l'Église.

M. DE RAYNEVAL

1er Mars.

On célèbre aujourd'hui le service funèbre de M. de Rayneval, ambassadeur de France à Rome pendant longtemps. Il y a grande affluence à Saint-Louis-des-Français. Tous les fonctionnaires de la France à Rome et l'état-major de notre armée d'occupation ont tenu à honorer la mémoire d'un bon Français, et d'un ami dévoué du Pape.

M. de Rayneval était tout cela à la fois. Pendant les longues années de son ambassade, il n'a cessé de défendre l'Église, le Saint-Siège et le pays qu'il représentait. Il a compris que notre Empereur était affilié à la franc-maçonnerie Italienne, qu'il saisirait toutes les occasions qui se présenteraient pour discréditer le gouvernement pontifical. Et ce que l'impiété attaquait avec une rare persistance, il l'a défendu avec cette loyauté et ce courage qui lui étaient naturels. L'année dernière, il avait adressé à l'Empereur un mémoire confidentiel, où il relevait une à une toutes les incriminations des sectaires contre le pouvoir temporel des Papes. On prétend qu'avant d'envoyer ce mémoire à Paris, il eut la faiblesse de le communiquer à un homme perfide, qui abusa de cette confiance. Le mémoire, avant d'arriver à Paris, fut publié par la presse anglaise, ce qui causa une profonde irritation chez l'Empereur. On prétendit que ce mémoire avait été enlevé à l'attaché d'ambassade, qui devait le porter à Civita, tandis qu'il dormait. D'autres ont parlé d'effraction et de bris de tiroirs au secrétaire de l'Ambassadeur. Les deux suppositions peuvent être admises. Elles sont tout à fait dans les mœurs italiennes. Quoi qu'il en soit, dans la pensée de l'Empereur, la disgrâce de M. de Rayneval fut décidée. On le nomma ambassadeur à Saint-Pétersbourg, dont sa santé débile ne pouvait supporter le rude climat. M. de Grammont fut nommé à sa place.

Grande foule dans notre église. Les dames sont en noir et semblent porter le deuil de Rome avec celui de M. de Rayneval. Le cardinal Antonelli est venu assister au service funèbre, au nom du Pape qu'il représentait. On m'a chargé de le conduire à la tribune, j'ai eu le temps de le considérer tout à mon aise. Sa taille est élancée, sa démarche est fière, ses yeux et ses cheveux d'un noir d'ébène donnent à sa physionomie quelque chose de rude et d'austère qui est loin d'attirer à lui. Un air de profonde tristesse règne sur son visage. On dirait que de noirs soucis rongent son âme. Il essaie de sourire, mais il ne peut y parvenir. Je ne sais pas si je me trompe, il me semble qu'il n'y a pas dans cet homme le génie des Ganzalvi, des

Pacca, des Albani. Dieu fasse qu'il puisse sauver la barque de Pierre dans l'horrible tempête qui est déchainée sur elle. Je ne le crois pas, et les plus noirs pressentiments remplissent mon âme.

Pendant tout le temps de la messe, j'ai prié pour le repos de l'âme de ce bon Ambassadeur. Il m'accueillit si bien quand je me présentai devant lui avec une lettre de M. Feugère, directeur politique aux affaires étrangères, me recommandant à toute sa bienveillance. M. de Rayneval se trouvait en ce moment avec le Père Vaures, canoniste de l'ambassade, son confesseur et son ami, qui m'avait écrit autrefois, quand j'étais directeur de l'œuvre des soldats, pour me confier son neveu, en garnison à Marseille. Tous les deux s'entendirent pour me faire nommer chapelain à Saint-Louis-des-Français. Les lettres de recommandation d'un directeur politique des affaires étrangères sont des ordres pour un ambassadeur, à Rome comme ailleurs.

N'importe, que Dieu rende à M. de Rayneval et au Père Vaures ce qu'ils ont fait pour moi !

SAINT GRÉGOIRE AU MONT CŒLIUS

12 Mars.

Saint Grégoire-le-Grand est un saint pour qui je ressens beaucoup de tendresse, malgré la sévérité qu'il déployait contre les petits enfants qui chantaient mal ses notes. Toutes les années, j'irai célébrer sa fête dans son église. Je n'y ai pas manqué cette fois. Il y a quelque chose de réjouissant dans cette solennité : Le ciel semble moins âpre, l'hiver s'en va ; des brises parfumées commencent à remplir les airs ; le jardin des Camaldules, qui est au midi du monastère et de l'église, montre les blanches fleurs de ses amandiers ; on dirait une prairie couverte de neige. La robe des Camaldules a moins d'éclat et de blancheur. Le printemps étale sa riche parure. C'est l'image du printemps éternel de l'Église, toujours pleine de sève et de jeunesse. En face, le palais des Césars élève ses ruines austères et remplit de tristesse le cœur et l'esprit. Ici, au contraire, tout est saisissant. Quel éclat ! quelle vie ! quels doux souvenirs ces beaux lieux rappellent !

Là, sur le mont Cœlius, était la demeure patricienne de la famille de saint Grégoire. Des âmes comme ce grand Pape ne se donnent pas à demi quand elles se donnent. Tout ce qu'il avait, tout ce qu'il était, il le consacra à l'Église Romaine, dont il fut un des serviteurs les plus dévoués, dont il devint un des plus grands Pontifes, bien digne assurément qu'on le représentât avec le Saint-Esprit qui lui parle et l'inspire.

Ce large escalier qui mène à la Basilique et le portique qui le termine, sont du XVIIe siècle. Il y a là beaucoup d'élégance et de majesté. L'église, riche de peintures et de marbres, répond à ces dehors imposants. Je ne citerai pas tous les chefs-d'œuvre dont elle est ornée. Ce qui qui m'a le plus frappé, c'est la modeste cellule où le Pape Grégoire passait ses nuits solitaires dans l'étude et dans la prière. On y voit encore le lit en marbre où il reposait ses membres fatigués. De la Basilique, on va aux trois chapelles consacrées à saint André, à sainte Barbe et à sainte Sylvie, la mère de saint Grégoire. Dans la chapelle de sainte Sylvie, on admire la statue de la sainte, qui porte dans ses traits la sévérité qui était le caractère de son fils. La chapelle de saint André a éte bâtie par saint Grégoire lui-même. Elle est célèbre par deux fresques de Guido Reni et du Dominiquin. L'une représente la flagellation du saint Apôtre. Le vieillard est étendu sur le chevalet ; il reçoit les coups, il souffre, il endure, il est heureux de souffrir pour Jésus-Christ et la paix des anges brille sur son front ; ses bourreaux sont effrayants de haine et de cruauté. En face, est le martyre de saint André. La croix où il va mourir est dressée : il se prosterne, il adore, il offre à cette croix si chère l'ardeur dont son âme déborde et, sous ses traits, dans toute sa personne, on semble lire les paroles qui s'échappèrent alors de son âme : « O bonne croix longtemps désirée, aimée avec tendresse, hâte-toi de me recevoir dans tes bras.

La crainte qui se montre sur les traits du vieillard, c'est la crainte de ne pas mourir sur la croix.

La troisième chapelle est dédiée à sainte Barbe. La statue en marbre de saint Grégoire est au fond, et au milieu s'élève la table où le Pontife compatissant faisait manger tous les jours douze pauvres. Or, il arriva qu'un jour un treizième vint se joindre à la troupe accoutumée. Le Pontife ne l'éloigna pas, mais comme après le repas, il voulut le retenir pour lui demander raison de sa venue, le pauvre s'évanouit à ses regards, comme l'avait fait autrefois l'ange Raphaël aux yeux de Tobie; car, c'était un ange du Seigneur.

De ce monastère, un autre moine est monté sur le trône de saint Pierre dans ces derniers temps, bien digne assurément de porter le nom de Grégoire, mélange de douceur et de sévérité, de profonde politique et de naïveté enfantine, tel en un mot que doit être le Prêtre et le Pontife du Christ. C'est une gloire nouvelle à toutes celles dont brille l'antique monastère du Mont-Cœlius.

BASILIQUE ET CIMETIÈRE DE SAINT-LAURENT

17 Mars.

A Rome plus qu'ailleurs on garde le souvenir des morts, on honore leur cendre, on prie pour eux. Si vous voulez vous en convaincre, dans la nuit du mardi au mercredi, allez sur la voie de Tivoli. Toute la nuit la porte Tiburtine est ouverte; une foule d'ouvriers et de pauvres y passent; ils vont à Saint-Laurent, hors des murs, où, depuis minuit jusqu'à l'aurore, les prêtres célèbrent la messe pour le repos des morts qui n'ont pu, en mourant, faire des fondations. La Basilique de Saint-Laurent est la basilique des morts, et de même qu'autrefois le saint diacre montrait aux persécuteurs les pauvres et les appelait le trésor de l'Église, il montre aujourd'hui à Notre-Seigneur Jésus-Christ, les morts ensevelis auprès de lui, et dont la garde lui est confiée.

Là où s'élève l'antique Basilique, auguste dans son délabrement, était la catacombe de Cyriaque, où des milliers de martyrs furent ensevelis et peut-être y reposent encore, cette catacombe étant une de celles qu'on a le moins explorées. Quand on a eu perdu la coutume d'ensevelir à l'intérieur de Rome et dans les églises, on a trouvé que l'endroit le plus propice à la sépulture des fidèles, c'était la catacombe de Cyriaque, qui est en quelque sorte sous les murs de Rome, et de cette manière les traditions antiques n'ont pas été sacrifiées, les fidèles n'ont pas un trajet trop long à faire pour venir au cimetière. On y a fait de grandes constructions souterraines et des caveaux immenses pour contenir la cendre des morts ; on ne viendra pas, tous les cinq ans, troubler le repos des morts et faire reparaître au soleil, avec le fer des fossoyeurs, leurs ossements attristés, comme en France. De belles galeries entoureront bientôt le cimetière et on pourra errer parmi les tombeaux dans toutes les saisons, même les jours de pluie. Les allées et les chemins sont très bien tenus, ce n'est pas un cimetière, mais un riant jardin ; on y sent le sentiment de foi qui croit à la résurrection de la chair. Le cimetière est entretenu avec un tel soin que si demain les morts allaient s'éveiller de leur sommeil et sortir de leur tombe entr'ouverte pour paraître au jugement, ils loueraient le culte et le respect qu'avaient pour leurs pauvres restes ceux qu'ils ont laissés sur la terre.

J'aime à visiter ce cimetière, je n'y suis pas en proie, comme dans les autres, à mille pensées tristes, c'est le contraire. Vous l'avouerai-je ? Je serais heureux de pouvoir reposer ici et, malgré la terreur que les jugements de Dieu m'inspirent, si j'étais sûr que j'attendrai en ce lieu l'heure du jugement et que je reposerai au milieu de tant de saints et, dans cette terre bénie, au contact des martyrs, je quitterais sans peine la vie. Ce qui me consolerait le plus, ce serait de reposer à l'ombre du tombeau où dorment leur sommeil de paix les deux grands lévites Etienne et Laurent.

Le cimetière touche à la Basilique du côté du nord. Constantin jeta les fondements de cette église l'an 330. Elle a conservé, parmi toutes les réparations qu'on lui a fait subir, un air antique que n'ont pas les autres Basiliques. Un vaste portique mène à l'intérieur du temple, qui est partagé en trois nefs. De belles colonnes en granit supportent la voûte. Au fond, le plan de l'église change. Les colonnes sont plus grandes et plus belles; elles reposent sur l'ancien pavé qui est plus profond que le nouveau. On a bien fait de laisser les choses en cet état.

Derrière le maître autel on voit une table en marbre percée de petits trous, qui est une relique vénérable. Quand le corps de saint Laurent, noirci et calciné par la flamme, se fondait sous l'action du feu et laissait couler des flots de sang, on le retira du gril et on le déposa sur ce marbre ; ce fut comme un répit aux atroces souffrances du martyr. L'histoire a gardé le souvenir des paroles insultantes qu'il adressait à ses bourreaux, au milieu des tortures, *Ministrantibus prunas insultat levita Christi.* Sans doute, quand son corps en lambeaux fut placé sur cette pierre et qu'il y eut un peu de relâche à ses tortures, sa langue ne dut pas se taire, et ses juges durent l'entendre leur reprochant leur perfidie et leur cruauté, peut-être c'est là qu'il entonna le chant du triomphe : « Etendu sur le gril, ô Dieu, je ne vous ai pas renié. » *In craticula te deum non negavi,* et lorsqu'on plaçait ses membres sur des charbons ardents : « O Christ, j'ai confessé votre divinité, » *Et ad ignem applicatus te Christum confessus sum.* « Vous avez voulu mettre à l'épreuve mon cœur, et pendant la nuit affreuse des tourments et de la persécution vous m'avez visité, » *Probasti cor meum et visistati nocte.* « Vous m'avez examiné à la lueur des flammes et vous n'avez trouvé en moi aucun péché, » *Igne me examinasti et non est inventa in me iniquitas.*

Au-dessous de l'autel, dans une crypte obscure, le saint martyr repose. Les chrétiens se hâtèrent de venir le déposer dans la catacombe de Cyriaque. Ce glorieux trophée d'une des plus belles victoires remportées par l'Église est encore là où on l'érigea le lendemain du terrible combat.

L'Église rendit à Laurent toutes sortes d'honneurs. On célèbre le sacrifice perpétuel sur ses restes inanimés ; on a érigé sur son tombeau cette auguste Basilique et dès que la paix fut rendue à l'Église, on l'a cité comme un des noms les plus chers à la religion. On lui érigea, dans Rome et dans tout l'univers, une foule de temples ; on se plut à retracer par la sculpture, les mosaïques et la peinture, ses glorieuses souffrances, au point qu'il n'y a pas dans l'ornementation religieuse, un sujet traité plus souvent que celui de son martyre ; on a fait de sa Basilique l'église des morts et des indulgences que l'Église leur accorde, de sorte qu'il semble encore distribuer aux pauvres âmes qui souffrent dans le purgatoire, les trésors spirituels de l'Église, et pourtant l'Église de Rome a trouvé encore des honneurs plus grands pour son martyr de prédilection. Elle a associé sa gloire à celle du premier et du plus grand de ses diacres, saint Etienne. Elle veut qu'ils reposent comme deux frères dans un même sépulcre. Leur piété, leur courage, leur amour pour l'Église fut le même. Ils eurent tous les deux un empire égal auprès de Dieu, et tous les deux furent illustres par leurs miracles ; sans doute, dans le Ciel, ils tiennent un rang égal ; quoi d'étonnant, qu'ils dorment sur la terre à côté l'un de l'autre, dans un même sépulcre ? Touchante fraternité de la mort qui nait d'une vie égale en mérites. Qu'ils sont heureux ceux qui attendent la résurrection à côté des deux illustres martyrs. La mort semble, à côté d'eux, avoir perdu toute son amertume. Que l'Église mérite notre reconnaissance pour les adoucissements qu'elle apporte à la terrible et suprême séparation de la mort. Cette grande enchanteresse de nos derniers moments, si elle n'avait pas des remèdes pour tous les maux et des consolations à toutes les infortunes; si elle ne faisait autre chose sur la terre qu'adoucir par ses prières, ses sacrements et ses espérances, la douleur de nos derniers moments, mériterait l'estime et la reconnaissance de l'univers entier. Et les hommes sont si inconséquents, qu'ils cherchent, par tous les moyens, à s'enlever les espérances de l'Église, comme si tous ne devaient pas un jour mourir et qu'ils n'eussent pas tous besoin d'être consolés et rassurés à ce moment d'angoisse.

LA TRINITÉ-DU-MONT

24 Mars.

Il est six heures et demie, je suis appuyé sur le parapet de la Trinité-du-Mont. Le soleil se couche derrière le Vatican, son dernier rayon expire entre le belvédère et la campagne romaine. La lune a déjà parcouru le tiers de sa course. Elle inonde le paysage de sa lumière. Le ciel est pur, aucun nuage n'en ternit l'éclat. Une longue bande rouge et jaune se dessine à l'horizon. Il semble qu'on a tracé une ligne d'or sur les montagnes qui se détachent bien de l'azur du ciel. En face de moi s'élève le dôme de San-Carlo ; à gauche, c'est le dôme de Saint-André Delle-Fratte et l'image dorée de Marie Immaculée qui domine les maisons et les palais de la place d'Espagne. Au loin, c'est le Vatican et Saint-Pierre, que les ombres enveloppent. Rome est devant moi avec ses clochers, ses dômes, ses tours, ses belvédères. Il y a dans cette vue un calme qui repose à la fois le cœur et les yeux. Bientôt toutes les cloches de Rome font entendre des sons harmonieux, une immense mélodie s'élève de la cité. L'airain sacré annonce, avec l'*Ave Maria*, la fête de l'Incarnation du Verbe ; je tombe à genoux et je prie.

LE COLYSÉE

12 Avril.

Je m'aperçois qu'en vous parlant des monuments et des fêtes de Rome, je ne vous ai encore rien dit du Colysée, que les Romains, dans leur langage expressif, appele le Colosse *il Colosseo*. C'est un oubli impardonnable et je me hâte de le réparer.

Deux ou trois fois par semaine, je vais y prier et rêver. Laissez-moi donc vous en parler à mon aise.

Le Colysée fut bâti aux lieux où Néron avait fait creuser un lac, à côté de la Maison dorée.

Auguste en eut la première idée. Il n'eut pas le temps de la réaliser. Vespasien en jeta les fondements et fit construire le *Podium* ainsi que les gradins inférieurs. Titus ajouta deux autres rangs de gradins, et Domitien termina le monument en le couronnant d'un portique. Les juifs amenés captifs à Rome, après la ruine de Jérusalem, furent employés à ce grand œuvre. Peuple étrange, qui laisse des traces immortelles partout où il passe, en Égypte dans les Pyramides, à Rome dans le Colysée !

Quand les barbares pillèrent Rome, l'admiration dont ils furent saisis à la vue du plus étonnant de tous les monuments, le préserva de la ruine. Ils n'osérent y toucher. Au moyen-âge, le Colysée devint une espèce de citadelle où les princes romains venaient s'enfermer et se défendre. C'était encore respecter le monument; c'était, du moins, croire à sa grandeur et à sa force. Plus tard, on lui prodigua l'insulte, on le considéra comme une carrière qu'on pouvait exploiter impunément. On en tira des pierres pour construire le port de Ripetta et le palais de la Chancellerie. Enfin, les neveux du Pape Urbain VIII purent en extraire des matériaux pour bâtir le palais Barberini.

Le Colysée tombait en ruine. Benoît XIV, le premier, Pie VII ensuite, prirent des mesures pour conserver à la postérité le gigantesque édifice. L'un en fit un objet sacré et l'enrichit d'indulgences. L'autre dépensa des sommes fabuleuses pour étayer ses murs qui s'écroulaient. Notre Saint-Père le Pape Pie IX continue avec autant de piété que d'intelligence l'œuvre de ses prédécesseurs.

On ne saurait trop louer ces généreux efforts, car le Colysée n'est pas seulement un beau souvenir de l'antiquité, il est encore un monument sacré. Après les rochers du Calvaire où le sang de Jésus-Christ coula, le lieu du monde le plus vénérable, c'est l'arène qui but le sang des martyrs. C'est ici, que nos pères servirent de jouet à une multitude féroce. C'est dans cette enceinte que ces cris retentirent: *Les chrétiens aux bêtes, les chrétiens aux lions.* Ici, le martyr d'Antioche, saint Ignace, et une foule de saints qu'il serait trop long d'énumérer, furent déchirés par les tigres. Cette terre est sacrée. On raconte que Sixte-Quint parcourant un jour le Colysée avec un roi de Pologne qui lui demandait, pour son oratoire, quelques reliques, se baissa, prit de la terre, la mit dans la main du roi et lui dit : *Emportez cette poussière, c'est le sang des martyrs, je ne puis vous donner une relique plus précieuse !*

Clément XI craignant que cette terre ne fut profanée par les pieds des passants, la fit couvrir de sable à la hauteur de plusieurs mètres.

Ruiné à moitié, le Colysée laisse deviner sa forme primitive, et l'imagination le reconstruit aisément.

A l'extérieur, trois étages de portiques étaient surmontés d'un grand mur aux larges fenêtres. A l'intérieur, un balcon appelé *Podium* faisait le tour de l'arène ; puis venaient les gradins partagés en trois rangs, s'élevant en amphithéâtre jusqu'au sommet de l'édifice. Un portique en marbre aux colonnes élancées abritait à demi les gradins les plus élevés et couronnait le monument. L'estrade où l'Empereur venait s'asseoir était à l'orient. En face, les vestales avaient des places réservées.

Les gladiateurs et les bêtes entraient dans l'arène par des portes carrées, dont on voit encore les traces. La foule pénétrait dans l'édifice par le grand portique circulaire et passait dans la galerie intérieure où venaient aboutir de nombreux escaliers. A chaque étage correspondaient des ouvertures appelées vomitoires, qui versaient la foule sur les gradins. Les trois rangs de gradins étaient séparés l'un de l'autre par un espace vide où la foule circulait, on lui donna le nom expressif de ceinture, *Balteus*.

De distance en distance était ménagé un chemin, qui allait des vomitoires au bas des gradins. Les Romains l'appelaient comme nous : chemin, *Iter*. Enfin, au-dessus du monument s'élevait une forêt de mats, où l'on attachait l'immense voile jeté sur l'amphithéâtre.

Le Colysée était de forme ovale, il avait 604 mètres de circonférence et pouvait contenir 90 mille spectateurs.

Le mur extérieur et les trois étages de portiques ont été détruits en partie. Le côté du nord seulement est resté debout. Au dedans, les gradins ont disparu, on ne voit plus que les murs et les voûtes qui les supportaient. Pas une seule colonne du portique supérieur n'est en place, et partout l'herbe étend ses bouquets de verdure sur les ruines. Vous dire l'impression de tristesse que cette vue fait sur l'esprit et sur le cœur, est chose impossible.

La première fois que je vis le Colysée, j'étais sous l'arc de Titus. Je fus saisi, et la vue de ces pierres et de ces pilastres qui ont pris la couleur de l'or, de ce colosse immense ouvert au midi, de ces grands murs, de ces touffes d'herbe qui poussent au-dessus des ruines et que le vent secoue, je tombai dans une profonde rêverie. Je restai longtemps immobile en face du monument, écrasé par tant de grandeur et de majesté. J'étais ravi de trouver une pareille magnificence dans une ruine. J'aurais passé des heures à contempler, à méditer.

Enfin, je me décidai à franchir le seuil du Colysée. J'entre, quel tableau ravissant se déroule devant moi ! Quel sublime spectacle ! Je trouvai une majesté infinie dans ces murs à demi-écroulés qui tiennent encore et s'élèvent comme des blocs de rochers menaçants, pour attester aux générations le génie du peuple qui les construisit. Un air de tristesse est répandu partout. Ici, une voûte entr'ouverte porte sur des murs lézardés ; là, se dressent les ruines d'un escalier. Ailleurs, des tronçons de colonnes sont debout sur le sable. Tout autour de l'arène, on voit des murs qui s'élèvent, unis entr'eux par des lignes transversales et des arceaux, squelette imposant qui laisse deviner encore tout ce qu'il y avait là de grandeur et de magnificence.

Je m'assis au milieu des ruines pour mieux les contempler. J'y trouvais une secrète harmonie avec mes pensées habituelles depuis que je vous ai quittés, et je laissai aller mon âme à la tristesse. « Ainsi, me disais-je, tout passe en ce monde. Ni la puissance, ni la force, ni les combinaisons de la sagesse humaine, n'ont des chances de durée et rien n'est éternel sur la terre. Que sont devenus les Césars orgueilleux dont la parole enfantait tant de merveilles ? Ils ont disparu de la face du monde et leur gloire a péri avec eux ; ce peuple Romain qui venait, aux jours de fête, animer ces portiques et donner la vie à ces gradins, où est-il maintenant et quelle est sa puissance ? Des ruines, des colonnes brisées, des murs qui s'écroulent, c'est tout ce qui reste de lui. » Ces pierres disjointes me disaient la vanité des choses de la terre mieux que les discours les plus sublimes. Elles parlaient à mon cœur. Les ombres de la nuit qui, déjà, se répandaient autour de moi, purent seules m'arracher à ma rêverie. Je quittai à regret ces lieux qui gardent tant de souvenirs.

Pour voir le Colysée, tel qu'il est, pour en saisir l'ensemble, il faut, comme les guides le conseillent, monter au sommet de l'édifice et de là plonger son regard sur l'arène et sur les gradins qu'on refait par l'imagination. On choisit pour cela une belle matinée de printemps. Mais il faut que le ciel soit pur et l'air transparent, que ce soit enfin le ciel de Rome et de l'Italie. Ces arceaux, ces colonnes brisées, ces murs dévastés, éclairés par le soleil, s'animent. L'ancienne magnificence du Colysée reparait, on croit voir encore la loge des Empereurs, revêtue d'or et de marbre, les gradins formés d'un marbre étincelant et la foule des Romains revêtus de leurs toges blanches, assis gravement et attentifs aux jeux sanglants de l'arène. Il semble que l'on voit encore flotter, au-dessus de sa tête, l'immense *velarium* soulevé par le vent. L'illusion est complète.

Les peintres, au contraire, les poètes et tous ceux en qui bat un cœur d'artiste, choisissent un beau clair de lune pour voir le Colysée dans toute sa splendeur. La lune donne à ces pierres des teintes qui s'harmonisent avec les ruines. Ses rayons se glissant par les fenêtres, les arceaux, les fentes des murs, éclairant un côté du monument et laissant le reste dans l'ombre, prêtent aux ruines des formes variées et fantastiques. Il y a là un silence et un recueillement qui fait passer le frisson dans vos veines.

Cependant, je dois vous l'avouer, ce n'est pas à cause de ces belles teintes que j'aime le Colysée. Les rayons du soleil ou les pâles clartés de la lune m'importent peu. Pour voir ces murs dans toute leur beauté, non avec les yeux de l'artiste ou du poète, mais avec les yeux de la foi, on ne doit pas aller au Colysée, seulement pour admirer des ruines, pour étudier la grandeur ou la décadence du peuple Romain. Il faut y aller surtout pour baiser les traces des martyrs. Le Colysée vous apparaît alors dans toute sa grandeur. C'est là que l'Église et l'Empire romain se rencontrèrent, que le combat s'engagea, que le Christ sortit victorieux de la lutte. Le Pape Benoît XIV eut une inspiration du cœur quand il érigea le Chemin de la Croix dans l'arène qu'abreuva le sang des martyrs. Il voulut unir dans une même pensée, la mort que Jésus-Christ souffrit pour nous, et celle que les martyrs subirent pour lui. C'est pourquoi j'aime par dessus tout le Colysée quand une pieuse troupe, qui n'est jamais bien nombreuse, vient à la suite d'un pauvre religieux couvert de bure, s'incliner devant les quatorze oratoires élevés autour de l'arène.

C'était au mois de février dernier, pendant le carnaval de Rome. Le ciel était pur. Le soleil descendait lentement derrière le Capitole, et dorait de ses derniers rayons la cime du Colysée. On entendait au loin le bruit de la foule qui s'agitait au Corso, pareil au bruit des yagues pendant la tempête. C'étaient des cris de joie poussés par les hommes, c'étaient les hennissements des chevaux. Il me semblait entendre les cris qui retentirent tant de fois au Colysée. Enfin, à quatre heures, une croix de bois portée par des hommes du peuple entra dans l'arène. Un religieux suivait le pieux cortège, il vint tomber à genoux devant le premier oratoire. D'une voix pieuse et triste, il disait qu'il fallait s'engager sur les pas de Jésus-Christ et le suivre dans la voie douloureuse. Après une courte exhortation, il récitait une prière que nous achevions avec émotion. Quels enseignements! quel spectacle! celui qu'un gouverneur romain avait fait mourir, *Passus sub Pontio Pilato,* était adoré là où le peuple romain, le peuple roi, *populum late regem,* venait étaler sa puissance. Le divin Crucifié avait détrôné les Empereurs. Et sur l'arène où nos frères furent immolés, nous venions prier en silence.

De pauvres femmes qui avaient sollicité tout le jour la charité des passants, devant l'église des Saints-Côme-et-Damien, une noble famille romaine, un peintre pieux qui ne trouvait point de charme aux pompes mondaines du Corso, un Polonais qui venait au milieu des ruines, écouter les paroles de Jésus-Christ et pleurer sur les ruines de sa patrie, les pénitents, le religieux et moi, c'était là toute l'assistance. Mais ce petit nombre me rappelait que de tout temps la foule a refusé de suivre Jésus-Christ. Il faut à la foule le bruit, l'éclat, les fêtes, tout ce qui réjouit, tout ce qui frappe les sens et ce qui enivre. Cependant, vous le dirai-je, j'aimais cette solitude et ce profond silence. J'aurais été fâché que le cortège fut plus nombreux, j'aurais moins saisi ce qu'avait de grand un pareil spectacle. Des pauvres et des étrangers se réunissant pour méditer sur la passion de Jésus-Christ, dans l'enceinte où les martyrs subirent leur passion, quel sujet de réflexion et quelles émotions pour l'âme ! Des étrangers comme nous versèrent ici leur sang, des pauvres ignorés de la terre mais connus au Ciel, furent ici déchirés par les lions et les tigres. Le sang qui arrosa cette terre y fit germer des milliers de chrétiens. Et là où tant d'hommes reçurent la mort, une foule immense trouva la vie.

Ce n'était plus seulement l'humble religieux qui parlait à mon cœur, tout prenait à côté de moi une voix puissante pour me dire les souffrances des martyrs, et la cruauté de ceux qui les condamnèrent. Il me semblait que ces pierres, témoins de leur mâle courage, allaient me raconter les moindres circonstances de leur mort, la joie et l'extase peintes sur leur visage, le pardon qu'ils donnaient à leurs juges, les prières ardentes qu'ils faisaient monter au Ciel pour leurs bourreaux.

Il me semblait voir saint Ignace, le grand martyr d'Antioche, devenant ici, sous la dent des léopards, le pur froment de Jésus-Christ. Je me représentais ces chrétiens généreux se tenant par la main au milieu de l'arène, et se donnant, en mourant, le baiser de paix, baiser sanglant, baiser innocent et doux, qui faisait dire aux païens : *Voyez comme ils s'aiment !* Je croyais entendre quelque noble martyr criant à la foule, avec toute la vigueur de la jeunesse et de la foi : *Regardez-moi bien et tâchez de me reconnaître au jour du Jugement.*

Mais je ne pouvais l'oublier, ce qui soutenait ces hommes et les animait au combat, c'était la croix de Jésus-Christ. Ils voulaient partager ses souffrances et mourir avec lui. Voilà tout le secret de leur héroïsme. C'est pourquoi le Chemin de la Croix est bien placé dans l'arène ensanglantée, où tant de martyrs sont morts ; et cette grande croix de bois qui s'élève solitaire et triste au milieu du Colysée, est comme un trophée glorieux érigé sur le champ de bataille où le Christ a vaincu.

Toutes ces pensées et une foule d'autres s'élevaient à la fois dans mon esprit, mon cœur était ému et mes yeux humides de larmes. J'étais triste et consolé tout à la fois. Je souffrais intérieurement et j'étais heureux. Ce sont là les émotions du Colysée, c'est l'éloquence particulière de ce monument.

RENTRÉE DU PAPE

23 Mai.

Le Pape est revenu de Castel-Gandolfo, jeudi, à sept heures du soir.

Une foule considérable était allée à sa rencontre et, de Rome à la petite ville d'Albano, la route était bordée d'hommes de tout âge et toute condition. On ne savait pas au juste l'heure où Pie IX ferait sa rentrée. Mais on était là et de bonne heure on était venu l'attendre.

C'est l'usage, quand le Pape revient, que tous les hommes haut placés, cardinaux, princes, ambassadeurs, évêques, prélats vont l'attendre au-delà des murs. Les voitures se rangent à la file de chaque côté du chemin, attendant que le Pape ait passé pour se mettre à sa suite et cela fait le plus imposant cortège. Jeudi, la manifestation a été plus belle que de coutume. Le nombre des équipages était prodigieux et la foule dépassait tout ce qu'on avait vu jusqu'ici. On ne craignait ni les rayons du soleil, ni la poussière. Quant la voiture du Pape a paru, tous les genoux ont fléchi, tous les fronts se sont inclinés. De tous côtés se faisait entendre l'ancien cri, expression de vénération et de confiance: *Santo Padre, la benedizione!* Pie IX était visiblement ému de tous ces témoignages d'amour. Tout couvert de poussière et brûlé par le soleil, il souriait, il tournait la tête à droite et à gauche, il saluait avec tant de bonne grâce et d'attention, que chacun croyait avoir reçu avec sa bénédiction un de ses regards, un de ses sourires. A mesure qu'il avançait, le cortège grossissait. Les équipages faisaient queue derrière sa voiture, et les hommes du peuple, si dévoués à la papauté, couraient tout autour, mêlés aux chevaux et aux carrosses, ne redoutant aucun danger, ne craignant aucune fatigue pourvu qu'ils montrent à Pie IX combien son peuple l'aime, lui est dévoué jusqu'à la mort, est prêt à le défendre si des jours sinistres se lèvent encore sur Rome et sur l'Église.

Il y a vraiment quelque chose de touchant et d'antique dans l'amour de ce peuple qui va ainsi au-devant de son Souverain et lui fait un brillant cortège. On sent que le Pape est plus qu'un roi, qu'il est un père et la vivante image du Christ.

Ce triomphe que tout un peuple décernait à Pie IX me rappelait les triomphes des généraux Romains, avec cette différence qu'autrefois cet honneur suprême était commandé. Le Sénat l'approuvait, le peuple le décernait, pendant longtemps on le préparait. Ce n'était pas comme aujourd'hui, un hommage spontané d'amour et de fidélité. Les anciens triomphes étaient décernés à la suite de longues et sanglantes guerres fatales aux vaincus, funestes aux Romains eux-mêmes qui laissaient sur les champs de bataille l'élite de leurs troupes et la fleur de leur jeunesse. Ici, c'est un triomphe pacifique où ne coule point de sang, mais des larmes de joie. Le deuil et la douleur en sont bannis, image et avant-goût des triomphes du Ciel! Le Pape à Rome, c'est le règne glorieux de Jésus-Christ sur la terre.

LE PAPE A LA CHIESA NUOVA

29 Mai.

Le Pape est allé mercredi dernier à la Chiesa Nuova, célébrer la fête de saint Philippe de Néri, second patron de Rome. Le sacré collège l'accompagnait. Une foule immense encombrait toutes les avenues de l'église.

La Chiesa Nuova est une des plus belles églises de Rome. Les tableaux de prix, les fresques, les dorures et les marbres qui la décorent, la rendent digne de la curiosité des pèlerins. Mais aujourd'hui elle est ravissante. Le tombeau de saint Philippe de Néri est ouvert; on peut voir le masque d'argent qui couvre son visage. Aussi les visiteurs envahissent l'élégante chapelle où son corps repose. C'est avec peine qu'on y pénètre. Mon Dieu! que de vœux, que de prières sont adressés à cet aimable saint, que distinguait tant d'esprit et d'urbanité. On peut aussi parcourir les lieux qu'il a si longtemps habités et l'humble cellule où il mourut. On voit sa mauvaise écriture, le confessionnal où il entendait les pécheurs; son fauteuil, son lit, l'autel où il disait ces messes interminables, pendant lesquelles il congédiait l'enfant qui le servait pour ne pas lasser sa patience. On voit enfin son bonnet carré et ses lunettes.

Aimable saint qui a produit beaucoup plus de conversions par sa douceur et sa charité, qui a sauvé plus d'âmes que d'autres avec leur sévérité outrée!

Après la messe, le Pape a fait une exhortation émouvante. Il a parlé avec une éloquence touchante des malheurs qui menacent l'Église et la société, et nous a tous engagés fortement à prier, à rester fermes dans la foi du Christ. C'est maintenant le sujet que traite de préférence Pie IX quand il a occasion de parler aux fidèles.

Je ne sais rien de saisissant comme un discours du Pape. On croit vivre aux temps anciens; il semble qu'on entend saint Léon, saint Grégoire-le-Grand. Pie IX a un extérieur plein de grandeur et de majesté; son regard est inspiré, sa figure noble et imposante. Les cheveux blancs qui entourent sa tête comme une couronne lui donnent beaucoup de noblesse et d'autorité, et avec tout cela, le ciel à répandu sur son front et sur ses lèvres tant de grâce et d'amabilité que sa vue n'inspire pas la crainte. On le vénère, on l'aime, on l'aborde avec confiance. Un soldat français, montant la garde au Vatican, disait à son camarade, en voyant Pie IX pour la première fois : *C'est drôle tout de même, quand je voyais là-bas mon curé, je l'aurais appelé : mon capitaine, et celui-ci, je lui dirai volontiers : mon père !*

Ajoutez que le Pape a une voix puissante et harmonieuse, des pensées élevées, un cœur sensible, un style élégant et chatouillé, en un mot, tout ce qui fait les grands orateurs.

J'ignore si on songe à recueillir les discours du Pape. Ce serait un des monuments les plus précieux de l'éloquence sacrée au dix-neuvième siècle. Chez lui, c'est le cœur qui parle et le cœur, aujourd'hui comme autrefois, a une éloquence irrésistible. Pendant vingt minutes, nous avons été tenus sous le charme de cette parole, et je puis dire que ce sera là un des souvenirs les plus précieux que j'emporterai de Rome.

La foule qui avait précédé le Pape à la Chiesa Nuova, lui a fait une ovation à la sortie de l'église. C'étaient des cris et des frémissements de joie. C'était un délire d'amour.

MUSÉE CAMPANA

31 Mai.

On vient d'ouvrir au public les deux musées du marquis Campana. J'ai voulu les voir afin de m'instruire.

Le musée des statues est sans contredit le plus beau de Rome, après celui du Vatican. Il y a là une foule de chefs-d'œuvre de la plus belle époque de l'art grec. On peut citer l'Apollon de la première salle, plusieurs Antinoüs, un Auguste assis avec majesté, tenant dans sa main droite une victoire aux ailes déployées; les neuf muses, d'une pureté de forme et d'un fini qui ne laissent rien à désirer. Ce sont les muses en personne, avec toute leur gravité, leur noblesse et la physionomie particulière qui distingue chacune d'elles. La muse de l'histoire est grave et sévère, celle de la danse est légère et souriante. Il en est ainsi des autres.

J'ai admiré encore des bas-reliefs superbes, un tombeau romain d'un seul bloc, aux dimensions colossales et couvert de riches sculptures. J'ai entendu les connaisseurs faire le plus grand éloge d'une tête de Bacchus qui se trouve dans la seconde salle, type achevé de grâce et de beauté. La collection des Empereurs romains est la plus complète que l'on connaisse. On y admire une tête de Livie, impérieuse et séduisante, qui semble régner encore au milieu de tous ces princes comme elle le faisait à la cour d'Auguste. En la voyant, on n'est pas étonné qu'elle ait fondé l'Empire romain par ses conseils, qu'elle l'ait soutenu si longtemps par sa politique artificieuse.

Le musée étrusque est plus riche encore, il l'emporte même sur le musée étrusque fondé par le Pape Grégoire XVI. Les coupes et les vases y sont en plus grand nombre.

Ces deux musées sont en vente. Il y a eu déjà des offres faites par des souverains et des princes de la finance. On n'a pu s'entendre encore sur le prix qui dépasse plusieurs millions.

N'allez pas croire au moins que je vais faire offre.

PROCESSION DE LA FÊTE-DIEU

3 Juin.

Une des solennités qui plaisent le plus à mon cœur, c'est la Fête-Dieu. En France, tout est gracieux dans cette fête, c'est la fête du cœur et de l'amour, tout plaît, tout charme. Ce sont de nombreuses banderolles qui flottent dans les airs. Le sol est jonché de fleurs, partout se dressent des autels ornés de flambeaux et de porcelaines; de petits enfants frisés et parfumés, de jeunes filles vêtues de blanc et portant des oriflammes, font cortège au Dieu qui nous aima jusqu'à l'excès. Ici, il y a plus de gravité dans le cortège et dans les ornements. C'est la fête de la foi. Le portique de Saint-Pierre, la colonnade et la place Rusticucci sont ornés de grandes voiles blanches que le vent soulève par intervalles et qui donnent à la place de Saint-Pierre un air de fête inusité. L'escalier royal et l'avenue qui y mène sont ornés de magnifiques tapis des Gobelins, donnés par les rois de France et représentant des sujets tirés de l'Histoire-Sainte. C'est Joseph reconnu par ses frères, environné de tout l'éclat de la royauté, image de l'éclat où va paraître le Dieu de l'Eucharistie; c'est le jugement de Salomon, c'est la sagesse royale arrachant à la mort un petit enfant et consolant sa mère; c'est la chaste Suzanne délivrée par un enfant et par sa vertu.

A huit heures, le Pape célèbre la sainte Messe à la chapelle Sixtine, consacre l'hostie qui va être portée en triomphe, et bientôt le cortège descend l'escalier royal et circule sous la colonnade, au milieu des flots tumultueux de la foule émue. Ce sont d'abord les orphelins du Pape, vêtus de blanc, puis les ordres religieux de tous les siècles, depuis le siècle dernier jusqu'à la renaissance, le moyen-âge et les premiers siècles de l'Église: augustins, carmes, franciscains, frères prêcheurs, enfants de Saint-Benoît, de tous les costumes, de toutes les couleurs, jusqu'aux basiliens, les premiers que l'on nomme; puis viennent les curés de Rome, deux à deux, marchant gravement et récitant des prières, présidés par leur camerlingue, les collégiales de Rome, les chapitres avec leurs pavillons, leurs croix monumentales, leurs séminaires et leurs chœurs de musiciens, tous chantant avec beaucoup d'entrain les louanges de l'Eucharistie; les divers corps de la prélature, les évêques en mitre et en chape, si nombreux qu'on ne peut les compter; la cour pontificale, les camériers de tous les rangs et de toutes les couleurs; enfin la croix papale, devant qui tous les fronts se découvrent, et les cardinaux, revêtus, suivant leur ordre, de leurs dalmatiques, de leurs chasubles ou de leurs chapes. Ils sont environnés de leurs gentilshommes et de toute leur maison. Leur costume est éclatant. Ils marchent les yeux baissés et ils prient. L'illusion est complète, on dirait que c'est l'Église de tous les siècles, que ce sont les conciles œcuméniques qui défilent devant vous, ou mieux, il vous semble que, transporté au Ciel, vous suivez des yeux la marche triomphale de l'agneau. Une litière, soutenue par des hommes robutes, porte le Pontife revêtu de la chape blanche ornée d'or, qui tombe autour du brancard. Il tient dans ses mains la divine Eucharistie. Il la contemple avec amour. Un dais élégant flotte au gré du vent, au-dessus de sa tête, et quelques rares flambeaux brillent autour du brancard, mais de telle sorte, qu'ils attirent l'attention uniquement sur le sacrement auguste offert à nos hommages et à nos adorations. Derrière le Pape vient le gonfalonier de l'Église qui déploie le drapeau écarlate; après quoi suit la foule des rois, des princes, des ambassadeurs, des grands, des soldats de toutes les armes. Le saint cortège marche lentement, avec la gravité qui convient à une pareille cérémonie. Tous les fronts se découvrent, tous les genoux fléchissent, et si la présence de l'hostie et ce qui l'environne n'excitent pas la piété dans tous les cœurs, au milieu d'une si grande foule, il est certain que la foi à la présence réelle est augmentée par un spectacle aussi ravissant ainsi, le but que l'Église s'est proposé est atteint.

Je me suis mêlé à la foule qui suivait le sain cortège et, entré dans Saint-Pierre, j'ai reçu l bénédiction que le Pape a donnée du haut du granc autel; puis la foule s'est dispersée émue et recueillie.

LA FÊTE DE SAINT PIERRE

29 Juin.

Si vous voulez voir Rome dans ses splendeurs religieuses, vous devez choisir la Semaine Sainte ou la fête de saint Pierre. Pour moi, je préfère encore la fête de saint Pierre au Jeudi-Saint et à Pâques. Il me semble que la joie de la fête de saint Pierre est plus intime que celle de Pâques ; elle est particulière à Rome, comme le faisait déjà remarquer le grand Pape saint Léon : *Hodierna festivitas speciali et propriâ nostræ urbis exultationne veneranda est.* La fête de saint Pierre est un jour de triomphe pour l'Église universelle et surtout pour l'Église de Rome, où vécut, où mourut le premier Pape, lequel y a laissé comme un héritage qui durera éternellement, l'autorité souveraine du Prince des Apôtres sur l'Église universelle.

La veille de ce grand jour, Rome déjà est dans l'allégresse, elle revêt un air de fête ; la joie est dans tous les cœurs, elle brille sur tous les visages, elle est dans l'air, elle est partout. Allons à Saint-Pierre, soyons les premiers à faire la cour au Pasteur de l'Église universelle, et à baiser ses pieds de bronze que rongent les lèvres des fidèles. La vieille Basilique est revêtue de longues tentures en damas rouge. La couleur de l'Église, symbole de sa charité et des flots de sang qu'elle a versés pour le Christ, éclate sur ses murs.

Des guirlandes de fleurs ornent la Confession, mêlées aux lampes de vermeil qui brûlent devant le tombeau du Prince des Apôtres. Au fond, les deux portes en bronze doré qui cachent le tombeau de saint Pierre sont ouvertes, et, du haut de la balustrade, on peut voir l'urne où sont enfermés les sacrés palliums, et les peintures antiques de l'oratoire érigé au même endroit par le Pape saint Anaclet.

L'autel papal est orné avec une magnificence dont rien ne peut donner une idée. On y voit la croix et les chandeliers en bronze doré, magnifique travail de Benvenuto Cellini, chef-d'œuvre de goût et de patience qui n'a pas de prix. A côté de la croix s'élèvent les deux statues en or de saint Pierre et de saint Paul. Demain, pendant la messe, on placera entre les chandeliers : d'un côté, les tiares du Pape, et, de l'autre, les mitres représentant les antiques Patriarchats de l'Église Orientale. La vieille statue en bronze de saint Pierre est ce jour-là revêtue de la chape pontificale. Elle porte la tiare aux trois couronnes ; sa vue impressionne et on se garderait d'entrer dans la Basilique sans venir baiser son pied. Mais il faut, pour arriver jusques-là, que votre patience soit égale à votre foi. Autour de la statue de saint Pierre se presse une foule si grande qu'il faut attendre longtemps avant de toucher le pied sacré. On fait queue ainsi que chez les rois, et pourtant on ne trouve pas le temps trop long ; on prie avec tant de ferveur et de piété saint Pierre, on lui dit des paroles si tendres et si respectueuses, la foi vous met au cœur tant de sentiments pieux que le temps passe vite et on ne languit pas. Arrivé au pied de bronze, usé par les baisers des fidèles, on le serre dans ses mains, on y colle ses lèvres et son front, et quand on relève la tête, on le trouve mouillé de larmes.

Je m'éloigne à regret, et de loin, je regarde les fidèles qui se pressent autour de l'antique statue. La foule grossit à vue d'œil et la queue s'allonge jusqu'au milieu de la nef. Allons voir d'autres hommages rendus ce jour-là à l'Église Romaine.

Sorti de la Basilique, par la porte du nord, j'ai suivi les traces de buis et je suis arrivé dans la cour du Pape Damase, et de là dans une grande salle où siègent les clercs de la Chambre Apostolique, sous la présidence du cardinal Camerlingue. C'est ici que les feudataires du Saint-Siège viennent aujourd'hui payer leurs tributs à l'Église Romaine. On apporte de la cire, de l'encens, des calices en or et en argent, de grandes sommes d'argent. On nomme les terres, les maisons, les pays qui doivent le tribut, et un clerc de la Chambre crie : *Solvit, solverunt, non solvit,* suivant qu'on paye ou non ce qu'on doit à l'Église. Toutes les fois qu'on prononce le nom du roi Victor-Emmanuel, le clerc de la Chambre crie : *Non solvit! non solvit!* Dieu fasse qu'un jour ceux qui lui prêtent aujourd'hui des fonds, pour l'accomplissement de ses desseins sur l'Italie et qui prennent de ses rentes, dans quelques années d'ici, quand ils viendront réclamer leur argent en versant des larmes, ne s'écrient pas comme les clercs de la Chambre Apostolique, *Non solvit, non solverunt.* Celui qui ne paye pas ce qu'il doit à la Sainte Église, sa mère, quel respect pourra-t-il avoir pour des étrangers qu'il ne connait pas?

Les noms des feudataires du Saint-Siège sont écrits sur de grands registres. Il y a là des terres et des maisons dont il est fait mention depuis Constantin.

Il faisait dans la salle une chaleur étouffante, j'étais mêlé à la foule des feudataires du Saint-Siège. Le cardinal Camerlingue fit apporter des glaces pour les clercs de la Chambre et pour tous les assistants. L'Église Romaine est généreuse. Bien que je ne lui apporte que mon dévouement et le désir de donner mon sang pour elle s'il le fallait, j'acceptai les glaces avec reconnaissance.

Il est tard, hâtons-nous de descendre dans la Basilique, elle est déjà envahie par la foule. C'est bientôt l'heure. La grande porte de Saint-Pierre s'ouvre, la cour Pontificale, le Sacré Cortège et le

Pape, revêtu de la chape rouge et portant la tiare, font leur entrée dans la Basilique. Arrivé au trône, d'une voix qui retentit sous les voûtes, il entonne les premières vêpres de saint Pierre. Point d'orgue, point de musique, la voix des hommes, le chant de l'Église seul ! Mais quel chant ! C'est le cri du triomphe et de la victoire, c'est la grande voix de l'Église qui célèbre les louanges de saint Pierre ! *Petrus et Joannes ascendebant in templum ad horam orationis nonam. Argentum et aurum non est mihi, quod autem habeo hoc tibi deo.* « Tu es Pierre et sur cette pierre je bâtirai mon Église. » Toute l'Église est là qui célèbre les prérogatives du Prince des Apôtres, le Pape entouré de ses cardinaux couverts de leur pourpre et de riches ornements en brocard et en or, les évêques, les prélats et une foule immense de fidèles. Quand les vêpres sont terminées, l'auditeur de Rote qui a chanté le Capitule et assisté le Pape comme sous-diacre, va prendre, sur le tombeau des saints Apôtres, l'urne qui contient les sacrés palliums et les apporte au trône où le chef des évêques, celui qui pait les agneaux et les brebis, les bénit de sa main souveraine.

La foule s'écoule lentement et va s'échelonner sur la place de Saint-Pierre, au pont Saint-Ange, à la Trinité-du-Mont, pour contempler un spectacle superbe, l'illumination de la coupole. La nuit vient, les lumières sont déjà allumées, elles dessinent la colonnade, la façade et la coupole de Saint-Pierre paraissent, brillent comme les étoiles du firmament et se montrent peu à peu à mesure que le jour décline. Bientôt c'est tout le monument qui est en feu et qui se détache sur le sombre azur du ciel. On contemple, on admire, on est ravi, il y a dans votre esprit une paix et une tranquillité qui égale le calme de cette vision du Ciel. Aucune parole ne peut exprimer ce qu'on ressent. C'est la porte du Ciel rayonnante et sublime qui se montre à vous au loin, dans l'horizon, ou mieux Saint-Pierre illuminé ressemble à la sainte Cité de Dieu, la Jérusalem nouvelle qui descend du Ciel sur la terre, parée comme une jeune fiancée qui va au-devant de son époux. Plus on est loin, plus on est ravi en assistant à ce spectacle, plus on éprouve de douces émotions. Appuyé sur le parapet de la Trinité-du-Mont, j'admirais en silence, mon esprit se livrait aux plus douces pensées; tout à coup une heure de nuit sonne, les cloches de Saint-Pierre s'ébranlent et envoyent dans les airs de douces mélodies ; des feux nombreux parcourent tout à coup, comme la flamme d'un éclair, la coupole, la façade, la colonnade de Saint-Pierre et en un clin d'œil l'illumination est changée. Aux faibles lumières qui dessinent la Basilique, viennent se joindre de grands flambeaux qui brillent sur l'architecture de Saint-Pierre, comme au ciel les étoiles de premier ordre éclatent parmi les autres. Comme on ne s'attend pas généralement à cette surprise, de toutes les poitrines s'échappe un long cri d'admiration, la croix qui domine la coupole brille d'un tel éclat au milieu du firmament, les flambeaux qui l'éclairent sont si vifs, qu'on dirait d'immenses diamants jetant dans les airs leur lumière étincelante. On admire, on contemple, on se recueille, on pense au Ciel, à cette lumière pure et éternelle qui ne s'éteindra jamais : les heures passent et rien ne peut vous arracher à cette contemplation solitaire.

Le lendemain, de bonne heure, la foule envahit le temple et y circule. C'est toujours la même affluence de fidèles qui viennent baiser le pied de saint Pierre et prier devant la Confession. Les artistes s'arrêtent devant les chefs-d'œuvre de Benvenuto Cellini, de Michel-Ange, de Canova ; le peuple se fait expliquer les mosaïques où les traits principaux de la vie de saint Pierre sont retracés : sa parole qui redresse le boiteux, terrasse Ananie et Saphire, rend la vie à Tabithe, précipite des hauteurs du ciel l'orgueilleux Simon ; les fervents, retirés dans un coin de la Basilique, prient et contemplent.

A dix heures, les portes en bronze gémissent sur leurs gonds ; le Pape, précédé d'un cortège imposant de prélats, d'évêques et de cardinaux, porté sur la chaise curule entre les deux flabelli fait son entrée dans Saint-Pierre, le front ceint de la tiare, symbole de son autorité souveraine. Les fanfares jettent dans la nef leurs joyeux concerts et les chantres de la chapelle Sixtine chantent la principauté de saint

Pierre sur les brebis du Christ, les évêques et les apôtres, le pouvoir suprême des clefs que lui a donné Jésus-Christ. *Tu es pastor ovium, princeps Apostolorum, tibi tradidit Deus claves regni cœlorum.* Les cardinaux, le Pape lui-même, sont revêtus d'ornements rouges. On dirait le cortège des martyrs qui marche à la suite du Christ et célèbre ses louanges. Le Pape c'est le Christ, son image vivante, c'est sa bouche qui nous parle, nous bénit et nous instruit. Le jour de la fête de saint Pierre, le pouvoir de son successeur et son autorité souveraine sur tous les chrétiens éclate mieux encore que le jour de Pâques, on se rappelle mieux encore la parole de Jésus Christ : « Tu es Pierre, et sur cette pierre je bâtirai mon Église. Je te donnerai les clefs du royaume des cieux. » Il semble que les bénédictions que le Pape du haut de son siège répand sur toutes les têtes vous font du bien, consolent et guérissent comme l'ombre de saint Pierre soulageait les malades qu'on apportait dans les rues et sur les places publiques qu'il devait traverser. La Grand'Messe est célébrée avec autant de solennité que le jour de Pâques, avec les mêmes cérémonies et la même piété. Comme on entend avec bonheur, ce jour-là, sur tous les tons et à chaque instant, l'oracle de Jésus-Christ: « Tu es Pierre, et sur cette pierre je bâtirai mon Église. » L'oracle du Christ qui a traversé les siècles et dans ce Pontife Auguste qui est assis sur son trône entouré d'évêques et de cardinaux, qui célèbre les saints mystères avec tant de parure et de majesté dans le temple le plus Auguste de l'univers, on voit la réalisation de la prophétie, on reconnait que les portes de l'enfer n'ont pas prévalu contre l'Église Romaine. Le soir, les grandes Vêpres avec les orgues, les basses, les violons, les clairons et les plus habiles chanteurs de Rome, vêpres qu'on appelle avec raison les grandes Vêpres! Elles sont grandes, en effet, et belles et harmonieuses, c'est la plus ravissante musique qu'on puisse entendre, ce sont les plus belles voix de l'Univers qui viennent charmer vos oreilles et exciter l'enthousiasme et l'admiration. Il faut les entendre surtout, ces habiles chanteurs, quand ils célèbrent le bonheur de la ville de Rome, empourprée du sang de saint Pierre et de saint Paul, *O Felix Roma, quæ tantorum, pricipum es consecrata glorioso sanguine. O Felix Roma!* tantôt c'est le chœur tout entier compacte, harmonieux, qui lance sous la voûte ce profond accent: *O Felix Roma!* tantôt c'est une voix toute seule qui se détache douce, sonore et sympathique, et célèbre la gloire de Rome, *O Felix Roma!* Il semble qu'on a fini, et puis on recommence encore, ce sont quelques voix basses qui entonnent, puis d'autres qui viennent se joindre à elles, puis c'est tout le chœur, c'est un millier de voix qui relèvent le chant, et ébranlent la Basilique de ce cri inspiré par la foi et une tendre dévotion à saint Pierre. Et, tout à coup, quand les notes sont le plus élevées, retentit une dernière fois ce chant : *O Felix Roma!* Il semble que la voix des chanteurs leur manque plutôt que leur amour pour saint Pierre, et la nature est impuissante à célébrer dignement l'autorité souveraine du chef des Apôtres.

A la nuit, il y a au Monte-Pincio, le feu d'artifice, appelé par les Romains la Girandola, qui clot dignement cette journée si belle. Une foule immense est répandue sur la place du Peuple et sur les rives du Tibre. Bientôt la montagne est en feu, vomit des éclairs, des flammes, de longues gerbes étincelantes comme le Vésuve et l'Etna : le canon gronde. Enfin, une dernière explosion de canon, de fusées, de gerbes de feu éclate. C'est le bouquet qui termine tout.

La fête s'achève : le cœur a ressenti les douces impressions de la joie et de l'admiration. On éprouve une seule peine, on regrette que la journée ait coulé si vite. C'est le caractère des joies de l'Église. Elles sont universelles, tous les cœurs les goûtent et elles ne laissent dans les âmes ni amertume ni remords.

SAINTE-MARIE-MAJEURE

6 Août.

Si vous avez à demander à la Très-Sainte Vierge une grâce signalée, une guérison miraculeuse, la conversion d'un parent, d'un ami, je vous conseille d'aller prier dans le temple où elle semble résider, où on la prie mieux qu'ailleurs, où elle jette des regards de tendresse et de miséricorde plus que dans tous les autres sanctuaires qu'on lui a consacrés. Sans contredit, c'est l'église qu'elle aime de préférence. Elle s'élève, comme la tour de David, superbe et imprenable, sur une montagne sanctifiée par les miracles, tenant à la terre, mais plus rapprochée du Ciel que les édifices environnants.

Sainte-Marie-Majeure a été bâtie sur une montagne comme ces autels que les patriarches élevaient sur les hauts lieux entre le ciel et la terre. La terre se rapproche du Ciel par les vœux et les prières, et le Ciel se rapproche de la terre pour les exaucer: c'est le temple de la toute-puissance miséricordieuse, c'est la grande Église de la Mère de Dieu.

Elle domine pour ainsi dire la ville de Rome, de ses dômes et de sa flèche élancée, et porte jusqu'au ciel l'image de la vierge qui protège l'Église universelle et la cité qui dort à ses pieds. On peut la placer avec orgueil à côté des grandes basiliques de Latran, de Saint-Paul et de Saint-Pierre lui-même. Il y a dans Saint-Pierre plus de grandeur et de magnificence; mais à Sainte-Marie-Majeure, il y a plus de délicatesse dans les fresques, dans les marbres et les mosaïques: c'est un écrin, un bijou dont on ne peut décrire tous les détails. Saint-Paul est plus vaste, ses peintures, ses marbres, ses colonnes ont plus de fraicheur, mais les ornements de Sainte-Marie-Majeure ont plus de prix. Saint-Jean-de-Latran est superbe par ses titres, son histoire, sa mâle architecture; Sainte-Marie-Majeure est plus gracieuse, plus touchante; elle a aussi son histoire et ses miracles qu'on peut opposer aux merveilles du Latran.

Aux temps où l'Église était désolée par l'hérésie Arienne et la perfidie de l'empereur Constance, Dieu consola le saint Pontife Libère qui devait bientôt subir les douleurs de l'exil et être déchiré par l'aiguillon de la calomnie. Il y avait à Rome un Patrice appelé Jean qui était sans enfants, et ne savait l'emploi qu'il devait faire de sa fortune. Dans la nuit du 6 août 352, la Sainte-Vierge lui apparût et lui exprima le désir d'avoir un temple au sommet du mont Esquilin, à l'endroit où il verrait, le jour suivant, une grande quantité de neige. Le Pape Libère eut la même vision. Le lendemain, de bonne heure, le Pape et le Patrice se rendent au mont Esquilin et demeurent étonnés de voir tant de neige à l'époque de l'année où la chaleur est étouffante. Le Pontife traça lui-même, sur la neige, l'enceinte du temple que le Patrice fit bâtir de ses deniers.

Toutes les années, à la fête de Notre-Dame-des-Neiges, on rappelle le souvenir de ce miracle. Quand les cardinaux entrent dans la Basilique pour assister à la chapelle cardinalice qu'on y tient ce jour-là, il tombe de la voûte une pluie de jasmins, éclatants de blancheur comme la neige. Les cardinaux en sont couverts; ces fleurs émaillent la pourpre des cardinaux et une odeur suave se répand dans l'enceinte du temple. Libère le consacra à la Très-Sainte Vierge. On lui donna le nom de Basilique Libérienne; plus tard, celui de Sainte-Marie au berceau, quand la sainte Crèche y fut apportée. Aujourd'hui, il est connu généralement sous le nom de Sainte-Marie-Majeure, parce qu'il est certainement la plus célèbre de toutes les églises bâties en l'honneur de la Mère de Dieu. Les Pontifes romains, les rois, les cardinaux, ont voulu comme à l'envi l'enrichir de leurs dons et ajouter quelque chose à sa magnificence. Sixte III la restaura entièrement; Eugène III releva le portique, et, de son temps, fut construit ce magnifique pavé en *opus alexandrinum*, un des plus riches de Rome et du monde entier. Nicolas IV releva et agrandit l'abside, l'orna de riches mosaïques d'une grâce et d'une fraîcheur admirables. Il fut enseveli dans la grande nef de la Basilique. Son tombeau s'élève à droite en entrant, en face de celui de Clément IX. Tous les deux sont admirables d'élégance et de simplicité. Quand ces deux tombeaux furent construits, l'art était encore inspiré et ne savait pas se mettre à la torture pour exciter l'admiration. Grégoire XI, au retour d'Avignon, éleva la gracieuse flèche qui domine tout l'édifice, c'est la plus élancée de Rome. Calixte III et son neveu Alexandre VI, dont la mémoire a été si longtemps flétrie par la calomnie, jetèrent sur les murs ce lambris où on ne sait ce qu'il faut admirer le plus, de la hardiesse du dessin, ou de la richesse des ornements. Le premier or qu'on apporta de l'Amérique fut employé à dorer le lambris. Les rois d'Espagne, protecteurs de la Basilique, en avaient fait don.

Sixte-Quint a fait construire à l'extrémité de la nef, à droite, la grande chapelle qui porte son nom, et, en face, Paul V Borghèse en a fait construire une autre en l'honneur de l'image miraculeuse de la Mère de Dieu. Benoit XIV a dépassé tout ce que les Pontifes, ses prédécesseurs, ont fait pour l'ornement de cette église. Il a restauré l'intérieur, refait la façade, construit les deux palais qui en accompagnent l'architecture à droite et à gauche. Enfin, Pie IX reposera au fond de la nef, en face de la Confession. Il va, dit-on, y faire construire sa tombe. Après avoir tout fait pour la gloire de l'auguste

Vierge, après avoir canonisé son immaculée conception, il veut dormir son sommeil de paix à l'ombre de son sanctuaire et mettre ses restes sous sa protection.

Quelle grâce, qu'elle harmonie dans cette façade, enchassée comme un riche joyau dans ces deux palais symétriques ! Comme ces deux portiques posés l'un sur l'autre s'unissent bien ! On dirait que les arceaux d'en haut terminent les larges baies de la galerie inférieure ! Quelle heureuse combinaison de l'arc romain, du fronton grec et de la ligne droite ! Il y a là un mélange de toutes les lignes, de tous les ornements de l'architecture et, ce qu'on a de la peine à comprendre, tout s'harmonise admirablement.

Après avoir jeté un long regard sur cette riche façade, j'entre ; quelle douceur dans ces lignes grecques, reposant sur des colonnes éclatantes de blancheur ! quelle profusion de richesses à la voûte et au sol ! quelles belles mosaïques !

L'église a trois nefs. Ces colonnes ioniques où repose tout l'édifice furent apportées, dit-on, du temple de Junon. Elles supportent une corniche d'un travail exquis. Dans la frise se déroule une riche arabesque en mosaïque, formant une guirlande de fleurs, et au-dessus se dressent de riches tableaux en mosaïque, représentant les traits principaux de la vie de la Sainte-Vierge et les faits de l'Ancien Testament qui la figurèrent. Au fond de la nef est l'abside, décorée aussi de riches mosaïques. On y admire le Christ et son auguste Mère assise sur un trône oriental, à côté l'un de l'autre. *Asumpta est Maria virgo ad æthereum thalamum in quo rex regum stellato sedet solio.* Le Christ élève jusqu'à lui la divine Vierge qui lui a donné la vie, lui fait part de sa gloire et de sa puissance, et de sa main il la couronne. Cette mosaïque, brillante de coloris, date du XIIe siècle, tandis que la mosaïque de l'arc triomphal remonte au Ve siècle, au pontificat de Sixte III. On l'a souvent citée aux ennemis des saintes images en témoignage de la tradition. Entre l'abside et l'arc triomphal s'élève l'autel papal qui est, sans contredit, le plus riche et le plus élégant de toutes les églises de Rome. Le tombeau est formé d'un seul morceau de porphyre. Une large pierre en marbre le recouvre. Au-dessus de l'autel se dresse un gracieux baldaquin, porté sur quatre colonnes de porphyre, les plus belles qui existent, entourées de sculptures en bronze doré. Rien n'a été épargné de ce qui pouvait concourir à l'ornement et à la magnificence de ce temple. Comme on dit : *De Maria nunquam satis*, « jamais on n'aura donné assez de louanges à Marie, » de même sa place est si élevée dans l'œuvre de notre sanctification, son divin fils lui a communiqué tant de puissance et, de son côté, elle se montre envers nous une mère si tendre et si miséricordieuse, qu'on ne pourra jamais faire assez pour elle, et en prodiguant dans ses temples et sur ses autels le bronze, le marbre, la sculpture, l'or, les pierres précieuses, on reste bien au-dessous de tout ce qu'elle mérite que nous fassions pour elle.

Quelles sont ces deux chapelles qui s'ouvrent à droite et à gauche des nefs latérales et qui ressemblent à deux grandes églises ? Ce sont les deux merveilles de la Basilique ; l'une est connue sous le nom de chapelle Sixtine et l'autre de chapelle Borghèse.

Sixte-Quint qui a fait tant de belles choses et a imprimé un sceau de grandeur et d'immortalité à tout ce qu'il a touché, qui a renouvelé Rome et réformé le gouvernement de l'Église avec tant de génie et de sagesse, qu'il semblerait en être le fondateur, ainsi que celui de la ville éternelle si on n'en connaissait pas l'origine, tellement son nom et son souvenir sont empreints partout ; Sixte-Quint, qui portait une tendre dévotion à la Mère du Christ, a voulu s'unir à tant d'illustres pontifes, ses pieux serviteurs, et concourir à l'éclat de son temple. C'est lui qui a bâti la chapelle qui porte son nom. Elle était destinée, dans sa pensée, à la garde de la sainte Crèche. C'est maintenant la chapelle du Saint-Sacrement.

Entrons. Sous l'arceau qui sert de vestibule à cette chapelle vraiment royale, s'ouvrent deux petites chapelles dédiées l'une à sainte Lucie et l'autre à saint Jérôme qui, après avoir veillé, prié, écrit et souffert près du berceau de Bethléem, repose à l'ombre du temple élevé en l'honneur de la sainte Crèche.

La chapelle a la forme d'une croix grecque, un dôme élevé porté sur quatre arceaux la couronne. Autour du dôme et des arceaux ont été jetées des fresques ravissantes de coloris et de dessin, représentant la généalogie du Christ et de son auguste Mère. Là, se font reconnaître Abraham, Isaac, Jacob, Juda, Jessé, Thamar, Pharès et Zara, David, Salomon, Roboam, Ezéchias, Joram, et les autres jusqu'à Mathan et Jacob le père de Joseph, époux de Marie. C'est une pensée ingénieuse d'avoir placé tous les ancêtres du Christ dans la chapelle où devait reposer son berceau, où l'on conservait autrefois les pauvres langes qui l'enveloppèrent et le foin béni où ses tendres membres furent placés. Admirez l'autel monumental qui s'élève sous le dôme, où rien n'a été épargné, ni les splendeurs de l'architecture, ni la richesse de la matière. C'est là que la sainte Crèche était enfermée autrefois comme dans un riche reliquaire. En un siècle où les prodiges de l'art n'effrayaient personne, le même Fontana qui transporta et fit dresser fièrement, en face du Vatican, l'obélisque qui ornait autrefois le cirque de Néron, à l'aide de savantes machines, fit enlever la chapelle de la sainte Crèche et l'autel qui la surmonte, du lieu où on les voyait autrefois, et d'un trait les transporta sous ce dôme. En face est le petit arc sous lequel on place le trône du Pape quand il vient célébrer la messe de minuit. A droite est le riche tombeau de Sixte-Quint. On l'a sculpté à genoux dans une niche. Que sa figure est belle! que de noblesse d'âme, que d'intelligence et d'énergie dans ces traits vulgaires en apparence! Deux statues représentent saint François d'Assise et saint Antoine de Padoue, des bas-reliefs figurant la justice, la charité et le couronnement de ce Pape décorent le tombeau. Pensée ingénieuse! c'était bien la justice et la charité qui reçurent la couronne dans l'humble personne de Sixte-Quint.

De l'autre côté est le riche tombeau de Pie V, l'ami, le bienfaiteur de Sixte-Quint. Ils sont en face l'un de l'autre, ils reposent sous la même voûte. Sixte-Quint semble le prier, il est à genoux devant lui et aux pieds de la sainte Crèche. Le tombeau de Pie V a été fait sur le même dessin que celui de Sixte-Quint. Seulement Pie V est debout. Quel feu, quelle vigueur dans cette tête de vieillard osseuse et décharnée! On comprend, en voyant ces deux Pontifes, que pendant leur vie ils se soient aimés. Il y avait tant de ressemblance entre leurs deux âmes! Quand j'ai vu la tête de Pie V qu'on montre avec ses restes le jour de sa fête, je n'ai pas été étonné qu'il ait eu assez de force d'âme pour écrire contre la reine Elisabeth, une bulle audacieuse.

Mais hâtons-nous de sortir, d'autres merveilles nous attendent. De l'autre côté de la nef s'élève une chapelle plus élégante et plus riche que la chapelle Sixtine. Le Pape Paul V la fit bâtir. Comme il était de la puissante famille des Borghèse, la chapelle a conservé ce nom. Vous ne serez pas étonnés de tant de richesses et de magnificences, quand vous saurez que des millions ont été prodigués à orner ces autels, ces murs, ces voûtes.

L'architecture est en tout semblable à celle de la chapelle Sixtine. Les fresques représentent divers traits de la vie de la Sainte Vierge. Les peintres, les sculpteurs, les architectes les plus célèbres du temps de Paul V ont travaillé à l'ornementation de cette chapelle, où la magnificence des Borghèse a prodigué les millions. Partout où votre regard se dirige, vous découvrez des merveilles; là est le tombeau et la statue imposante de Clément VIII, là le tombeau et la noble figure de Paul V, qui eut l'honneur d'achever Saint-Pierre et d'inscrire son nom sur la frise de la façade, là est un autel où le jaspe, l'argent, le bronze et l'or unissent leurs couleurs. Mais la merveille de la chapelle, c'est l'antique image de la Sainte Vierge qui est gardée à Sainte-Marie-Majeure de temps immémorial. On l'attribue à saint Luc. Un voile pudique couvre la tête de la divine Mère qui contemple son fils avec tendresse et le serre contre son cœur immaculé. La sainte image est enchâssée dans un cadre en or émaillé de topazes et d'émeraudes. Des séraphins en bronze doré le tiennent dans leurs mains sur un plafond en lapis-lazzuli, qui est bien en rapport, par ses vives couleurs, avec tant de merveilles,

Vous ne pouvez entrer dans la Basilique sans trouver une foule de pieux pèlerins, prosternés à l'entrée de la chapelle, qui prient l'auguste Vierge. Tous les jours, il y a quelque nouvelle manifestation de la piété romaine. Tantôt c'est un groupe de jeunes filles des Monti ou du Trastevère qui viennent nu-pieds, la tête couverte de longs voiles, implorer la miséricorde de la Mère de Dieu. Elles prient à haute voix et on sait la grâce qu'elles implorent. Tantôt c'est une longue procession de femmes venues d'Albano, de Genzano ou de Frascati, couvertes de voiles blancs, qui viennent accomplir un vœu ou faire une demande. Elles ont parcouru, à pied, la longue distance qui sépare ces villes de Rome, bravant la soif, la fatigue et les ardeurs du soleil. Elles récitent à haute voix de longues prières et on admire leur foi vive et leur tendre piété.

L'église de Sainte-Marie-Majeure est bien faite pour inspirer une tendre confiance envers Marie. Tout dans l'architecture de ce temple, dans les fresques, dans les sculptures, respire la douceur et la miséricorde, et quand on a franchi l'enceinte du temple, on ressent un je ne sais quoi qui donne la ferveur et le courage. Il semble qu'on va être exaucé puisqu'on a eu le bonheur de prier dans le temple privilégié de la Mère de miséricorde.

LE PAPE A SAINT-LOUIS-DES-FRANÇAIS

23 Août.

Aujourd'hui, notre Église nationale a reçu un double honneur: la visite du Pape et celle des cardinaux.

A dix heures, les princes de l'Église sont arrivés, un à un, en équipage de gala. Les prêtres de Saint-Louis les recevaient au parvis de l'église et les conduisaient à la sacristie où M. l'Ambassadeur de France recevait leurs hommages, après quoi, ils allaient prendre dans le chœur, la place que leur donnaient leur titre et leur ancienneté.

Quand la grand'messe a commencé, notre ambassadeur est venu s'asseoir au fauteuil qui lui avait été préparé à droite, à l'entrée du chœur. La cérémonie a été fort belle. Nos officiers, les prêtres français qui sont à Rome à des titres divers, et une foule de dames illustres par leur naissance remplissaient la nef.

Après la messe, l'ambassadeur a quitté son siège et a remercié, un à un, chacun des princes de l'Église. Tout s'est fait avec beaucoup de courtoisie et de dignité, d'après des règlements faits depuis longtemps entre les deux cours de Rome et de France, comme cela convient à l'Église, mère et maitresse de toutes les autres, et à cette nation glorieuse qui porte le noble titre de fille ainée de l'Église.

Le soir, à 5 heures, le Pape est venu vénérer la relique de saint Louis qui était exposée sur l'autel de la Très Sainte Vierge au milieu de l'église. Quand la voiture du Pape est arrivée sur la place de Saint-Louis-des-Français, notre ambassadeur s'est approché pour en ouvrir la portière, et un long cortège de prélats, de religieux, de prêtres séculiers et de Français de distinction s'est formé pour conduire le Pape au prie-Dieu qui lui avait été préparé devant la relique de saint Louis. La prière de Pie IX a été longue. Quelle demande a-t-il faite au roi chevalier plus grand dans ses fers et dans sa prison, qu'au sein de la gloire? Dieu le sait et tous nous espérons que tôt ou tard elle sera exaucée.

Après avoir vénéré la sainte relique, Pie IX, tout souriant, est venu s'asseoir au trône qui s'élevait au fond d'une chapelle intérieure de la sacristie. Il avait un à-propos de parole et une gaieté qui ont fait notre admiration. A mesure que nous nous avançions deux à deux pour lui baiser les pieds, il a reconnu plusieurs d'entre nous, dont l'image était restée gravée dans son âme, un chapelain entre autres qui, le jour de l'Assomption, avait reçu sa bénédiction au pied de la colonne du haut de la Loggia.

Une pieuse Lyonnaise avait profité de la circonstance pour consulter le chef de l'Église sur son avenir. C'était une de ces âmes inquiètes qui cherchent leur voie toute leur vie, sans jamais la trouver. Quand elle fut aux pieds du Pape, elle l'interrogea sur sa vocation. « Très-Saint Père, lui dit-elle, je voudrais savoir si Dieu m'appelle à la vie religieuse. » — « Ma fille, lui répondit le Pape, consultez d'abord votre mère sur votre caractère, votre confesseur sur votre piété, votre médecin sur votre santé, votre bourse sur la dot qui vous sera faite. Tous les quatre vous indiqueront mieux que moi ce que vous devez faire. »

Cela fut dit avec un charme, une bonhomie, une sagesse et une légère pointe de malice qui nous firent sourire.

Notre église n'avait pas été ornée magnifiquement pour une pareille visite. Elle a sa riche parure qui ne la quitte point. C'est une des plus belles de Rome. Enclavée dans le palais que les rois de France ont fait construire, elle a été bâtie, en pleine Renaissance, sur les dessins des plus habiles architectes. Elle est revêtue de marbre à l'intérieur et couverte de riches dorures. Les pilastres de la grande nef sont en jaspe de Sicile. On admire dans la chapelle de sainte Cécile, les belles fresques du Dominiquin représentant des traits de la vie de cette sainte. Les Romains disent qu'il faudrait mettre sous verre ces peintures, tellement elles sont ravissantes. La chapelle de saint Mathieu a été décorée par Michel-Ange Caravage, élève de Raphaël. J'aime beaucoup l'évangéliste écrivant la généalogie du Christ, sous la dictée de l'ange qui compte les générations sur ses doigts. C'est la nature prise sur le fait.

Au fond, au-dessus du maître-autel, est un tableau de prix représentant l'Assomption de la Très-Sainte Vierge, de Bassano.

Cette église fait le plus grand honneur à la nation dont elle porte le nom et en donne une haute idée aux étrangers qui la visitent.

SAINT-SYLVESTRE IN CAPITE

29 Août.

C'est aujourd'hui la fête du saint Précurseur. J'ai été le prier ce matin, comme je le fais souvent, dans la grande Basilique de Saint-Jean-de-Latran qui lui est consacrée, et, le soir, j'ai vénéré sa tête dans l'église de Saint-Sylvestre *in capite*.

Je ne ne vous dirai rien de cette église antique, fondée au temps des persécutions, rien des riches peintures et des sculptures qui décorent les murs et la voûte, rien des chants harmonieux dont l'église a retenti pendant les vêpres. Je vous parlerai seulement de la tête de saint Jean-Baptiste.

Deux autres têtes sublimes et vivantes encore dans la mort m'ont frappé pendant ma vie et ont laissé dans mon cœur et dans mon souvenir, des traces ineffaçables, se sont les têtes de saint Laurent et de sainte Marie-Magdeleine.

La tête de saint Laurent, que l'on garde précieusement au Quirinal, porte encore les traces du feu. Elle est toute noire et calcinée. Les yeux sont sortis de leur orbite et ont coulé sur la joue comme des larmes; la tête entr'ouverte et laissant échapper encore un cri de douleur, découvre des dents éclatantes de blancheur. Cette tête est menaçante. Elle oppose aux juges et aux bourreaux une résistance héroïque, et du sein de la mort, elle leur montre la sévère justice de Dieu. Ils la reconnaitront au jour du jugement.

La tête de sainte Marie-Magdeleine, au contraire, ne jette pas l'effroi dans l'âme des pèlerins comme celle de saint Laurent. Elle est radieuse et triomphante, elle commande le respect et l'admiration. Elle porte encore les traces de cette beauté fatale qui causa tant de malheurs, et sur le front de la pénitente brille l'empreinte immortelle du doigt sacré qui la repoussa après la résurrection: *Noli me tangere,* « ne me touchez point. » Ce front, cette tête fait à la mort qui s'approche pour tout détruire la même défense. *Noli me tangere,* « ne me touchez point. » On dirait qu'elle vit, qu'elle respire; un je ne sais quoi de royal et de divin est répandu sur ces ossements décharnés et je ne puis entrer sans une vive émotion dans la crypte de Saint-Maximin, où on la garde avec une pieuse vénération.

Pourtant, vous l'avouerai-je? la tête de saint Jean-Baptiste m'a ému davantage encore.

Elle est placée au-dessus de l'autel, à côté même de l'antique portrait du Sauveur, envoyé au roi d'Edesse.

Elle est entourée d'or et de pierres précieuses. Une riche couronne brille sur son front. On ne pouvait lui donner une place plus honorable. Elle est au-dessus de l'auguste tabernacle où Notre-Seigneur repose et à côté de son portrait authentique, presque au même rang que lui ; on reconnait à ce signe le saint Précurseur.

J'attendis que la foule se fut écoulée après les derniers chants des vêpres en musique. Je m'approchai de l'autel, j'arrivai jusqu'à la tête du Précurseur, et je pus la contempler et la vénérer tout à mon aise.

Elle porte l'empreinte des austérités du désert et du mâle courage avec lequel saint Jean-Baptiste reprocha aux rois la honte de leurs crimes. Cette bouche semble dire encore *non licet*, « vous faites ce qui n'est pas permis. » Ce n'est pas la mort, comme le dit saint Ambroise, qui a clos ces yeux, mais l'horreur des crimes. La voilà cette tête qu'a tranchée la main du bourreau qui, palpitante encore et toute saignante, fut jetée dans un plat à la table d'Hérode et qui portée sur les mains délicates d'une jeune fille, fut remise à la cruelle Hérodiade pour prix d'une danse impudique.

Je tombai à genoux, plein d'admiration et de crainte, je demandai à Dieu, par l'intercession du Précurseur, le courage et la force dont il donna un si bel exemple.

SAINTE-MARIE-DU-PEUPLE

8 Septembre.

La nativité de la Sainte-Vierge est une de mes fêtes, puisque c'est la vôtre et celle de mon père. Au moment où je trace ces lignes, vous recevrez deux lettres où je vous fais à tous les deux mes vœux de bonne fête. Elles vous seront remises, au milieu du dîner, par deux messagers fidèles, qui ayant perdu au feu, toutes leurs plumes, n'ont pu s'envoler. Je vois d'ici votre surprise et votre joie. Il me semble entendre vos cris d'étonnement. Encore une fois, bonne fête! Je ne vous ai pas oubliés tantôt à Sainte-Marie-du-Peuple, où les cardinaux tiennent aujourd'hui chapelle.

Il y a foule à la place du Peuple, au-dessous du *Monte-Pincio*. Les princes de l'Église sont arrivés un à un dans leurs brillants carrosses, entourés de leur petite cour, et sont allés prendre, dans l'antique église, la place qui leur était réservée. La pourpre dont ils sont revêtus semble être la couleur du jour. Tout respire la joie et le réveil de la nature, après les chaleurs étouffantes de l'été, et les ardeurs de la fièvre. Doux symbole de la renaissance mystérieuse que la Mère de Dieu apporte à la terre, le jour de sa première apparition dans le monde. C'est avec raison que l'Église chante : *Votre naissance glorieuse, ô Vierge mère de Dieu, a apporté la joie au monde, car vous êtes l'aurore qui a précédé, qui a donné à la terre le soleil de Justice.*

Comme l'Église n'est pas grande, il y a une certaine cohue : on se presse, on se coudoie, on a de la peine pour se placer convenablement et voir la cérémonie qui a été fort belle. J'ai prié de bon cœur la Vierge bénie qui est la cause de notre joie, comme le dit la liturgie. Je n'avais jamais compris le sens des prières de l'Église, à la Nativité de la Sainte-Vierge, comme aujourd'hui. Cette fête ne s'effacera pas de mon souvenir.

Par son architecture extérieure, Sainte-Marie-du-Peuple n'annonce pas les merveilles qu'elle renferme. C'est un parallélogramme, sans colonnes et sans saillie. Vitrolles ni le Bernin n'ont passé par là. Elle est adossée au rempart du côté du nord Mais quand on a franchi le seuil, on est ébloui des magnificences que l'on découvre : Sainte-Marie-du-Peuple est un vrai musée.

Cette église fut construite en des circonstances particulières. C'est là que la famille orgueilleuse des Domitius avait sa sépulture, au commencement de la voie Flaminienne. Néron, l'impie, l'horrible monstre que l'enfer avait vomi, après avoir reçu, les mains d'un affranchi, dans un égout, la mort qu'il n'avait pas le courage de se donner lui-même, fut jeté furtivement dans le tombeau des Domitius.

Mais celui que la malédiction divine poursuivait, après son hideux parricide, en permettant que des cris plaintifs et des gémissements se fissent entendre, sur les rivages où le cœur d'une mère, et ses entrailles avaient été déchirés par l'ordre de son fils, d'après le témoignage de Tacite, ne put reposer en paix dans le tombeau de ses pères. La vengeance de Dieu s'acharna sur lui au-delà de la mort. On entendait des voix lugubres autour du tombeau des Domitius, et la justice de Dieu tourmentait avec une fureur implacable, la cendre elle-même du prince qui avait fait mourir sa mère. Le Pape Paschal II, voulant apaiser la colère de Dieu et faire un tendre appel à sa bonté, érigea dans ces lieux un oratoire en l'honneur de la Mère de la grâce divine et de la miséricorde. Saint Grégoire IX agrandit l'enceinte, en donnant au temple le nom de Sainte-Marie-du-Peuple. Sixte IV la reconstruisit et l'embellit de toutes les manières.

Si je voulais décrire les merveilles de sculpture et de peinture qui se trouvent dans une église de si modeste apparence, je ne finirais pas. Il me faudrait un volume.

Laissez-moi seulement vous parler de la chapelle qui appartenait autrefois à la famille Cibo, que tant de liens unissaient au siège de Marseille et à la baronnie de ses évêques. C'est le grand architecte

Fontana qui en a fait les dessins ; Charles Maratta l'a ornée de son pinceau immortel. Au milieu des bronzes et des bas-reliefs, œuvres de François Cavallini, repose, sous l'autel, la grande martyre sainte Faustine.

Il faudrait en dire autant des autres chapelles où la main des plus habiles peintres s'est exercée.

Mais il est impossible de passer sous silence les statues en marbre représentant les deux prophètes Élie et Jonas, œuvre de Lorenzotti, qui sont parmi tant d'autres, l'ornement de la chapelle Chigi. Le prince Augustin Chigi voulant rehausser, autant qu'il était en lui, le mystère de la Nativité de la Sainte-Vierge pour laquelle il avait la dévotion la plus tendre, pria le grand peintre Raphaël d'Urbin, qui était alors dans tout l'éclat de sa gloire, de lui tracer le dessin de la chapelle. Le peintre le fit de telle sorte que tout homme qui a quelque sentiment de l'art, en voyant ces lignes harmonieuses, reconnait que la main d'un grand homme a passé par là ; mais Raphaël était peintre plus encore qu'architecte, et il l'a montré en peignant le grand tableau qui est sur l'autel, représentant la Nativité de la Sainte-Vierge. Les cartons sont de Raphaël, la peinture est de son élève, connu dans le monde artistique sous le nom de frà Sebastiano del Piombo. Les deux statues d'Élie et de Jonas sont de Raphaël ; il en traça les lignes, les fit exécuter sous ses yeux, et enfin il y donna le dernier coup, de telle sorte que ces deux statues sont son œuvre plus encore que celle de Lorenzotti.

Le prophète Jonas est une des statues de Rome qui ont produit sur moi la plus vive impression. Je ne puis m'en séparer, et quand j'ai quitté la chapelle Chigi, je me suis surpris tournant la tête continuellement et regardant encore.

Quelle différence entre ce Jonas et celui de Michel-Ange, qui apparait au-dessus de l'autel, à la voûte de la chapelle Sixtine. L'un vous effraye, l'autre vous console; celui-ci vous attire, celui-là vous repousse.

On sait que Jonas c'est Jésus-Christ ressuscité d'entre les morts, et sorti du sein de la terre, comme le prophète est sorti de la baleine, après trois jours passés dans les profonds abimes de la mer. Le Jonas de Michel-Ange, c'est Jésus-Christ prononçant une parole de malédiction et criant aux damnés d'une voix qui retentit dans les enfers: « Allez, maudits. » Le Jonas de Raphaël, c'est Jésus-Christ, les prémices de la résurrection, disant d'une voix amie et avec un doux sourire sur les lèvres, aux justes et à ceux que les regrets et la pénitence ont purifiés: « Venez les bénis de mon père. »

J'aurais voulu toujours rester avec ce Jonas là, prier à ses pieds, me nourrir des espérances de la résurrection de la chair, et bien me persuader que notre vie ne s'éteint pas à la mort, qu'elle continue et se renouvelle. J'aurais voulu prier encore de longues heures dans ce temple de la grâce et de la miséricorde où Marie semble sourire à la terre.

Mais la foule bruyante s'était écoulée. J'étais resté seul dans le temple, l'heure était venue d'en fermer les portes.

CATACOMBES DE SAINT-ALEXANDRE

9 Septembre.

J'allai, il y a deux jours, visiter les fouilles de Saint-Alexandre. L'aspect de la campagne romaine partout fait passer dans l'âme une tristesse religieuse. Mais nulle part cette impression n'est si profonde que sur l'ancienne voie Nomentana.

La voie Appienne conserve encore quelques restes de sa magnificence. Les tombeaux des Scipions, de Cecilia Metella, de Perse, de Sénèque et une foule d'autres, à demi-ruinés, sont rangés avec magnificence des deux côtés de la route. C'est le luxe et la grandeur de la tombe, si l'on veut, mais enfin c'est toujours de la grandeur. Ici, il ne reste plus rien, tout est désert et désolé.

Quand on a passé l'Anio qui sépare les jardins et les villas de la solitude, le terrain n'est plus accidenté comme aux alentours de Rome. La culture de la terre, le mouvement et la vie cessent tout à fait. C'est au pont Lamentano, comme le peuple l'appelle, que le désert commence. On a devant soi une plaine immense et de la verdure sans fin jusqu'aux montagnes du Latium et de la Sabine. On ne peut rien comparer à cette plaine unie que l'immensité des mers. Il n'y a ni forêts, ni jardins, ni villas, ni la plus humble chaumière. On a de la peine à trouver un arbre isolé et un peu d'ombre pour se reposer des fatigues de la route. On n'entend aucun bruit, aucune voix d'homme, c'est le silence du désert. A de longs intervalles, on voit passer, à travers les verdoyants pâturages et l'herbe touffue, un troupeau que mène à pas lents un berger silencieux, des agneaux qui bêlent, des vaches qui agitent leur sonnette.

Tout ce qu'on aperçoit attriste l'âme : le mont sacré qui rappelle un peuple en révolte, brisant le frein des lois, menaçant la ville qu'il devait défendre, les ruines de la villa de Phaon, où l'ennemi du genre humain, Néron, vint mourir lâchement, ne regrettant de la vie qu'une chose, cette voix mélodieuse qui lui valut tant de couronnes, enfin quelques tombeaux solitaires, perdus au milieu de la campagne, qui joignent à tout ce qu'a de triste la pensée de la mort, le spectacle affligeant des ruines.

A sept milles de Rome et à cinq mètres de profondeur, on voit les ruines de la basilique de Saint-Alexandre, découvertes nouvellement.

Le terrain sous lequel elle était ensevelie depuis mille ans, a été déblayé. On peut voir quelle était sa forme. C'était un carré long comme les anciennes basiliques. Un large escalier conduisait à l'entrée. Au fond se dressait le siège de l'évêque. Le riche autel sous lequel reposait le corps de saint Alexandre est encore debout. Il est recouvert d'une large table de porphyre, emblème du martyre et du sang versé. On voit encore, dans la nef, les places diverses occupées autrefois par les fidèles, ainsi que les traces des deux ambons. Le sol en mosaïque est jonché de débris précieux. On y voit des colonnes, des chapiteaux, des vases antiques, des inscriptions tumulaires. C'est tout un musée d'antiquités chrétiennes.

Un escalier étroit, pratiqué à côté de l'autel, mène aux catacombes qui m'ont paru les plus intéressantes de Rome. Elles sont encore intactes. Plus heureuses que les autres, elles ont gardé les grossières peintures, les inscriptions et les tombeaux des premiers siècles. Des mains profanes n'ont pas encore passé ici. C'est la catacombe primitive des anciens martyrs. Ces lieux sont vénérables par les chrétiens illustres qui y furent ensevelis et surtout par les souvenirs qu'ils rappellent. Saint Pierre y réunit souvent les fidèles de Rome et y donna le saint baptême.

Quand on revient à la Basilique, la vue de ces ruines accumulées, où tant de saints reposent encore, achève de vous attrister. Qui osa détruire ce temple élevé à la mémoire d'un grand martyr? Comment a-t-on pu ensevelir dans un long oubli des ruines si vénérables? Mais une pensée console; la vieille Basilique va sortir de ses ruines plus riche et plus belle qu'autrefois. Les murs et les colonnes que les barbares ont abattus, les mains pieuses d'un Pontife vont les relever. Il n'en est pas des édifices sacrés comme des monuments profanes que personne ne restaure. Ceux qui ont élevé ces temples, ces acqueducs, ces arcs-de-triomphe ne sont plus, leur règne est fini, tandis que l'Église est immortelle. Elle ne peut périr ; on la persécute, on l'humilie, mais toujours elle se relève, elle imprime le sceau de l'immortalité à tout ce qu'elle touche. Le Pape a consacré une somme considérable à la construction de la Basilique ; il a posé solennellement la première pierre au mois d'avril dernier. Les travaux interrompus par les chaleurs de l'été, vont être repris, bientôt l'édifice sera terminé.

Le 3 mai de l'an du Christ 117, une scène émouvante se passait ici. Le glorieux martyr Alexandre et ses deux compagnons, les prêtres Eventius et Théodule, venaient d'être immolés, après avoir subi le supplice le plus douloureux. L'épouse du Préfet du Prétoire, Sévérina, qui était chrétienne, sans qu'on le sût, n'ayant pu empêcher, par son influence et ses prières, le martyre d'Alexandre, voulut honorer, après leur mort, ceux qu'elle n'avait pu sauver pendant leur vie. Elle va à l'endroit où leurs cadavres ensanglantés gisent sur le sol, au milieu des bourreaux et des soldats. Fidèle et courageuse, elle affronte tous les dangers, la mort elle-même. Elle recueille leur sang, ramasse leurs cadavres et, à la face de Rome, les fait porter en un champ qu'elle possédait sur la voie Nomentane. Une foule immense, les prêtres de l'Église, des sénateurs même qu'Alexandre avait convertis, émus et versant des larmes, la suivent et font au Pontife des funérailles dignes de lui. Sévérina fait préparer les tombeaux, veille elle-même à la sépulture, enveloppe les corps des martyrs d'étoffes précieuses, les couvre de myrrhe et de baume. Quand elle a rempli ce pieux devoir, elle revient auprès de son époux Aurélien qui se mourait, frappé de Dieu comme tous les persécuteurs. Sévérina veut faire naitre le repentir dans ce cœur endurci, tous ses efforts sont inutiles. Aurélien expire dans les convulsions de la rage et du désespoir. Sévérina revêt un cilice, vient se jeter sur les tombeaux des martyrs, versant des larmes amères et demandant grâce ; elle ne put se résoudre à les quitter. Elle fit élever un oratoire aux lieux où reposaient leurs restes. Elle obtint que sur leur tombe le sacrifice auguste fut célébré tous les jours. Elle vécut et mourut auprès d'eux. Sans doute, son corps fut enseveli à côté des saints martyrs et, peut-être, dans les fouilles commencées à Saint-Alexandre, on le découvrira.

LA VOIE SALARIA ET FIDÈNES

11 Novembre.

Le temps est chaud, le ciel splendide, il y a dans l'air comme un souffle de printemps, ou mieux, c'est l'automne qui nous fait ses adieux et l'hiver qui s'approche avec ses frimats, ses pluies et ses neiges. J'ai voulu profiter des derniers beaux jours que le ciel clément de Rome nous a réservés, et aujourd'hui j'ai fait la course de l'antique Fidènes, moins pour voir les débris de cette cité qui m'intéressent peu que pour jouir du plus beau point de vue qu'offre la campagne romaine.

J'ai traversé Rome, j'ai passé entre la villa Ludovisi et les jardins de Salluste, l'une éclatante de marbres, de statues, de verdure, les autres remplis de ruines gigantesques qui leur donnent un trait de ressemblance avec le Palatin. Quelles belles arcades assombries par le temps et couvertes de lierres! Oh! les belles ruines! car les ruines elles-mêmes, malgré leur tristesse, peuvent aussi avoir leur splendeur et leur beauté. Que de siècles ont passé là-dessus! Quels hommes pourtant que les Romains, alors même que la République était en décadence et les belles choses qu'ils ont faites encore! Race de géants et de demi-dieux qui imprimaient un sceau d'immortalité à tout ce qu'ils touchaient. Voici la porte Salaria, une des plus célèbres de Rome. C'est toujours par là que l'ennemi est entré, soit qu'il y ait dans le malheur une fatalité irrésistible ou soit que de ce côté Rome soit moins fortifiée qu'ailleurs par la nature. Cette porte humiliée a vu passer les Sabins qui allaient venger l'honneur de leurs filles, les Gaulois qui venaient de verser à flots le sang romain à la bataille de l'Allia, Alaric avec ses hordes hideuses, et une foule d'autres qu'il serait trop long de nommer. Tout près de la porte Salaria est une catacombe historique, celle de sainte Priscille, d'où l'on a extrait, dans ces derniers temps, le corps de sainte Philomène, jeune vierge martyrisée sous l'empire de Dioclétien. Elle était restée inconnue, son nom tout seul fut inscrit sur la pierre qui couvrait ses restes. Dieu a voulu la glorifier par des miracles de toutes sortes et son nom est à jamais uni à une célébrité de notre siècle, le curé d'Ars qui eut en elle la plus touchante confiance.

Au-delà de la voie Salaria, le chemin est bordé de superbes villas, parmi lesquelles on distingue la villa Chigi et surtout la villa Albani. Celle-ci est un monument vraiment royal ; il y a tant de goût, tant de science de l'antiquité, tant de richesses de détail, dans ses galeries, dans ses jardins, qu'on croirait qu'elle a été bâtie pour des rois. C'est le cardinal Albani, neveu de Clément XI, qui la fit construire, le même cardinal qui parlait avec cette vigueur mâle et vraiment romaine au cardinal de Bernis, élevé à la pourpre sur les recommandations que l'on sait.

La voie Salaria continue entre deux murailles d'où jaillissent par intervalle des touffes de verdure dominées par des pins gigantesques. La voie descend et fait un long circuit; je ne voyais rien, je regrettais même la course fatigante que j'avais entreprise sur la foi des guides et des ciceroni, j'étais sur le point de revenir sur mes pas, quand tout à coup les deux monticules de Péperin et de Pouzzolane entre lesquels je marchais finissent et un tableau splendide se déroule à mes yeux étonnés. Si un magnifique tableau du Pérugin ou de Michel-Ange couvert d'un voile avait été placé devant moi pour exciter ma curiosité et que tout à coup, après de longues heures d'attente, le voile fût tombé, je n'aurais pas été surpris, étonné, comme je le fus au détour de la voie Salaria. Une vaste plaine, prairie interminable, était étendue devant mes yeux, terminée au loin par des montagnes azurées comme le ciel et la mer. La neige n'attriste pas encore le regard; tout est paisible et riant; point de villas aux arbres touffus, point de cité superbe; quelques débris antiques, dorés par le temps, s'élèvent au milieu de la plaine, assez nombreux pour animer le paysage, mais pas assez pour l'attrister. Le Tibre, l'Anio roulent leurs eaux majestueuses à travers la plaine immense ; je pouvais suivre leur cours et mesurer la distance de leurs rives. C'était le désert, le désert immense, mais un désert charmant où l'on passerait volontiers sa vie en face d'une terre pleine de richesses et d'une fertilité admirable. Je ne pouvais rassasier mes yeux de ce spectacle ravissant. Je n'osais descendre dans la vaste plaine et continuer ma route à travers les prairies, de peur de m'arracher à cette vue. Ce sentiment, tous les voyageurs l'éprouvent, aussi il n'y a pas dans la campagne romaine une voie plus fréquentée des touristes que la voie Salaria. J'apercevais au milieu de la plaine de nombreux cavaliers qui se précipitaient à travers l'herbe épaisse, suivis de chiens haletants qui excitaient leurs chevaux par les aboiements répétés par tous les échos d'alentour. Je descends, je m'engage dans la plaine ; ici s'élève le monticule où fut Antemne au confluent du Tibre et de l'Anio. Je traverse avec émotion le pont jeté sur l'Anio, noble débris des temps antiques et qui imprime le respect en rappelant le souvenir des brillants faits d'armes qui s'y rattachent. Là, tout près, Manlius Torquatus eut un combat singulier avec un Gaulois et le terrassa. Tite-Live a décrit cette victoire avec beaucoup de verve et de patriotisme. Que la terre est vivace ! L'herbe est épaisse, elle croit avec une vigueur qu'on ne voit pas autre part. Sa couleur elle-même semble plus vive et plus fraiche que partout ailleurs! Ah! c'est que la terre ici a bu des flots de sang humain. Elle s'en est engraissée. Nulle part au monde, il ne s'est livré autant de combats, il n'a succombé un si grand nombre d'hommes. N'est-ce pas ici que dans notre siècle les Français ont commencé le siège de Rome, ont essayé leurs armes contre les soldats des triumvirs? Qui sait ce que la Providence ménage encore à Rome?

Au-delà de l'Anio je m'arrête pour me reposer de mes émotions et des fatigues de la route. J'entre dans un tombeau antique qui n'a plus rien de triste. C'est aujourd'hui une auberge ou osteria. On se repose, on mange, on boit là où les morts habitaient autrefois. C'est la mort qui entretient la vie et nous donne la clef d'une foule de mystères. La mort est triste sans doute, mais elle a ses espérances, ses consolations, son utilité. C'est la grande sagesse de Dieu et sa Providence qui tire le bien du mal et fait sortir la vie du sein de la mort. Je suis arrivé à Fidènes ou Castel Giubileo en me nourrissant de ces pensées. Fidènes ! je me trompe, il n'y a plus de Fidènes. Là où s'élevait autrefois cette ville orgueilleuse qui descendait jusqu'au Tibre, cette ville qui fut prise et ruinée par tous les rois de Rome et qui, chaque fois, renaissait de ses cendres pour faire de nouveau la guerre, il n'y a plus rien qu'un peu d'herbe et une colline. Pas une arcade, pas une colonne, pas un pan de mur debout;

rien qui atteste, je ne dis pas la splendeur et la magnificence de la cité, mais encore sa présence ! Tout a disparu sous l'herbe épaisse, et le voyageur qui passe ne se doute pas qu'il foule aux pieds une ville célèbre. Il y a là de quoi humilier l'orgueil et la fierté de tous ces hommes savants, politiques, législateurs, rois eux-mêmes, qui s'imaginent qu'il y a sur la terre quelque chose de stable et de solide. *Ipsi peribunt, tu autem permanes !*

UN MOINE ROMAIN (*)

24 Novembre.

Fra Stefano était né à Catane, en Sicile ; ses jeunes années s'écoulèrent aux pieds du tombeau de sainte Agathe, la grande martyre sicilienne. Il garda jusqu'à la mort une tendre dévotion et, s'il est permis de s'exprimer ainsi, une affection virginale pour celle qui lui inspira le détachement des créatures et l'amour de Jésus-Christ. De bonne heure il quitta sa famille, entra dans l'ordre de Saint-François, et vint faire à Rome son noviciat, à l'*Ara Cœli,* où il reçut les ordres sacrés et célébra sa première messe.

Sa taille était élancée, ses traits pleins de grâce et d'animation. Il plaisait. Une couronne de cheveux noirs comme l'ébène, unique reste d'une chevelure ondoyante, ceignait son front où brillait le calme d'une âme pure. Ses yeux, qui pétillaient, donnaient à son visage une vie singulière. Sa lèvre fine et vermeille souriait toujours. Quand on le voyait revêtu de sa longue robe de bure qui faisait un

(*) L'histoire est véritable, mais les noms sont supposés.

contraste étonnant avec l'élégance de sa taille et la noblesse de ses traits, on croyait voir saint François d'Assise, nourrissant toujours des pensées élevées, ayant avec les anges des entretiens mystérieux, ou saint Antoine-de-Padoue parlant de Jésus-Christ, du Ciel et de l'Église, aux peuples et aux Pontifes ravis de l'entendre.

Je le vis, pour la première fois, à la Minerve, le jour de la fête de saint Dominique. Il servait à l'autel. C'est la coutume, ce jour-là, que le chef de l'ordre de Saint-François, assisté de ses religieux, vient à la Minerve chanter les vêpres du saint Patriarche. Les frères Prêcheurs sont mêlés aux Franciscains et les guident. Touchant symbole qui montre l'origine commune de ces deux ordres et l'affection tendre qui les unit, comme deux familles de frères. J'étais ému quand, aux sons harmonieux de l'orgue qui vibrait sous les voûtes de la Minerve, je voyais entrer, dans le sanctuaire, mêlés et confondus, les franciscains et les prêcheurs, se prosterner ensemble aux pieds du même autel, et ensemble chanter les louanges de leur Père. Au *Magnificat,* l'encens brûla autour de l'autel, l'environna comme un nuage, et monta au Ciel, avec les prières et les chants de l'Église. Le frère, revêtu d'une *cotta*, éclatante de blancheur, présentait le feu au prêtre et vint ensuite encenser le peuple. Il y avait dans sa démarche tant de modestie et de distinction qu'on ne pouvait s'empêcher de le remarquer parmi ses frères. Je le vis d'autres fois au Monte-Pincio, sous les allées de la villa Borghèse, aux cérémonies de Saint-Pierre où il venait souvent avec les jeunes novices et les étudiants de son ordre. Ces humbles frères n'osaient franchir l'enceinte réservée et se placer, comme nous le faisions nous-mêmes, dans le sanctuaire de Saint-Pierre, derrière le banc des cardinaux. Ils restaient à l'entrée où se tenait, debout, un officier des gardes suisses, terrible comme Cerbère. Peut-être on les repoussait parce qu'ils appartenaient à l'ordre de la pauvreté humiliée ; peut-être ils choisissaient eux-mêmes la dernière place pour entrer dans l'esprit de leur ordre et se tenir avec les pauvres et les derniers de tous. Enfin, dans le courant du mois de février dernier, j'étais allé au Vatican pour voir le musée et la bibliothèque. Dans la galerie où se trouvent, à droite et à gauche, des milliers d'inscriptions chrétiennes et payennes ; là-bas, au fond, devant la grande porte en bois de noyer qui donne entrée à la bibliothèque vaticane, trois jeunes franciscains se tenaient debout dans une humble attitude, attendant qu'il plut à l'austère gardien de les faire entrer gratuitement. Le frère était du nombre. Deux Anglais se présentent, ils sonnent, on leur ouvre, ils paient, ils entrent. Les religieux veulent entrer aussi, la main de fer du gardien les repousse et la porte se referme sur eux avec un grand bruit. Ils étaient rouges de honte, mais plus encore que les autres, le Frère qui portait une âme trop sensible pour ne pas comprendre tout ce qu'il y avait d'humiliant pour eux dans le procédé du gardien. J'étais ému, je consolai ces déshérités de la fortune, je sonnai, je donnai au gardien l'offrande habituelle pour moi et pour les trois religieux, et nous entrâmes ensemble dans la salle.

J'étais heureux de me trouver enfin avec le Frère et de pouvoir causer avec lui. Nos deux âmes se parlèrent et dès ce jour nous nouâmes des liens bien tendres, que la mort est venue trop tôt rompre sur la terre ; car je ne doute pas qu'ils ne subsistent au Ciel où le Frère doit goûter un bonheur pur, sans mélange de peine.

Nous parcourûmes ensemble la bibliothèque vaticane, le musée des catacombes qui est à l'autre extrémité, le musée Chiaramonti, le Pio Clementino, le Belvédère, la salle des animaux et celles qui suivent, le musée égyptien, le musée des tableaux, les chambres de Raphaël. Avec le sentiment de supériorité qui nous distingue, nous Français, j'étais entré au Vatican avec la pensée de pouvoir initier le Frère aux merveilles qu'il renferme et de faire passer dans son âme les sentiments que j'éprouvais quand j'y vins pour la première fois. Je croyais, téméraire, que toute la vie du Frère s'était écoulée au milieu des ruines et de la pauvreté de l'*Ara Cœli*, qu'il ne connaissait que ses livres de théologie et de piété, que les arts, l'histoire et l'archéologie, il les ignorait. Bientôt je fus désabusé. Loin de pouvoir montrer au Frère les beautés innombrables ensevelies dans ces musées, c'est lui qui me servit de guide et arrêta mon attention sur une foule d'objets que je n'avais pas encore remarqués.

Il était Italien, c'est dire qu'il avait le goût des arts et la passion des belles choses. Devant une toile de Raphaël, il était ému, ses yeux s'enflammaient, ses paupières devenaient humides, l'agitation de son âme se communiquait à tout son être, ses joues se coloraient, ses lèvres tremblaient, il allait à droite, à gauche, il semblait hors de lui-même, on ne pouvait avoir de lui aucune parole. Quand il avait savouré tout le plaisir de l'admiration et que son âme était pleine, il disait avec beaucoup de feu les impressions qu'il avait ressenties. S'il eut tenu un pinceau, nul doute qu'il ne fût devenu un grand maître ; car il avait reçu du Ciel cette flamme qui donne la vie à tout ce qu'elle touche. Il faisait des vers, on en a imprimés plusieurs ; tous méritaient cet honneur, puisqu'il y avait dans tous une grâce et un coloris inimitables. Il laissa la poésie pour ne s'occuper que des études sérieuses de la théologie. Mais, s'il ne fit plus de vers, son âme fut toujours poétique. Il suivait d'un œil attentif les recherches de la science, il savait toutes les découvertes que le chevalier de Rossi et d'autres ont faites de nos jours dans les catacombes et dans la campagne romaine. Aussi, ma visite au Vatican, avec un tel guide, ne fut pas, comme les autres fois, une course inutile à travers des chefs-d'œuvre que je ne comprenais pas, mais un enseignement et comme une classe de beaux-arts et d'histoire.

Je serrais la main du Frère en le quittant et je lui promis d'aller bientôt le voir à son monastère. Je ne tardais pas à tenir ma promesse.

Le portier était averti, je fus conduit à travers un long corridor pauvre et obscur, à la cellule du Frère qui jeta un cri de joie en me voyant et me baisa la main. Rien ne peut donner une idée de cette humble cellule. Elle était basse et étroite. A côté de la porte se trouvait le lit, et quel lit! deux bancs, trois planches, un peu de paille, deux couvertures en laine grise. c'est tout. En face et à côté de la fenêtre était une table en bois blanc sur laquelle étaient rangés en ordre quelques livres. Deux chaises vermoulues, deux gravures représentant saint François d'Assise et la Vierge du Saint-Rosaire, quatre ou cinq volumes des Pères étendus à terre formaient tout l'ameublement de la cellule. C'est là que le Frère passait ses jours et ses nuits, car il n'aimait pas à sortir, il trouvait le repos dans sa solitude.

De sa fenêtre étroite on avait une vue admirable. Là-bas, étaient les ruines du Forum, les arcs de triomphe, les temples, les colonnes en marbre qui s'élevaient, tristes et solitaires, au milieu des pierres couvertes de gazon ; plus loin, on apercevait l'arc de Titus, le mont Palatin, qui est lui-même un immense débris, couvert d'arcs, de pans de mur, d'arbres qui semblent avoir pris possession des ruines et vouloir en triompher ; au-delà, ce sont d'autres montagnes unissant leur azur à celui du ciel, partout, au-dessus, à côté des ruines, le ciel bleu, éclatant, illuminé par les derniers rayons du soleil couchant, et, comme pour reposer l'âme de cette immense tristesse, un peu cachée par le Capitole, l'église de Notre-Dame-de-Consolation, aux lieux où les ruines commencent. Elle engage l'homme à tourner son regard vers le Ciel et à mettre son espérance ailleurs qu'aux vanités de la terre. Le moine venait, sans doute, de sa fenêtre, contempler ce spectacle imposant et instructif. Il ne se doutait pas que son âme était un spectacle aussi ravissant dans sa pauvre cellule.

Après avoir considéré longtemps ces débris, ces montagnes, ce ciel limpide, je m'assis à côté de lui devant sa table de travail et nous causâmes. Il m'apprit qu'il avait étudié sept ans la théologie, à l'aide des savantes leçons de ses maîtres. Il avait ensuite analysé les grands auteurs du moyen-âge et de la renaissance, qui seront toujours les maîtres profonds et sublimes de quiconque voudra posséder à fond la science de Dieu. Il subit ensuite de grandes épreuves dont on garde le souvenir dans son ordre, et il prit ses grades en théologie. Il ne crut pas que ce fut assez pour lui de tant d'études. Il lut les Pères, les exégètes, les publicistes de son pays. Toujours le premier levé de tout le monastère, on le voyait célébrer la sainte messe avec la piété des anges, puis, se dérobant à tous les bruits du dehors, il courait à sa cellule, à ses livres bien-aimés, et, dans le silence, il se livrait à l'étude de la vérité éternelle. Il ne l'interrompait que pour réciter, sous le cloitre du monastère, les prières de la liturgie, car on l'avait dispensé du chœur. Il allait se délasser quelquefois à la promenade dans Rome ou dans sa campagne. Au retour, il reprenait ses livres et, pendant la nuit, il veillait sur une question de théologie ou d'exégèse. Les promeneurs attardés qui revenaient du Colisée ou du Forum vers le milieu de la nuit et qui montaient la rampe du Capitole, s'ils avaient tourné les yeux vers l'*Ara Cœli,* auraient aperçu une lumière vacillante qui jetait à travers la vitre d'une pauvre cellule, ses lueurs incertaines. C'était la lampe du Frère qui veillait encore, et ne se jetait sur son lit qu'à regret, vaincu par le sommeil et la faiblesse de la nature.

Je voulus savoir le motif de cette ardeur qui le mettait au-dessus de tous les soins de la terre. Je craignis un moment de rencontrer au fond de cette âme passionnée, le désir de la gloire et du commandement, l'espérance d'occuper dans l'Église un rang élevé, qui est, si on veut, aux yeux du vulgaire, un noble désir; mais qui n'en est pas moins aux yeux du chrétien, un odieux défaut, et ménage de cruelles déceptions à ceux qui s'y livrent. Je fus bientôt éclairé, l'âme du Frère se découvrit à moi dans toute sa splendeur virginale. Il me dit, avec une confiance touchante et qui m'arracha des larmes, qu'il avait un seul but dans ses laborieuses recherches, le désir de servir l'Église. Il voyait l'Église, non comme autrefois tranquille et glorieuse, régnant sur tous les cœurs et sur toutes les intelligences, se complaisant en des cérémonies majestueuses, en des chants mélodieux, en des temples riches d'or et de sculpture, partout aimée, partout honorée. Les temps étaient changés, une guerre acharnée était maintenant déclarée à cette tendre Mère. Des ennemis perfides se déchaînaient contre elle. Ils employaient tous les moyens pour séduire les peuples.

« Nous vivons, disait-il, à une époque de luttes et de combats. Le temps du repos, des fêtes, des pieuses manifestations est passé; d'autres soins, d'autres travaux nous réclament. De même que, dans un État, aux premiers bruits de guerre, tous les citoyens courent aux armes, s'exercent au combat, s'apprêtent à la lutte, de même, nous, qui sommes les fidèles soldats de l'Église, nous devons nous armer pour sa défense. Autrefois, l'Église persécutée, versa des flots de sang, et remporta sur ses ennemis, après trois siècles de luttes, une victoire éclatante. L'héroïsme des martyrs qui affrontaient la mort, excita l'admiration d'un peuple qui savait mourir, le courage des chrétiens triompha des légions victorieuses. Plus tard, l'Église attaquée par la fourbe et l'astuce, déploya le spectacle de sa charité, montra ses légions d'hommes et de femmes travaillant au bonheur du peuple et au soulagement de toutes les misères; ses hôpitaux, ses maisons d'orphelins, les nombreux asiles où l'enfance, la vieillesse, la maladie et toutes les infirmités humaines étaient recueillies. Les peuples furent touchés de tant de charité. Ils préférèrent la foi qui inspire le sacrifice à l'égoïsme orgueilleux qui se plaît dans le repos. Aujourd'hui le champ de bataille est changé, la lutte n'est plus la même. C'est au nom de la science, de la critique, des modernes découvertes qu'on attaque l'Église ; on ne nie pas qu'elle soit vénérable et sainte, qu'elle inspire le désir de la souffrance et l'amour du sacrifice. Ce qu'on lui refuse, c'est son origine divine. On l'accuse d'être le fruit de l'ignorance et de la superstition, on la considère comme l'alliée naturelle des ténèbres et l'ennemie de la science, bonne seulement à exercer une légère influence sur l'esprit des faibles enfants et des vieillards décrépits, à servir de frein aux uns et à calmer les terreurs que la tombe inspire aux autres. C'est pourquoi nous devons repousser par la raison ces attaques odieuses, qui ruinent la foi dans les cœurs, comparer la science véritable de nos livres saints à la science fausse des sages, ne pas nous contenter de maudire et de condamner, mais réfuter le mensonge insidieux et opposer à tant de faux docteurs épris de leurs rêves, la science de nos saints docteurs et leur puissant génie. C'est maintenant pour tout prêtre, pour tout religieux qui a l'intelligence des choses divines, un grand devoir de se livrer à l'étude, de répondre aux impiétés qui infectent la jeunesse des écoles. Quand je pense que nos pères dans la foi oubliaient les soins matériels de la vie pour ne songer qu'à leurs livres et à leurs études favorites, passaient la nuit à lire de savants ouvrages, à écrire ces traités sublimes qui font encore notre admiration et dans lesquels nous recevons la nourriture la plus solide de notre intelligence; je trouve que nous sommes des chrétiens dégénérés, des fils coupables, que nous n'avons plus ni foi, ni piété, ni ardeur pour le bien et le salut des âmes. Ah ! que ne m'est-il donné de servir l'Église notre mère qui nous a portés dans les entrailles de sa charité, que ne puis-je lui rendre tout le bien que j'ai reçu d'elle dans mon enfance et dans ma jeunesse ! Que je m'estimerais heureux de pouvoir porter des coups terribles à ses ennemis, lui donner la victoire dans la lutte où elle est engagée, lui assurer un avenir de gloire, ou du moins avoir l'honneur de voir mon nom cité parmi ceux qui auront contribué à son triomphe. »

* * *

Ces pensées exprimées avec feu répondaient trop à mes sentiments les plus intimes pour ne pas me toucher. Nous nous animions chaque jour l'un l'autre dans un tendre amour pour l'Église, qui devint dans nos cœurs comme une passion dominante. De jour en jour aussi, cette communauté de sentiments et de pensées unissait nos âmes de liens plus tendres et plus étroits. Nous étions en communication de prières, nous récitions le saint Office aux mêmes heures ; aux mêmes heures nous allions prier au sanctuaire, le soir, au retour de la promenade, et nous nous retrouvions en esprit aux pieds des autels. Cette affection pieuse était un adoucissement aux douleurs de l'exil. Quand le mal du pays se faisait sentir à mon âme et que la tristesse me gagnait, je reportais ma pensée vers le Frère, je songeais qu'il était près de moi, l'ennui se dissipait et mon âme redevenait sereine. Quand la tristesse était trop grande et paralysait l'élan de mon cœur, que je me voyais sur le point de succomber à ma douleur ou de fuir la terre étrangère, le soir, au sortir du cours et cachant mes livres sous les plis de ma manteletta, je courais à l'*Ara*

Cœli, une parole, un regard du moine me rendait le courage et la vie. Que de fois j'ai été le fatiguer de mes plaintes ! Que de fois j'ai troublé sa retraite ! Je ne crois pas l'avoir une seule fois importuné ; il m'accueillait toujours avec la même joie et les mêmes sourires.

Nous allions quelquefois, le jeudi, à la promenade hors des murs de Rome. La campagne romaine que j'aime tant me paraissait plus belle, plus attrayante quand nous nous perdions ensemble dans ces vastes solitudes, et que nous explorions les acqueducs, les ruines, quelque temple solitaire. Quand nous étions tout seuls dans une église, que personne ne pouvait nous entendre après avoir corrompu la fidélité du gardien, ce qui n'était pas difficile, je le priais de se mettre à l'orgue ou à l'harmonium. Il faisait vibrer l'instrument sacré, car on lui avait tout appris, et je savourais l'harmonie que ses doigts produisaient. Quelquefois il me priait d'entonner un air d'Église, un psaume, une hymne, l'antique chant de la Préface ; il enveloppait ma voix dans les notes les plus savantes et la rendait mélodieuse. Il y avait en cela peut-être une naïveté enfantine, mais pourquoi ne pas le dire, puisque nous l'avons fait ?

Quand nous étions fatigués de la route, nous allions nous asseoir sur une rive émaillée de pâquerettes, sur un mur délabré ou un tombeau en ruine. Nous parlions de nos études, de l'Italie, de l'Europe, de l'Église, notre mère bien-aimée. Il connaissait tout ce qui se publiait en Allemagne, en France, en Angleterre; il suivait d'un œil attentif les grandes luttes de l'Université de Louvain, qui passionnèrent un moment la France et Rome elle-même. Il savait tout, et je me demandais quelquefois comment faisaient de pauvres moines ne recevant ni journaux ni revues, pour suivre le mouvement intellectuel de l'Europe. Ils avaient les ressources du moyen-âge, où les livres, les lettres, l'arrivée d'un nouvel hôte suffisait pour répandre des flots de science et de lumière dans les monastères.

Quant à la politique, il s'en mêlait un peu comme tous les moines de l'Italie. Il aimait sa patrie, il la voulait grande et glorieuse, mais il ne partageait pas les fausses idées de tant d'hommes abusés, quoique chrétiens encore par le cœur, qui ont cessé de l'être par l'esprit. Il avouait qu'il n'y a pas de grandeur véritable pour l'Italie, en dehors de l'Église et du Pape. Il augurait mal du mouvement italien qui commençait; il pensait qu'il ne pourrait aboutir, que la lutte serait plus longue et plus sérieuse qu'en 1848, par la raison toute naturelle que l'Italie avait des amis puissants et était soutenue; mais qu'à la fin elle succomberait, que le Pape serait un jour l'arbitre de ses destinées. C'est ainsi que nous employions nos loisirs du jeudi. Nous rentrions dans Rome à la nuit tombante, quelquefois des hauteurs du Mont Pincio ou de la terrasse du

Capitole nous contemplions le soleil qui disparaissait à l'horizon, derrière le dôme de Saint-Pierre, pâle et affaibli, mais laissant après lui une traînée lumineuse et des teintes admirables où l'or et la pourpre unissaient leurs brillantes couleurs. Nous nous quittions ensuite. Le lendemain de ces promenades solitaires, il me ménageait quelquefois d'aimables surprises, il m'envoyait le récit de nos courses aventureuses, en vers limpides et gracieux comme tout ce qu'il écrivait.

Ce n'était pas le moine austère et sombre, comme on se l'imagine. Sa figure était souriante, son âme s'attachait aisément, il n'y avait en lui, point de fiel, point de haine. Il se souvenait des injures reçues ; mais pour bénir et pardonner. Il ignorait le sot orgueil qui inspire le mépris des autres. Un jour il prêchait dans une église de Rome. Confondu dans la foule des hommes et des jeunes gens qui se pressaient autour de la chaire, j'admirais son éloquence. Tout-à-coup, on entend le bruit d'un carrosse, le piétinement des chevaux sur le pavé, le murmure pieux du peuple ; c'était le Pape qui arrivait. Les portes du monastère s'ouvrent ; il traverse le cloître, il entre dans le chœur de l'église, et, caché par l'autel, il entend l'éloquent panégyriste. Il fallut du temps à la foule pour revenir de l'émotion causée par l'arrivée du Saint-Père. L'humble religieux ne se doutait pas de l'honneur qu'il recevait ; il parla avec le même feu, la même science, la même piété qu'auparavant. Il quitta la chaire avec la conviction intime qu'il était resté au-dessous de la tâche imposée à sa faiblesse. Quelle ne fut pas sa surprise, en traversant le chœur, d'y trouver le Saint-Père, joyeux et souriant, qui, de ses doigts, toucha légèrement sa joue en lui adressant les paroles les plus tendres et les plus flatteuses ; il tomba à ses pieds, les embrassa avec effusion et les baigna de larmes.

Je concevais pour lui les plus légitimes espérances, j'entrevoyais un avenir de gloire, mais de cette gloire que les saints recherchent et qui consiste à servir l'Église et Jésus-Christ. Il me semblait le voir un jour à la tête de la théologie romaine et de l'opinion publique de l'Italie. Il me semblait qu'un Ventura ou un Rosmini, mais plus soumis à l'Église, se cachait en lui. Je lui disais souvent : « Bientôt je vais retourner dans ma patrie, je vais revoir mes amis, mon père, ma mère, je ne reviendrai plus. Mais quand vous vous serez fait un nom par vos écrits, vous m'enverrez vos livres, et moi, avec une piété fraternelle, je me mettrai à l'œuvre ; je ferai passer dans notre langue vos enseignements, et là-bas, je vous ferai connaître. »

* * *

Hélas! ce beau rêve ne devait pas se réaliser, ces espérances allaient s'évanouir. Je le vis dépérir. Il n'avait plus la même vigueur qu'autrefois, il ne pouvait me suivre dans nos courses à travers la campagne romaine. La nuit, il ne veillait plus, d'abondantes sueurs épuisaient ses forces. Un mal inconnu le consumait; tous les soins, tous les remèdes furent inutiles: il déclinait de jour en jour. Je comprenais que c'était fait de lui et que sa vie allait s'éteindre; mais j'écartais de mon esprit la triste réalité, n'ayant pas la force d'en supporter la pensée. Plus il souffrait, plus il voyait l'impuissance des remèdes qu'on lui prodiguait, plus il paraissait heureux, plus il avait de sourires. Il ne conservait point d'illusion, il savait que sa vie allait finir et il était content. Il parlait de sa mort prochaine avec une joie étonnante, il soupirait après le jour où il quitterait la terre, comme on désire l'heure où on partira pour un voyage lointain.

Je ne pouvais penser à lui, sans m'attrister, je ressentais au dedans de moi un déchirement qui n'était plus une peine morale mais devenait une douleur physique. Je redoublais mes soins et mes visites, et chaque jour, après la classe, j'allais passer une heure près de lui.

Je le quittai avec regret pendant un mois. Une affaire urgente m'appelait hors de Rome. A mon retour, je volai à l'*Ara Cœli*. Je demandai des nouvelles du moine. On me répondit qu'un de ses parents l'avait conduit, avec la permission de ses supérieurs, à Albano, où la douceur du climat, la fraicheur des arbres, la vue de la mer et d'une campagne séduisante amèneraient une réaction dans l'état du malade, et rétabliraient peut-être une santé déjà bien chancelante.

Le lendemain, aux premières clartés du jour, je me dirigeai, à travers les ruines, vers la porte de *San Giovanni Laterano* qu'on venait d'ouvrir et je pris le chemin d'Albano. Les prairies verdoyantes, les ruines sévères que je voyais au loin dans la plaine, les tombeaux de la voie Appienne, la tour dorée de Cecilia Metella qui autrefois réjouissaient mon âme quand je venais de ce côté savourer la vue des monuments, ne faisaient sur moi aucune impression. Mon esprit et mon cœur étaient ailleurs. Je fus bientôt forcé de me distraire par d'autres pensées, n'ayant pas la force de supporter tout seul tant de tristesse.

J'arrive à la maison où le Frère recevait les soins d'une pieuse affection. Il se levait tard et n'allait à l'église que le dimanche. Dès qu'il me vit, il sembla renaitre à la vie. Nous nous tinmes longtemps embrassés et nos larmes coulèrent. Il était pâle et défait ; un peu de rougeur, mais de cette rougeur terne et maladive qui est un indice de mort, colorait ses joues amaigries : ses yeux enfoncés dans leur orbite n'avaient rien perdu de leur éclat; mais la lumière qui en jaillissait était trop fixe. Son cœur paraissait oppressé, une toux opiniâtre desséchait sa poitrine et ses lèvres. Je lui dis que je venais passer une journée avec lui ; s'il voulait me suivre, je parcourrais les alentours d'Albano, lui offrant l'appui de mon bras, et, au besoin, le char qui m'avait amené de Rome. Il préféra marcher. Nous sortîmes d'Albano, nous nous engageâmes dans la galerie qui mène du lac à Castel-Gandolfo, riante promenade plantée d'arbres séculaires. La fraicheur de l'air, les rayons d'un soleil ardent qui se faisait sentir encore, bien que la saison eut décliné, la vue des prairies, des ruines, des forêts et des montagnes avait ranimé ses forces. Nous allâmes nous asseoir près du chemin, au pied d'un chêne.

C'était une belle journée d'automne. Pas un nuage au ciel, pas une tache à son azur.

La brise légère qui venait du nord-est, avait dissipé tous les brouillards, l'air était transparent. Le soleil réchauffait de ses derniers rayons l'atmosphère ; à sa douce chaleur on semblait renaitre. Nous avions, en face de nous, le Monte-Cavi qui domine les montagnes d'alentour comme un géant audacieux. A nos pieds s'étendait le lac d'Albano. Le vent qui, des flancs de la montagne, se précipitait sur ses eaux endormies, en plissait légèrement la surface. Partout, autour de nous, des prairies verdoyantes ; des jardins où les roses, les jasmins, les dahlias éclataient au milieu de la verdure ; des champs de vignes aux larges pampres qui n'abritaient plus les fruits vermeils ; des forêts d'arbres qui jaunissaient où les feuilles vertes et dorées faisaient un agréable contraste. C'était la vie et la mort qui luttaient, ou mieux qui régnaient ensemble sans haine et sans jalousie. Les rigueurs de l'hiver ne l'avaient pas encore emporté sur les douces chaleurs de l'été. Aux pieds de la montagne, où s'élève Albano, on voyait la campagne de Rome séparée en plusieurs zones où l'œil distinguait aisément les prairies toujours vertes et la terre fraichement labourée par le tranchant de la charrue, et au-delà Rome qui terminait le paysage, Rome avec sa grande ligne blanche où s'élève, au-dessus de tout, parmi les palais et les églises, le dôme étincelant de Saint-Pierre. De l'autre côté, au couchant d'Albano, s'étendait la mer calme et paisible comme une glace et azurée comme le ciel ; les barques légères avec leurs voiles blanches la sillonnaient dans tous les sens et lui donnaient la vie. Le Frère et moi nous admirâmes longtemps ces beautés de la nature. Nous respirions mieux, une vie nouvelle descendait dans notre poitrine avec la chaleur vivifiante du soleil et la douceur de l'atmosphère.

Nous parlâmes de l'Église, de l'Italie et de la France ; je lui apportai les nouvelles que j'avais pu recueillir. Je lui demandai s'il avait écrit à ses parents pour leur apprendre sa maladie. Nous fûmes amenés à parler de Catane, de sa jeunesse, des motifs qui l'avaient poussé à se jeter dans le cloître, et il me fit ce récit plein de charmes :

*
* *

« J'appartiens à une des premières familles de Catane, ce n'est pas la pauvreté ni le désir d'une vie tranquille qui m'a inspiré le goût de la vie religieuse. J'ai voulu me donner entièrement à Jésus-Christ et à son Église. Voilà pourquoi j'ai dit adieu à mes parents, à ma douce patrie que sans doute je ne reverrai plus, j'en fais à Dieu le sacrifice. Vous désirez savoir peut-être comment j'ai eu cette pensée, je vais vous satisfaire, écoutez-moi. »

Il parlait à voix basse, les paroles tombaient une à une de ses lèvres expirantes ; mais, il y avait toujours dans son langage la même distinction qu'autrefois, et je ne rends que d'une manière imparfaite, le discours qu'il eut la force de me tenir :

« Dès l'âge le plus tendre, j'ai fait mes délices de l'Église. Quand les enfants de mon âge allaient sur les places publiques ou sur le rivage de la mer se livrer à des jeux bruyants, je courais à l'église, je prenais part avec bonheur aux prières de la liturgie. Il n'y avait pas une fête à l'église de Sainte-Agathe, pas un Salut, pas un Rosaire, que je n'y fusse présent. A cet âge si tendre on a besoin d'être aimé, on a besoin d'aimer. Je voulus avoir un ami et vous trouverez bien étrange le choix que fit mon cœur. Pardonnez-moi, si je ne vous cache rien, je vous dis les choses comme elles se passèrent, avec la naïveté de l'enfance. Au lieu de choisir un ami bruyant, peut-être dissipé et sans piété, comme j'eusse pu en trouver un à Catane, je vouai mon affection à notre illustre Sainte, la martyre sicilienne. J'allais tous les jours prier dans son église ; quand j'étais auprès d'elle et de son image, que je la priais avec effusion, que je lui disais tout ce qui se passait dans mon âme attendrie, implorant le secours de ses prières et de sa protection, il me semblait qu'elle me répondait, que je l'entendais et dans mon cœur il se formait comme un colloque mystérieux avec ma Sainte bien-aimée. Quelle joie était la mienne quand personne ne m'apercevait et que je pouvais imprimer un pieux baiser sur sa tombe ! Au printemps et à l'automne, quand les fleurs émaillaient le jardin de mon père, qu'au milieu de la verdure éclataient la rose, l'œillet, le jasmin et l'hyacinthe, je me jetais sur les fleurs, j'en cueillais de longues tiges, je tressais des couronnes et des bouquets, et joyeux j'allais porter devant l'image de ma Sainte, l'hommage de mon affection. Je ne doute pas que ce ne soit elle qui m'inspira le désir d'embrasser le sacerdoce. La première pensée m'en vint à son église, quand les prêtres étaient à l'autel ; j'enviai leur sort et comme eux je voulus offrir le saint sacrifice.

« On me fit commencer des études plus sérieuses que celles où je m'étais livré dans la maison de mon père. Je suivis les cours de l'Université et comme je mettais à mes devoirs de classe l'ardeur que je montrais en toute chose, je devins bientôt le premier de ma classe, on me cita comme le modèle des élèves. Tant d'éloges me blessèrent, je craignis les séductions de la vanité. Après avoir longtemps hésité, longtemps combattu, je pris la résolution de faire le sacrifice de ce qui m'était le plus cher et d'aller me cacher dans un cloître. Je m'en ouvris à mes parents qui firent d'abord quelque résistance et comprirent bientôt que je n'étais pas fait pour eux, qu'ils devaient me laisser au Dieu qui voulait avoir toute mon existence. J'allai une dernière fois prier au tombeau de sainte Agathe; la douleur que j'éprouvais en la quittant était si vive, que je fondis en larmes. J'appuyai mon front sur le marbre où elle repose et je restai là près d'une heure en proie à la tristesse et à la douleur. Enfin, je me levai comme à regret et je sortis de Catane. J'entrai dans l'ordre de Saint-François qui me paraissait convenir le mieux au désir que j'avais de vivre dans la solitude et l'obscurité. Je fis des efforts pour cacher les dons que le Ciel m'avait faits. Mes frères me devinèrent bientôt et se hâtèrent de m'envoyer à Rome, croyant que je pourrais mieux dans cette ville servir l'Église et honorer leur ordre. Ils n'ont pas été déçus dans leur espoir, le succès est venu me chercher à Rome comme à Catane. Je n'avais qu'une pensée: servir l'Église, la défendre par mes écrits et ma parole, mourir pour elle, s'il le fallait. Il me semblait que j'aurais trouvé le bonheur si, en face des persécutions que j'entrevois dans l'avenir, j'avais pu faire entendre une parole énergique pour la défense de l'Église et de la Papauté, et mourir victime de mon courage.

« Mais aujourd'hui je sens que je m'en vas, mes forces m'abandonnent, la vie peu à peu se retire de moi et mon cœur se glace; je reconnais que l'Église n'a pas besoin de moi, n'a besoin de personne. Elle est immortelle, Jésus-Christ lutte et combat avec elle. L'Église, c'est Jésus-Christ naissant de nouveau sur la terre avec son humanité comme il naît éternellement dans le sein de son père. Comme l'aigle arrivé à la fin de sa course, quand la vigueur l'abandonne et qu'il va mourir sent une vie nouvelle courir dans ses membres et reprend l'éclat de la jeunesse, ainsi l'Église arrivée à la vieillesse et comme accablée sous le poids des années, quand elle semble abandonnée de tous, des rois qui furent ses nourriciers, des peuples sur lesquels elle étendait autrefois son empire, sent une vie nouvelle circuler dans ses veines, elle fleurit encore et reprend la mâle vigueur de sa jeunesse. Ceux qui aujourd'hui avec une rage insensée voudaient la détruire, un jour lui reviendront; ils seront peut-être ses plus zélés défenseurs.

Autrefois, elle lutta contre les tyrans; elle versa des flots de sang et mit à souffrir et à mourir la même constance que les Césars à la torturer. La patience des victimes lassa la cruauté des bourreaux. L'autorité souveraine fût désarmée; elle tomba vaincue aux pieds du Christ, la croix humiliée brilla sur le front des Césars qui l'avaient proscrite. Maintenant, l'Église lutte partout contre un ennemi aussi terrible que les Césars, l'impiété. Les Césars voyaient dans la liberté chrétienne, l'ennemie de l'affreuse tyrannie qu'ils étendaient sur le monde, et l'impiété voit dans l'Église protectrice de l'ordre et du repos une puissance qui lui est hostile. Elle comprend que l'Église lui portera des coups mortels, elle la déchire de ses calomnies, elle lui ôte ses biens et ses domaines, elle proscrit ses défenseurs, elle soulève contre ses chefs la haine universelle. Mais on commence à la connaitre. Les yeux s'ouvrent, beaucoup d'âmes séduites par ses mensonges sonores reviennent à l'Église ancienne parce qu'elles voient en elle l'amie des peuples et d'une sage liberté. L'Église va faire revivre les traditions anciennes de l'autorité qui sont perdues. Le jour de son triomphe n'est pas éloigné La moisson est proche, les épis jaunissent. L'Église remportera bientôt les victoires les plus glorieuses. Les rois sont impuissants contre l'impiété qui menace leurs trônes; l'Église seule est assez forte pour la terrasser.

« Pour moi, je ne ferai rien pour elle dans la lutte qui commence, je ne suis plus qu'un souffle qui peut s'éteindre d'une aurore à l'autre. Je ne puis descendre dans l'arène pour combattre; il ne me reste plus qu'à mourir. Du haut du Ciel où je serai bientôt, j'assisterai à ses combats, je prendrai part à ses triomphes. Je lui donne tout ce que j'ai, ma vie, mes pensées, le dernier battement de mon cœur, mon dernier souffle. »

Il était agité, je partageais son émotion, nous gardâmes longtemps le silence et nous promenions nos regards sur le lac mollement ridé par la brise, sur la campagne romaine éclairée des rayons éclatants du soleil, sur Rome qui brillait au loin, enveloppée d'une atmosphère de vapeurs et de fumée, sur la mer qui reflétait les couleurs du ciel et les feux que le soleil dardait sur elle.

Le soleil avait accompli les trois-quarts de sa course, il déclinait à l'Occident. Nous nous levâmes et, à travers les jardins où brillaient les jasmins et les roses dont la brise nous apportait les senteurs, nous arrivâmes à la demeure du Frère. Il marchait lentement, appuyé sur mon bras. La promende et la conversation avaient affaibli son corps, mais fortifié son âme. A voir l'animation répandue sur son visage et dans ses yeux, on eut cru que le mal faisait moins de ravages. Je l'embrassai une dernière fois et lui promis de revenir.

*
* *

Le jeudi suivant, à l'heure convenue entre nous, je repris le chemin d'Albano, j'étais moins triste que l'autre fois, je nourrissais plus d'espérances. O déception! j'arrive à la maison du Frère, il n'y était plus, sa dépouille mortelle avait été confiée à la terre. Il était mort le mardi après notre entrevue, à cinq heures du matin, dans une crise épouvantable contre laquelle tous les remèdes furent impuissants. Il était mort dans le baiser du Seigneur avec une résignation pieuse; on l'entendait prier pour l'Église, pour ses parents, pour ses amis. Un religieux de son ordre, qui était venu la veille de Frascati, l'avait assisté à son agonie, ses doigts lui fermèrent les yeux.......

Je restai longtemps muet d'étonnement et de douleur. A la fin, je fondis en larmes, je me fis conduire aux lieux où ses restes avait été déposés, où il dormait son sommeil de paix, en attendant le réveil de la résurrection. La terre était fraichement remuée. Elle s'élevait comme un tertre au-dessus du cercueil, au milieu d'un gazon émaillé de fleurs. Je pleurai longtemps, je tombai à genoux, je priai, j'imprimai mes baisers sur la terre, ne pouvant toucher de mes lèvres le front glacé du Frère, et son humble cercueil; je formai une couronne de fleurs, je la placai pieusement sur la terre où il reposait, et je revins à Rome.

Ce Frère est le seul que j'ai connu intimement. Mais dans son monastère et dans les autres, que de saints religieux, que de savants, que d'âmes d'élite vivent et meurent inconnus, oubliés comme lui! Que de trésors de science et de sainteté sont enfouis dans ces maisons calomniées! Au sein du mépris et de la pauvreté vivent des âmes qui font la joie des anges, qui feraient l'étonnement et le bonheur des hommes, si on les connaissait; mais le Ciel les cache par un dessein particulier au monde frivole qui n'est pas digne d'elles, comme dit saint Paul: *Quibus mundus non erat dignus.*

MONTE-CAVI ET TUSCULUM

29 Décembre.

Comme nous en étions convenus, il y a huit jours, on vient me prendre de bon matin, et, à sept heures, nous partons pour Frascati.

Le wagon nous fait traverser rapidement la campagne romaine, triste comme toujours. La gelée a blanchi l'herbe, a ôté au paysage toute sa vie. *Prata canis Albicant pruinis.* On voit au loin des tours solitaires, des aqueducs aux larges arcades, aux piliers crevassés, couverts de lierre; à l'Est, les montagnes de la Sabine où la neige étincelle. Le ciel est transparent. Au pied de cette montagne qu'ombrage une forêt d'oliviers est la gare du chemin de fer. Frascati est au-dessus. Il est neuf heures. Nous arrivons. Nous voilà dans le chemin qui mène à Frascati.

Cette petite ville a retenu de nobles restes de sa prospérité passée. Les magnifiques villas Torlonia, Aldobrandini et Falconieri, qui s'élèvent au milieu des eaux et des arbres, rappellent les villas des patriciens Romains. Au milieu de tant de splendeurs, on croit rêver, on croit vivre aux temps de l'ancienne Rome.

Nous prenons la route du *Monte-Cavi.* Nous grimpons quelque temps, puis nous descendons et nous traversons la plus riche plaine. Nous montons encore et nous prenons la voie tortueuse qui traverse *Rocca di Papa.* Cette humble cité est assise sur la crête d'un rocher abrupte. Elle tient à peine. On dirait qu'elle va tomber et qu'il faut la soutenir. Avant d'y arriver, nous traversons un bois de chênes où je découvre des genêts en fleurs. Il me semble voir la Provence et notre villa où ces fleurs viennent si bien, et un rayon de joie descend dans mon âme.

Rocca di Papa est mal bâtie et plus mal tenue encore. On dirait que la pauvreté en personne s'y est refugiée. Et pourtant la race y est superbe. Les hommes sont vigoureux, les enfants ressemblent aux anges de Raphaël ou du Dominiquin. Expliquez ce mystère si vous le pouvez.

Au sortir de *Rocca di Papa,* se trouve un champ très vaste qu'entourent des rochers élevés. La température y est fort douce. Pendant l'hiver, les petits enfants léger-vêtus viennent y jouer, les hommes deviser, les moutons brouter l'herbe et dormir. C'est là qu'Annibal établit, dit-on, son camp; le champ porte encore le nom de ce grand homme. Prenons ce chemin qui serpente sur le flanc du *Monte-Cavi* et mène au sommet de la montagne. C'est la voie sacrée si célèbre autrefois. Depuis Tarquin le superbe, qui la traça, jusqu'à nous, que de grands hommes ont foulé ces dalles qui apparaissent encore çà et là. Le paysage s'étend. A droite, s'élèvent les montagnes de la Sabine et celles de Tusculum. Aux pieds de la montagne et au nord, s'étend la campagne de Rome brûlée par le froid et désolée, n'ayant ni arbres, ni jardins, ni villas. Au loin, c'est Rome se déroulant comme une ligne blanche qui se confond avec la brume. Cependant, on distingue assez nettement ses murailles, ses dômes, ses clochers. Le mont Soracte termine le paysage du côté du nord. A l'ouest, c'est la mer d'un azur sombre qui baigne les bords d'Ostie et de *Fiumicino*. Les marais d'Ostie réflètent les rayons du soleil. On dirait un vaste brasier. Au-dessous de nous, et tenant à la montagne, s'étend le lac d'Albano ; ses rives sont élevées et brûlées du soleil comme le rivage de la mer. Au-dessus du lac on voit Castel-Gandolfo avec son château des Papes, et sa façade blanche. La voie sacrée fait un détour et nous découvrons le lac de Némi, frais, solitaire, qu'entoure une belle rive toujours verte : on dirait un miroir orné d'émeraudes; les anciens l'appelèrent pour cette raison, le miroir de Diane.

Enfin, nous atteignons, après une longue marche, le sommet de la montagne où s'élève le couvent des Passionistes, sur les ruines du temple de Jupiter Latial. Le froid y est très vif. Entrons dans cette cahute enfumée où pétillent sur l'âtre des ronces et des pommes de pin.

Après le diner que les Pères nous ont servi, nous

faisons le tour des ruines. Mon Dieu! quelle vue et quel ravissement! Là, sous nos pieds, apparaissent Lavinium, Ardée, Laurentum, Velletri, Porto d'Anzio, le cap Circé, les Marais-Pontins, Terracine et son île. Il semble qu'on va les toucher de la main.

Le soleil déclinait, et l'aiguille de notre montre marquait deux heures. Nous saluons les bons Pères, nous jetons un dernier regard sur le paysage, et nous nous hâtons de descendre. Nous marchons, nous courons, nous volons craignant de manquer le convoi. Les pierres sous nos pas jaillissent. Avec la rapidité de l'éclair, nous traversons *Rocca di Papa*. Pour abréger, nous passons à *Grotta-Ferrata* et nous allongeons. Enfin, nous sommes à Frascati. Un coup de sifflet vient frapper nos oreilles. Vite! vite! nous arrivons à temps. Nous dévorons l'espace qui sépare Frascati de la gare. Encore quelques pas et nous y sommes. Le train n'est pas encore parti. Voilà la locomotive qui chauffe, la colonne de fumée nous l'indique. Essouflés, nous entrons en gare. Hélas! la cloche tinte, le train part, le train est parti. Tant mieux, je me reposerai ici des fatigues de la journée.

Je cours à l'hôtel de Londres, j'y ai dîné et dormi. Le matin, à 5 heures, les cloches de la cathédrale me réveillent. Je me lève et, malgré l'obscurité de la nuit, je forme le projet d'aller voir les ruines de Tusculum. Je longe les murs de la cathédrale, je m'engage dans une voie qui monte toujours. Un double rang d'escaliers me conduit au couvent des capucins. Je reprends le chemin que j'ai laissé, je pousse un portail en fer, me voilà à la *Ruffinella,* l'ancienne villa de Cicéron. Une longue allée de chênes me conduit à la cime de la montagne. La nuit était sombre, la lune qui était à son déclin ne m'envoyait, à travers le feuillage pâlissant des arbres, que des rayons blafards. Le moindre bruit que j'entendais m'effrayait. Je m'égarai plusieurs fois, mais on m'avait si bien renseigné, que je finissais toujours par retrouver ma route. Arrivé au sommet de la montagne, je ne savais plus de quel côté diriger mes pas.

Tout à coup, je me trouve au milieu d'un troupeau. Les chiens aboient, éveillent le berger qui vient à moi et me rassure. Il veut me servir de guide.

La lune jetait ses derniers rayons, l'aurore se levait douce et vermeille. Les Apennins couverts de neige se dessinaient sur l'azur du ciel. Du creux des vallons, le brouilard montait sur le flanc des montagnes qu'il finissait par couvrir comme d'un vêtement étincelant de blancheur. Les étoiles pâlissaient au firmament. Vénus seule résistait aux premiers feux de l'aurore et brillait encore comme une reine au milieu de tous ces astres qui s'éteignaient. Nous marchons, nous atteignons bientôt les ruines de Tusculum.

Des tombeaux épars sur la pelouse, des tronçons de colonnes qui obstruent la voie, quelques pans de murs écroulés, un théâtre, c'est là tout ce qui reste de l'ancienne Tusculum. Le théâtre se dresse au pied de l'ancienne citadelle. La scène et les gradins sont bien conservés. Une inscription atteste la découverte récente de ces ruines sous le règne de Grégoire XVI. Sur ce théâtre furent joués les chefs-d'œuvre de Plaute et de Térence, peut-être ceux de Sophocle et d'Euripide. Que de paroles impies furent prononcées devant ces gradins aujourd'hui silencieux, autrefois animés et bruyants. Que d'horreurs peut-être ont vu ces lieux, si tout ce que les auteurs racontent des mœurs des anciens Romains est véritable.

Je prends le chemin qui mène à la citadelle. En peu de temps, j'ai gravi le sommet de la montagne où Télégone vint bâtir sa ville après avoir donné la mort à Ulysse, son père. Ce rocher est entouré d'abimes de tous les côtés. Une croix y fut plantée pour montrer que rien ne peut résister à sa vertu puissante, qu'elle lave et purifie toutes les souillures, qu'elle domine toutes les ruines comme elle survit à toutes les attaques dont elle est l'objet.

D'ici, la vue est encore plus belle que du Monte-Cavi. C'est Rome assise sur les sept collines et la vaste étendue de la campagne romaine qui se déroule tout entière devant moi, c'est le mont Soracte, isolé au-delà du Tibre aux flots dorés, ce sont les montagnes lointaines de l'Etrurie, la ligne interminable des Apennins, le pays des Volsques, la vaste mer d'un azur profond que les premiers rayons du soleil empourprent Le soleil se levait derrière les Apennins, ses rayons glissaient sur la neige qui jetait un vif éclat. Le ciel était en feu. Des nuages violets, rouges, dorés volaient au-devant du soleil, comme des courtisans obséquieux vont à la rencontre de leur maître, et traçaient à l'Orient, au-dessus des montagnes, les lignes les plus gracieuses. Au loin et au-delà de Rome, les montagnes prenaient des teintes brillantes. La plaine passa d'un trait, tout entière, de l'ombre et de l'obscurité de la nuit à la lumière. Le spectacle était ravissant.

On dut voir quelque chose de semblable, à la création, quand le soleil brilla pour la première fois à l'Orient et dissipa la nuit éternelle. Mes sens étaient tellement absorbés par la grandeur du spectacle qui se déroulait sous mes yeux, que je ne sentais pas le vent froid et glacial que les Apennins m'envoyaient. Le manteau sur l'épaule et la tête appuyée sur la main, j'admirais, je contemplais en silence.

L'heure du départ approchait. Malgré moi je m'arrachai aux douces émotions de ce spectacle et je descendis la montagne. J'eus bientôt atteint la *Ruffinella,* grande et belle villa qui s'élève au flanc de la montagne. Une large terrasse l'environne. Des cyprès qui forment tout autour une puissante barrière contre la violence du vent, lui donnent un je ne sais quoi de grave, d'harmonieux et d'antique, qui rappelle Cicéron. Là, habita le prince des orateurs ; là, dit-on, furent composées les Tusculanes ; là, Cicéron venait avec ses amis parler des dieux, de leur origine, de leur nature, de l'immortalité de l'âme, de notre vie au-delà du tombeau ; là, habita cette sagesse antique et cette philosophie qui fut l'aurore du christianisme.

La *Ruffinella* appartient aujourd'hui à Victor-Emmanuel !

1859

THERMES DE CARACALLA

5 Février.

Chacun a sa manière de voir; suivant moi, les deux monuments les plus importants de Rome, qui étonnent le plus par leur grandeur et leur magnificence, ceux qui donnent la plus haute idée de la puissance romaine, et à qui on ne peut rien comparer dans le monde, ce sont les thermes de Caracalla et le Colisée; ces deux géants qui ont survécu à l'ancienne Rome et semblent se donner la main par dessus le plan incliné du mont Cœlius, tous les deux pleins de majesté, sublimes de grandeur et de tristesse. Tous les deux sont encore assez bien conservés pour donner une idée de leur forme primitive. Si le marbre, si les colonnes élégantes et les mosaïques ont disparu, les grands murs, les arcades gigantesques demeurent, et on peut comprendre aisément tout ce que l'art et le génie avaient jeté de richesse et de grandeur sur ces masses effrayantes. Mais les troncs de colonnes qui gisent à terre, les voûtes qui s'effondrent, les murs lézardés, les arceaux ébranlés, le lierre qui grimpe le long des pierres et les recouvre, l'herbe solitaire qui se dresse sur les ruines et que le souffle du vent fait onduler, inspirent la pitié et jettent l'âme dans une profonde mélancolie. Tous les deux ont inspiré aux générations qui se sont écoulées tant d'étonnement qu'on n'a presque osé y toucher. Le temps lui-même les a respectés. Ils sont encore debout, tandis que les élégants portiques, les riches palais, les temples éclatants d'or et de peinture sont tombés sous la faux du temps, et sous le marteau barbare des envahisseurs. Ils ont eu enfin la même destinée, bien qu'ils fussent consacrés à des usages différents, dans la pensée des empereurs qui les ont élevés. Le Colisée était consacré aux combats sanglants de l'arène. Au milieu de l'amphithéâtre, les gladiateurs combattaient, les chrétiens étaient livrés aux bêtes, et, de ces gradins qui restent encore, une foule avide de carnage contemplait l'horrible spectacle. La terre qui est au fond a bu des ruisseaux de sang. Les thermes de Caracalla étaient consacrés à d'autres plaisirs. Là, étaient les bains chauds, tièdes, froids, comme les désirait la foule capricieuse; là, se donnaient les jeux de l'ancienne Grèce: la course, le pugilat, le ceste; là, enfin, on venait savourer les plaisirs de l'esprit, on pouvait lire les chefs-d'œuvre de la Grèce et de Rome, contempler les trésors de peinture et de sculpture enfouis dans les vastes salles de l'édifice. Et pourtant, une terreur mystérieuse vous saisit, quand vous avez franchi le seuil des thermes, la tristesse vous gagne, vous avez froid au cœur, tandis que tout semble, aujourd'hui, réjouissant au Colisée. Ah ! c'est que les thermes de Caracalla furent témoins et complices des crimes de toute sorte inventés par la luxure romaine. Ces lieux ont vu tous les raffinements du vice, imaginés par un peuple qui avait uni la corruption à la puissance. Le sang qui purifie n'a pas passé par là; ces murailles délabrées portent l'empreinte des crimes qui les souillèrent. Il n'en est pas ainsi du Colisée; il y a eu dans son enceinte beaucoup de crimes commis, beaucoup de meurtres, et dans ses souterrains se sont déroulées de sanglantes tragédies. Là, sous ces voûtes sombres, s'ouvraient d'infâmes lupanars, et pourtant, le Colisée a une physionomie toute chrétienne, ses ruines respirent un sentiment religieux, on y prie avec piété, on oublie les crimes qui furent commis dans l'immense édifice. Ah ! c'est que la croix du Christ a pris possession de ces ruines, la croix s'élève au milieu d'elles et les couvre de son ombre. La croix signifie : oubli, pardon, miséricorde ; de plus, le sang des martyrs qui a coulé à flots au milieu de ces ruines les a sanctifiées. L'impie Colisée, l'odieux théâtre de la corruption et de la cruauté romaine est un des saints lieux de la ville éternelle, et tous les chrétiens qui viennent à Rome, veulent toucher de leur front et de leurs lèvres cette terre sacrée ; puissance admirable du sang versé et de la Croix triomphante du Christ qui transforme toutes choses !

Les thermes s'élèvent dans la cité des ruines et des tombeaux, au sein de la vieille Rome, à peu de distance du tombeau des Scipions et de l'antique porte Capène, en face du Colisée et derrière l'Aventin; il ne reste presque plus rien de ce monument, de ses portiques, de son cirque, de ses marbres, de ses colonnes, de ses statues de marbre et de bronze. Non-seulement on a dépouillé ses murs, enlevé aux vastes salles, qui demeurent encore, leurs plus beaux ornements, mais encore, on a creusé la terre, on a fouillé partout, et la main avide de l'antiquaire n'a rien voulu laisser de ce qui concourait autrefois à la splendeur des thermes. Chose singulière, les richesses qui étaient accumulées autrefois dans ce monument, Rome ne les a pas gardées. Elles ont embelli Naples et Florence; et cependant, ces ruines sont toujours belles. Ces murailles grisâtres, épaisses comme des remparts, élevées comme des montagnes; ces larges salles, qui sont encore, sans contredit, les plus vastes de l'univers; ces voûtes qui se cramponnent aux murs et qui tiennent encore quoique profondément lézardées, effrayent, étonnent; on se sent faible et petit à côté de ces merveilles. J'ai voulu monter au sommet de l'édifice. Le guide me conduisait à travers le lierre qui couvre la pierre et en dissimule les profondes lézardes. Il marchait devant, parlant toujours, je le suivais pas à pas, plus attentif où je mettais le pied qu'à ses paroles. A la moindre distraction, j'aurais été précipté d'une hauteur prodigieuse. Quel beau spectacle on a de ce lieu élevé ! La vieille Rome, ses ruines, ses arceaux, ses grands murs environnés de vignes et de champs tout verdoyants, en un mot, la Rome païenne, la Rome qui gît au sein de la mort, les siècles passés tout entiers sont devant vous. Au-delà commence la Rome chrétienne qu'on entrevoit avec ses églises, ses clochers, le toit de ses palais, en un mot le mouvement et la vie. Enfin, au-delà des murailles, du côté de la porte de Saint-Sébastien et de Saint-Jean-de-Latran, les montagnes azurées, couvertes de neige à leur sommet, qui sont toujours les mêmes depuis des siècles, quand le monde se renouvelle à leurs pieds, changeant de face. Pétrarque, du lieu où je suis, les vit, admira leur azur et leur neige étincelante. Ceux qui, au temps des splendeurs de Rome, se dérobant un moment aux plaisirs du bain ou du cirque, venaient respirer au-dessus de ces voûtes la fraicheur de l'air, et contempler la campagne, virent ces montagnes, cette neige ; rien n'a changé depuis : c'est l'image de Dieu, éternel et immobile. Il est toujours le même, quand tout change au-dessous de lui.

La porte cochère qui introduit dans l'enceinte des thermes, avait été laissée ouverte par mon guide. Quand nous fûmes descendus, nous trouvâmes un jeune homme qui s'était égaré de ce côté, et venait consacrer une partie de son jeudi à l'étude des ruines.

Dans la vie réelle, il était étudiant en droit à l'Université romaine, et dans le monde des idées, c'était un penseur, pour mieux dire un rêveur. Je ne fus pas longtemps à m'en apercevoir. Pauvre enfant! peut-être la secte infernale qui déflore de si bonne heure l'âme de tant de jeunes gens, avait déjà mis la main sur lui; il paraissait lui appartenir corps et âme. Nous admirâmes ensemble la ruine colossale, les vastes salles de bains, les grandes voûtes plates, qui ont fait le désespoir de tant d'architectes, et dont on voit encore les restes. Après les cris d'étonnement et d'admiration, le Romain voulut comparer les temps modernes aux temps anciens, les Papes aux Césars, et il jugea que Rome était bien déchue:

— Voyez, me disait-il, ce que faisaient nos pères; quelle grandeur, quelle science, quelle hardiesse!

— Mais, lui dis-je, la Rome des Papes n'a pas dégénéré, et Rome est plus belle et plus imposante qu'autrefois. Aux temples des dieux, on peut opposer les basiliques et les églises, qui sont la merveille de l'univers. Le Vatican vaut bien le Capitole et le Palatin; tant de musées, tant de palais élevés par la magnificence des Papes et des nouveaux patriciens de Rome, remplacent dignement les portiques d'Octavie, de Livie, de Trajan, d'Agrippa.

Il reprit: N'avez-vous aucune parole de haine contre ces Papes qui ont laissé périr tant de monuments illustres? N'est-ce pas la barbarie qui s'est assise sur les ruines de la civilisation?

— Non, lui dis-je, et bien loin de blâmer les Papes de la perte de tous ces monuments, je les trouve dignes de tous nos éloges, pour avoir conservé religieusement tant de monuments qui auraient péri sans eux. Où sont les portiques, les temples, les palais d'Alexandrie, d'Antioche, d'Athènes? Tout a péri, les ruines elles-mêmes ont disparu. A Rome, au contraire, tout n'a pas été perdu, parce que les Papes ont pu arracher de nobles débris aux ravages du temps et des barbares.

— Ce que vous ne pourrez me nier au moins, c'est que l'institution puissante *qui a créé* tant de grandes choses a péri, l'empire n'est plus, et Rome, qui était le centre du plus vaste État qu'ait vu la terre, est dépouillée de sa gloire : elle gémit humiliée, sous la main timide d'un vieillard.

— Ce vieillard est la gloire de Rome et sa fortune ; un jour vous pourrez le voir, vous êtes jeune, il sera le salut de votre patrie ; il est à la tête d'un empire vraiment universel, plus grand et plus glorieux que celui des Césars. Auguste, Néron, Trajan, Dioclétien commandaient aux corps, ils ne voyaient à leurs pieds que des esclaves soumis et tremblants, ils régnaient par le glaive et par la force. Les Pontifes commandent aux âmes et à l'intelligence. Ils ont l'empire du monde et leur parole franchit les limites où s'arrêtaient les décrets des empereurs. Vous ne comprenez pas la grandeur de votre ville, et la place que vos pontifes occupent dans l'univers. Rome est encore, avec la croix et la papauté, la maîtresse du monde. Si vous saviez le don que Dieu vous a fait! *si scires donum Dei*, si vous mettiez au service de la papauté, vos forces et votre intelligence, si, comme à la Renaissance, vous vous livriez à l'étude des arts et des sciences, vous dirigeriez le mouvement intellectuel du monde entier, et la terre serait à vos pieds. D'où vient que vous étudiez si peu, qu'il y a chez vous, maintenant, moins de savants, moins d'artistes qu'autrefois ?

— Ah ! me dit-il, blessé au vif et avec l'accent d'une profonde tristesse, il y a chez nous un découragement profond, *un'grand'abattimento*. Tant que Rome et l'Italie ne feront pas un seul État, que notre nation ne sera pas constituée, il y aura, dans les âmes, et surtout dans la jeunesse, un malaise indéfinissable. Nous-mêmes, nous ne pouvons nous en rendre compte. Nous souffrons, nous nous perdons dans le vague infini des théories, nous soupirons après l'heure de la régénération de l'Italie. Quand le Pape aura déposé le trirègne et ne gardera que la houlette du pasteur ; quand un roi, un empereur, un dictateur, un tyran cruel, n'importe qui, aura réuni les débris de notre patrie infortunée, et règnera du haut du

Capitole sur l'Italie une et régénérée, la vie circulera dans nos veines, la jeunesse sera encore studieuse et enthousiaste ; vous le verrez, nous ferons de grandes choses.

— Eh quoi ! repris-je, avec vivacité, pourrez-vous jamais faire quelque chose de plus grand que les merveilles de Rome chrétienne ? Comptez-vous pour rien cet empire que, depuis dix-huit siècles, Rome étend sur le monde, et que rien encore n'a pu ébranler? L'Italie est malade ; elle a bu le poison que les sophistes lui ont versé ; elle s'est nourrie des fausses théories que Mazzini, Gioberti, d'Azeglio et tant d'autres lui ont présentées ; elle n'aime plus ni les arts, ni la science, ni l'empire de l'intelligence, ni la richesse, ni la liberté elle-même ; ce qu'elle veut, ce qu'il lui faut, c'est l'unité, c'est l'empire de la force. Toutes les idées, tous les vœux, tous les rêves sont tournés de ce côté. Les nations sont sujettes à des maladies, comme les individus. Mais la Providence a placé le remède à côté du mal. Quand un homme languit, qu'un mal mystérieux le consume, la diète et le sang versé le guérissent. Il en est ainsi des nations. Ce mal qui vous mine et se répand de tous côtés, des hommes mûrs à la jeunesse et à l'enfance, des hommes d'intelligence aux hommes du peuple, fera de cruels ravages et causera le malheur de l'Italie. Mais quand vous aurez tout bouleversé, tout ruiné, tout perdu ; quand vous aurez vu vos champs désolés par la guerre ;

quand vous aurez senti les horreurs de la faim et de la misère, que des flots de sang auront coulé sur les champs de bataille, vous serez guéris, vous sortirez du monde des vaines théories pour entrer dans la vie réelle. Nous aussi, nous avons poursuivi des rêves, des illusions dorées; nous avons prodigué notre or et notre sang, nous avons souffert, maintenant nous sommes guéris. Vous ferez comme nous, et bientôt, vous tiendrez un autre langage.

Le gardien ouvrit sa porte, nous sortimes, le Romain se dirigea vers l'arc de Drusus, et moi, vers Sainte-Balbine.

VOIE LABICANE ET CAMPAGNE ROMAINE

17 Février.

Le ciel est clair, l'haleine du vent tiède et parfumée, je vais au-delà des murs. Je dirige mes pas vers la *Porta Maggiore*. C'est la plus belle de Rome. Elle est double. On l'a construite avec de grands blocs de travertin. Au-dessus des larges arcades, s'élève un mur immense formé de trois attiques. L'empereur Honorius fit construire cette porte geminée où viennent aboutir les deux voies Prénestine et Labicane.

On trouve, à gauche, un monument d'une structure bizarre. C'est le tombeau d'un boulanger qui a voulu aller à la postérité. Tout chemin y mène.

J'ai suivi la voie Labicane. Après avoir marché l'espace de deux milles dans un chemin poudreux, bordé de murs et de maisons, j'ai trouvé la campagne romaine, ce désert dont je fais mes délices et qui m'apparait partout avec de nouveaux charmes. C'est toujours le même silence, la même solitude, la même tristesse, avec des teintes différentes.

J'ai à ma droite une fontaine longue et étroite où, le soir, les troupeaux viennent s'abreuver. La campagne est solitaire. Pas une chaumière, pas un arbre. De l'herbe et puis de l'herbe et des troupeaux qui broutent, le berger tranquillement appuyé sur son épais bâton et des chiens essoufflés qui rôdent autour de lui. En face, les Apennins azurés couverts de neige. A gauche, le mont Soracte, qui se détache des montagnes et s'élève comme un géant au milieu de la campagne romaine. Il n'est pas blanc comme autrefois :

Vides ut alta stet nive candidum, Soracte.

La neige qui entourait son front au temps d'Horace, a fondu. Tant d'autres choses se fondent avec le temps. Ce qui est demeuré c'est la base solide du Soracte et sa masse indestructible. Il est toujours fièrement debout. *Stat.* Au mont Soracte est attaché un des plus doux souvenirs de l'histoire. Quand l'impie Maxence troublait Rome et l'Église par sa cruauté, et faisait des milliers de martyrs, le Pape saint Sylvestre était venu chercher un refuge dans les flancs de ce rocher. C'est là que les messagers de Constantin lui apprirent la victoire de la Croix. L'Église descendit triomphante avec saint Sylvestre du mont Soracte, pour venir prendre possession de Rome et du monde. J'ai une vénération pour le Soracte!

Fatigué de marcher et d'admirer, je me suis assis sur les ruines d'un tombeau ouvert par devant. L'architecture où la brique et la pierre se mêlent est vraiment admirable. Au premier étage, le long du mur, s'ouvrent les niches où l'on plaçait les dieux protecteurs de la famille. Au-dessous est une voûte circulaire qui s'appuie sur un large pilier. On voit tout autour la place occupée autrefois par les tombeaux. Tombeaux, cendre des morts, statues des dieux, tout a disparu. Il ne reste plus rien. On ne voit que des murs à demi-ruinés. Les dieux, en s'en allant, ont emporté ceux qui avaient voulu abriter leurs cendres sous leur ombre tutélaire. *Similes illis fiant qui facint ea et omnes qui confidunt in eis.*

Un jeune berger était couché sur un pan de mur, près de son troupeau qui ruminait paisiblement, après avoir brouté l'herbe épaisse. Il me suivait des yeux dans mes courses autour du monument. Il paraissait étonné du soin avec lequel j'étudiais ces vieilles murailles et je parcourais ces salles que le temps a noircies. Il ne se doutait pas, en venant tous les jours s'étendre et dormir sur les ruines d'un tombeau, qu'il fut si près des morts.

Avant de partir, je m'approchai de lui, je le saluai, je lui demandai ce qu'étaient ces ruines. Il ne se leva pas devant l'étranger qui l'interrogeait, et sa tête chevelue toujours appuyée sur sa main droite, il me répondit nonchalamment et avec un léger sourire : *Chi lo sa?* qui le sait? Il continua à sommeiller. Était-ce insouciance ou fierté? Dédaignait-il l'étranger, qui n'appartenait pas, comme lui, à l'ancien peuple romain. Je l'ignore. Peut-être y avait-il un peu de tout cela dans sa réponse laconique.

A mon retour, quand j'ai eu franchi la Porte-Majeure et que je suis arrivé aux trophées de Marius, j'ai joui d'une vue ravissante. La lune rouge et immense se levait sur les Apennins, éclatante de lumière. Sainte-Bibiane éclairée de ses premiers rayons m'apparaissait avec son élégant portique, comme une vision céleste. Cette église vénérable où j'aime tant à prier, où je viens chaque année, le jour de sa fête, honorer une de ces grandes martyres de Rome, plus illustres que les Cornélie et les Valérie, me semblait plus gracieuse qu'à l'ordinaire. Les rayons de la lune et les attendrissements de mon âme lui prêtaient des charmes et des beautés qu'elle n'a pas. J'adresse, en passant devant son sanctuaire, une prière à la martyre, mais une de ces prières qui partent du cœur et à travers les ruines et les ombres de la nuit, je rentre.

LE CARNAVAL

17 Février.

Aux grandes questions soulevées par la politique, les Romains ont substitué des questions plus importantes pour eux : le Carnaval sera-t-il brillant? Aurons-nous un temps favorable ? Le grand nombre d'étrangers présents à Rome fera-t-il renchérir le prix des fenêtres du Corso? Le prince de Galles qui est ici prendra-t-il part à nos jeux et à nos fêtes?

Rien ici qui respire la guerre. On ne fait d'autres préparatifs que ceux du Carnaval. Au lieu de fondre des balles, des boulets et des canons, on fabrique des *confetti*, on achète des déguisements, des palettes, des dominos, des blouses grises. Voilà à quoi on s'occupe ici, voilà Rome, voilà l'Italie presque tout entière. Qu'importe à ce peuple que l'Italie forme ou non un seul État, qu'elle soit dépendante ou libre, pourvu qu'on s'amuse et qu'on fasse un bon Carnaval !

Ce sont toujours les mêmes hommes qui criaient à leurs cruels despotes : Donnez-nous du pain et les jeux du cirque, *Panem et circenses !* moins la cruauté et les orgies, car le christianisme a passé là-dessus.

Le gouverneur de Rome vient de prendre une mesure qui a causé de la surprise chez les uns, une joie immense chez les autres.

Il fut question un moment de supprimer le Carnaval, pour ne pas offrir aux mazziniens une occasion de trouble. On comprit bientôt qu'une pareille mesure jetterait l'alarme dans le peuple et sèmerait dans les esprits une vive inquiétude. On y renonça sagement. On voulut laisser le Carnaval, mais à la condition qu'il n'y aurait pas de masques, et que tout se bornerait aux courses des chevaux et au défilé des voitures. Puis on a tout permis, le Carnaval, les voitures, la course des chevaux, les masques. On a pris des mesures de précaution, la surveillance est grande. S'il y a des troubles, l'autorité ne sera pas surprise.

Afin d'intimider les malfaiteurs, on a promené, jeudi dernier, dans les rues de Rome, une jeune voleur qui vient de débuter dans la carrière par le vol d'une montre agrémenté de trois ou quatre coups de poignard. Cette vue a produit un excellent effet. La ville entière était sur pied pour voir cet intéressant novice. C'est un spectacle que tout bon Romain a voulu se procurer. L'enfant, tenu par deux gendarmes, marchait nu-pieds, n'ayant pour tout costume qu'un pantalon gris tout déchiré et une chemise autrefois blanche. Il n'était pas honteux ; il tenait sa tête fièrement dressée et semblait dire à la foule qui le regardait avec curiosité : Après tout, Romulus et Rémus, vos ancêtres, étaient des voleurs comme moi. Il y a dans ce jeune débutant l'étoffe d'un brigand de race. Il donnera un jour, si je ne me trompe, de l'occupation à la gendarmerie pontificale, à moins que l'instruction qu'il va recevoir dans les prisons du Pape ne fasse un jour de lui un vaillant capitaine, même un général ou un ministre. Tout se voit au siècle où nous vivons.

On croyait qu'il serait fustigé publiquement par la main du bourreau, sur la place du Peuple, et la foule s'y est portée, afin de jouir du spectacle. L'attente générale a été trompée. Le rotin est définitivement aboli à Rome, il n'est plus en usage qu'en Angleterre, pays civilisé par excellence !

. . . .

OUVERTURE DU CARNAVAL

26 Février.

Nous sommes en plein Carnaval. A trois heures, la cloche du Capitole a annoncé l'ouverture des jeux. Le gouverneur de Rome est sorti du *Monte-Citorio,* suivi d'un brillant cortège. Après avoir circulé dans les rues de Rome, il est entré au Corso par la place de Venise et l'a parcourue plusieurs fois suivant l'usage. Le sénateur, les conservateurs, revêtus de leurs brillants costumes, entourés de leurs pages, et une foule de masques le suivaient.

Le Corso est ravissant. Les fenêtres sont ornées de tapis rouges, blancs, jaunes, verts ; les balcons, les fenêtres, les terrasses des maisons, tout est rempli d'une foule élégante et animée. Le peuple encombre les trottoirs. Les masques circulent au milieu du Corso. On voit toutes sortes de costumes : le brigand de la Calabre, avec son escopette, sa culotte de velours, son chapeau pointu orné d'une rose attaché sous le menton avec un ruban noir; les Turcs et des Grecs mis richement, les *minenti* du Trastevère, c'est-à-dire les élégants avec leurs rubans rouges; les paysans de la campagne romaine, en culotte et en jaquette; les Albanaises, au corset rouge, aux cheveux ornés de fleurs d'or et de poignards; des paysannes romaines, portant des sandales antiques, une tunique blanche aux larges manches fermées autour des poignets, un grand tablier bleu retroussé sur une robe écarlate, un voile blanc plié sur la tête. Tous les siècles semblent défiler devant vous avec leurs divers costumes. Les chars sont ornés de guirlandes de fleurs. De longs rubans rouges flottent sur le cou des chevaux.

Roulant sur deux rangs, les voitures montent et descendent. Il tombe sur les masques de chaque fenêtre une pluie de fleurs et de *confetti*, accompagnée de grands éclats de rire et de bruyants applaudissements quand le but est atteint.

Les masques, de leur côté, ne sont pas indifférents à ces attaques multipliées. Ils lancent vigoureusement des bouquets et des dragées aux fenêtres d'où est parti le trait. Les fleurs et les *confetti* se croisent dans l'air comme les balles qui sifflent à l'oreille au milieu d'une bataille. C'est un feu roulant sur toute la ligne. Tout à coup, le bruit du canon se fait entendre. Peu à peu le Corso se vide et la course des chevaux commence. Nulle main ne les guide, nul frein ne les retient. Ce sont les *Berberi*. Ils vont seuls. Pour les animer, on a eu soin d'attacher à leurs flancs des lames de plomb. A un signal donné, ils partent comme l'éclair, ils fendent l'air, ils volent, ils ont bientôt franchi le long espace qui sépare la place du Peuple et celle de Venise. Les masques envahissent de nouveau le Corso et circulent comme auparavant.

Quand la cloche du Capitole sonne l'*Ave Maria,* tous les chars s'arrêtent, tous les fronts s'inclinent, tous les faux visages tombent. Chacun gagne au plus vite une des rues voisines. Dans une seconde, le Corso est désert. Le peuple se retire satisfait d'un spectacle magnifique qui lui est servi gratuitement et l'amuse beaucoup.

Il n'y a pas à Rome, pendant le Carnaval, les désordres qui pourraient éclater ailleurs. Les masques s'observent. Ils ont mille raisons pour le faire. La police, si bénigne et si douce en temps ordinaire, n'est pas endurante pendant le Carnaval. Elle fait payer cher la moindre inconvenance. Le peuple est comme toujours tranquille et tout à fait convenable. Les moines et les prélats ne se font pas scrupule de venir voir ces jeux innocents que les enfants et les jeunes filles peuvent contempler à leur aise.

FÊTE DE SAINTE FRANÇOISE

6 Mars.

Les souvenirs des saints vivent à Rome. On suit leurs traces : il semble qu'ils sont morts d'hier seulement ; on les environne, on vit en eux ! Rome célèbre aujourd'hui la fête d'une de ses saintes les plus aimées, sainte Françoise, qui épousa, jeune encore, un riche patricien de la famille des Pontiens, et fonda les Oblates de *Tor di Specchi*.

Par respect pour cette aimable sainte, on visite aujourd'hui la vigne qui lui appartenait, sur la voie d'Ostie, tout près du Tibre. Cette vigne a été témoin de quelques-uns de ses miracles, et, ce qui est mieux encore, de son excessive charité. Elle venait ici chercher du bois, elle en faisait de petits fagots qu'elle portait sur la tête pour les distribuer aux pauvres. La vigne est telle qu'au temps de sainte Françoise. Une porte vermoulue la ferme.

On visite aussi la maison qu'elle habita au Trastevère avec son époux. On l'a transformée en maison de retraite. Les grands pécheurs viennent y prendre de bonnes résolutions, et, autour de la Madone, qui est dans la chapelle, on voit suspendus, en guise d'*ex-votos,* de nombreux stylets, qui ne sont pas vierges de sang humain. C'est un acte de piété qui en vaut un autre. Il y a foule aujourd'hui dans cette maison aux touchants souvenirs. Mais, là où la foule se porte de préférence, c'est à la Tour des Miroirs. Sainte Françoise demeura longtemps dans ce monastère. On a peint, dans une salle, ses visions terribles. On expose, orné de violettes, un grand bassin où, dans sa charité, elle faisait des remèdes pour les pauvres. La chapelle du monastère est fort riche ; les cloitres sont ornés d'orangers, chargés de fleurs et de fruits, dont l'odeur embaume l'air. Ici vivent les Oblates que sainte Françoise a fondées. Ce ne sont pas précisément des religieuses, comme on se les figure en France, vivant de leur travail, passant toute leur journée en prières, faisant l'école aux indigents, ou gagnant leur pain en visitant les malades. Les religieuses de *Tor di Specchi* sont de grandes dames, appartenant pour la plupart aux premières familles de Rome, ayant mené grand train dans le monde, qui viennent ici passer des heures fort douces, et mériter le Ciel par une vie de paix et de prière. Elles sont vraiment heureuses à l'ombre de ces cloitres parfumés par les orangers. De plus, elles sortent ; on les rencontre en voiture dans les rues de Rome. Notez que c'est là une fondation faite par une sainte, et qui dure depuis quatre siècles. Il faut bien que les vierges chrétiennes appartenant aux grandes familles, qui ne peuvent professer les austérités des Carmélites ou des Capucines, trouvent un asile où elles puissent doucement se préparer à l'éternité.

De *Tor di Specchi,* j'ai couru à Sainte-Françoise, au Forum, autrement dite *Santa Maria Nuova.* C'est ici que saint Pierre priait, quand Simon le magicien tombait du ciel, et se brisait contre les pierres. Saint Sylvestre jeta les fondements de cette église; saint Léon IV lui donna le nom de Sainte-Marie-Nouvelle, qu'elle porte depuis l'an 850. Il y a mille ans et plus qu'elle est nouvelle. Beau printemps de l'Église, printemps, éternel qui ne se flétrit jamais! Enfin, le corps de sainte Françoise y ayant été enseveli, on lui a donné le nom de Sainte-Françoise au *Campo Vaccino.* C'est ici que le Pape Grégoire XI a été enseveli et que le grand schisme commença. Les Romains firent entendre des paroles de menace, dès que les funérailles de ce pieux Pontife furent terminées.

La façade de cette église, toute en travertin, est élégante. Elle fait un gracieux contraste avec les ruines qui l'environnent, le temple de Vénus et Rome, l'arc de Titus, le Palatin, le Temple de la Paix aux gigantesques arcades, le Campo Vaccino plein de grandeur et de tristesse. Entré dans le temple, j'ai prié longtemps pour la paix de l'Église, pour le souverain Pontife, pour tous ceux qui nous sont chers. Devant le saint tombeau étaient encore rangés les bancs des cardinaux qui sont venus ce matin tenir chapelle en l'honneur de la sainte, et rappellaient les cardinaux qui accompagnèrent le corps de Grégoire XI à sa sépulture. La foule tumultueuse des Romains qui, à la fin du jour, se presse dans les nefs étroites du temple, me rappelle ce peuple qui compromit autrefois la paix de l'Église, causa le grand schisme et, peut-être, l'hérésie protestante. Que Dieu éloigne de nous un pareil malheur !

LA FIN DU CARNAVAL

12 Mars.

On se ferait difficilement une idée de l'entrain avec lequel les Romains ont célébré le Carnaval. Depuis cinquante ans, on n'avait pas vu une joie si bruyante. Tous les jours, à une heure après-midi, la foule envahissait le Corso. Les masques venaient de tous les côtés, du Borgo, des Monti, du Trastevère, des ambassades et des palais. C'était un mélange admirable de riches et de pauvres, de patrons et d'ouvriers, rivalisant de bonne tenue et de gaieté décente. Les chars étaient si nombreux, que le Corso est devenu insuffisant. Il a fallu établir une autre ligne qui passait par la *via Condotti* et la *via del Babuino*, allait jusqu'à la place du Peuple, se repliait sur elle-même et venait rejoindre la ligne du Corso par la place d'Espagne. A l'extrémité du Corso, les chars doublaient le palais de Venise. Rien de plus animé que le Corso pendant ces huit jours. C'était un mouvement, une gaieté, une vie dont on ne peut se faire une idée.

Les Romains essuyent bravement et avec leur gravité habituelle la grêle de *Confetti* qui tombe sur eux des fenêtres. Les Français n'ont pas un moment de repos. Ils reçoivent, ils jettent des fleurs et des *Confetti* avec une animation et cette *furia* qu'ils mettent en toute chose. Ils rient, ils se tordent sur leurs chars, ils crient, ils saluent, ils remercient. On les reconnait à ces signes. Les Anglais jettent sans choix et sans mesure leurs bouquets et leurs dragées. Ils semblent accomplir un devoir important. Partout on entend de grands éclats de rire et des cris étourdissants, explosion naïve de la joie populaire!

Les masques se répandaient partout. On eut dit qu'ils sortaient de terre, tellement ils étaient nombreux. On rencontrait des chars de musiciens exécutant des chants, donnant de brillants concerts; des médecins et des charlatans vantant leurs drogues du haut de leurs chars enguirlandés, que tiraient péniblement des bœufs couverts de fleurs et de rubans; des paysans de la Sabine, revêtus de leurs riches costumes, assis à terre et pinçant de la guitare; des bandes de jeunes filles gracieuses formant des cercles et dansant la tarentelle au son des tambours de basque; enfin, des troupes innombrables de brigands Napolitains, d'Arabes au burnous éclatant de blancheur, de dominos, d'arlequins et de pierrots.

Huit jours entiers Rome a joui de ce spectacle. Le ciel semblait se mêler à la fête. Nous avons eu constamment un soleil resplendissant. Le dernier jour, le Corso a changé d'allure. Il était éclairé à giorno. On voyait au milieu de la rue, aux fenêtres, aux balcons, sur le toit des maisons, des milliers et des milliers de *mocoletti* que chacun cherchait à éteindre. Le Corso était en feu.

La cloche du Capitole, annonçant la fin du Carnaval, n'a pu faire cesser les jeux qui ont duré jusqu'à minuit. Chose étonnante ! il n'y a pas eu le moindre trouble au milieu de cette agitation et de cette ivresse : pas un petit coup de couteau, pas un cri séditieux, pas une parole blessante pour le pouvoir. *Bienheureux le peuple dont notre Dieu est le Seigneur!* BEATUS POPULUS CUJUS DOMINUS EST DEUS.

BASILIQUE DE SAINT-ÉTIENNE

CAMPAGNE ROMAINE

---

17 Mars.

Sorti à midi, par la porte de San-Giovanni Laterano, j'ai suivi la voie d'Albano. La campagne est là, comme aux environs de Rome, belle, grande, interminable. Les horizons sont larges et variés. On voit au loin des montagnes, des tombeaux, des aqueducs en ruine, et à gauche, à droite des prairies immenses où le regard se perd. Quand j'eus atteint le troisième mille, j'ai pris à gauche et je me suis engagé dans l'ancienne voie Latine. La voie est bordée de tombeaux en ruine. Chez les Romains, tout avait de la grandeur, la mort elle-même. Ces grandes masses de briques, de pierres et de ciment, dépouillées de leurs inscriptions et de leurs marbres, ont encore grand air.

Voilà le pavé de l'ancienne voie sacrée. Je descends l'escalier qui mène à un tombeau souterrain. Deux salles s'ouvrent devant moi. On vient d'enlever les marbres où les morts étaient couchés, il ne reste que des stucs au plafond de la salle qui est en face de l'escalier. Ce sont des dieux parfaitement conservés. Revenu sur la voie sacrée, je suis descendu dans un autre tombeau, par un escalier fort étroit. Il y a là aussi deux salles. La première était destinée aux affranchis, l'autre au patron et à ses enfants. Au milieu de cette salle, est un sépulcre en granit d'un style sévère. Autour de ce sépulcre, on en voit plusieurs autres en marbre; les sculptures de ces marbres, qui sont de la plus belle époque, représentent des sujets mythologiques : c'est un fini et une délicatesse parfaite. Au plafond et sur les murs sont des stucs et des fresques. Revenu sur la voie sacrée, j'ai fait quelques pas et je me suis trouvé sur les ruines de la Basilique de Saint-Étienne, récemment découverte.

Elle était dirigée du côté du couchant. On voit encore les traces de l'abside et de l'autel, celle des murs latéraux, des trois nefs, de l'estrade où se tenaient les chantres au milieu de la grande nef. Le parvis intérieur, le portique, la rampe qui menait au portique, les restes d'une petite fontaine, où les fidèles venaient purifier leurs mains, tout est dessiné par des restes de murs élevés d'un mètre au-dessus du sol.

De la Basilique, j'ai couru à l'aqueduc qui est en face. Quelle vigueur d'architecture! quelle solidité! Il ne reste que de longs piliers et des pans de mur lézardés couverts de lierre. Quelques arcades seulement ont résisté à l'action du temps et des barbares. Elles sont closes d'un côté par des murs légers et forment des cabanes où les bergers viennent s'abriter contre la pluie et le vent. Le nouvel aqueduc n'est pas loin de l'ancien. A travers les arcades, on a des tableaux admirables ; on voit ici, la terre fraichement remuée pour recevoir la semence ; là, ces prairies toujours vertes de la campagne romaine; au loin, les Appennins couverts de neige, faisant contraste par leur raideur et leur sévérité avec une campagne riante. A chaque arcade, le paysage change, c'est une suite de tableaux différents dont l'agréable variété charme les yeux ; que n'ai-je une palette et des couleurs, que ne puis-je, à la vue de ces beautés d'une nature privilégiée, m'écrier comme Le Corrége : *Anch'io son pitore!* Je conseille à tous les peintres qui font le voyage de Rome, de venir voir la campagne romaine à travers ces arcades, ils prendront des croquis admirables pour leurs paysages. Ils en auront assez pour remplir le fond de tous leurs tableaux.

Revenu dans la vallée qui se trouve entre l'aqueduc et la Basilique, je me suis arrêté devant la gracieuse cabane de berger, qui s'élève au milieu de la prairie. Elle est circulaire et pointue comme une tente. Le chaume la recouvre, une porte en chaume et en bois la ferme au midi. Les lits sont au fond, l'âtre au milieu ; on voyait encore des tisons allumés dans la cendre répandue à terre. Devant la porte étaient deux pieux, munis devant et derrière de bâtons parallèles et formant un angle avec les pieux. C'est là qu'on place les barils de lait. En face de la cabane était le parc des brebis formé avec des pieux et des filets. Les poules, indice de civilisation, que l'on voit partout où les hommes vivent en société, rôdaient fièrement autour de la cabane. Le berger est venu au-devant de moi. Il portait un chapeau pointu, un manteau de gros drap. Ses jambes étaient recouvertes d'une peau de chèvre au long poil, qui lui donnait quelques ressemblances avec les satyres de la fable ; il y avait de la rudesse et de la bonté dans sa physionomie. Il m'a donné en souriant toutes les explications que je lui ai demandées. Je l'ai laissé pour aller boire à la longue fontaine qui se trouve à un mille de la cabane vers la voie Latine. J'ai trempé dans l'eau les violettes que j'avais cueillies sur les bords du ruisseau qui longe l'aqueduc. Elles étaient déjà à moitié flétries ; la fraîcheur de l'eau les a ranimées, elles ont répandu un parfum suave.

Mais le soleil décline vers Ostie et Lavinium ; il faut songer au retour. Me voilà sur la voie d'Albano, et quand la nuit commence je rentre dans Rome et je salue, en passant, Saint-Jean-de-Latran, une de mes basiliques de prédilection.

A LA MINERVE

25 Mars.

Ce nom est étrange pour une église et pourtant il y a une raison à tout. La Minerve s'appelle ainsi, parce qu'elle a été construite sur les ruines d'un temple de Minerve. Cette déesse étant la plus sage et la moins impure des déesses du Paganisme, puisqu'elle symbolise la sagesse éternelle sortie de la bouche de Dieu, on n'a pas dérogé en bâtissant une église en l'honneur de Marie, sur les ruines d'un temple de Minerve.

C'est la seule église de style gothique qui soit à Rome. Le Pape Grégoire XI la donna aux Frères-Prêcheurs, quand il eut ramené le Saint-Siège à Rome. Ces religieux se trouvaient à l'étroit à Sainte-Sabine, la fièvre les décimait à Saint-Sixte, où saint Dominique avait opéré la résurrection d'un mort. Grégoire XI, qui les aimait beaucoup, leur donna l'église de la Minerve et toutes ses attenances. Là s'élevèrent bientôt des cloitres superbes et une église qui est une des plus grandes de Rome, bien qu'à certains points de vue son architecture soit défectueuse; elle a une grande abside, trois vastes nefs, un large transept. Mais la voûte n'est pas élancée comme dans les autres églises gothiques.

Les chapelles, latérales et en particulier celle de saint Dominique, ont été ornées magnifiquement. On y admire des sculptures et des peintures ravissantes, qui portent le cœur à la rêverie et à la prière.

Sous la pierre sacrée de l'autel reposent les restes vénérés de sainte Catherine de Sienne, que Rome considère comme sa patronne après saint Pierre et saint Philippe de Néry. Elle est bien là à sa place, la vierge prédestinée aux grandes choses, l'ambassadrice éloquente de Rome, de Sienne et de Florence, qui venait défendre à la Cour Avignonnaise les droits de la capitale de l'Italie. Elle repose sous les voûtes du temple que Grégoire XI donna aux religieux de son ordre.

Les cardinaux, les évêques et les savants de tout ordre ont choisi leur sépulture à la Minerve, asile de la science et de la piété. Ils protégèrent la grande famille dominicaine, qui tient une place si élevée dans l'Église, pendant qu'ils étaient sur la terre; ils ont voulu lui témoigner encore au-delà du tombeau toute leur vénération en lui confiant la garde de leurs restes.

Je cite en particulier le Pape Léon X, de la famille des Médicis, dont le tombeau s'élève à côté de l'autel, au nord. En face est celui de Clément VII, neveu de Léon X, qui vint à Marseille, lors du mariage de sa nièce, Catherine de Médicis, avec le roi Henri II. Entre les deux, on voit l'humble pierre qui couvre les restes d'un homme aussi grand que ces deux Pontifes par le génie et la vertu, le cardinal Bembo, l'un des auteurs de la Renaissance, secrétaire de Léon X. Après avoir reçu de lui, pendant sa vie, toutes sortes de grâces, il a voulu reposer à ses pieds, et y dormir son dernier sommeil.

A peu de distance se dresse la sublime statue du Rédempteur, chef-d'œuvre de Michel-Ange, dont le peuple lui-même comprend la beauté, puisqu'on voit, chaque jour et à toute heure, des foules qui vont prier devant elle.

Pie IX est venu ce matin faire sa visite annuelle à la Minerve, où il y avait chapelle Papale. Les cardinaux sont entrés avant lui, un à un, entourés de leur petite cour, suivant l'usage.

Les maisons des rues que le cortège pontifical devait traverser, ainsi que celles des deux places de la Rotonde et de la Minerve, étaient parées splendidement. Chaque fenêtre était ornée de tentures vertes, jaunes, rouges, blanches, et partout on voyait une foule houleuse et sympathique. Mais bientôt tout bruit cesse, chacun se range le long des maisons, c'est le cortège du Pape qui arrive. Les pieds des chevaux des gardes nobles résonnent sur le pavé. La croix Papale, portée par un prélat en costume, précède la voiture de gala du Pape qui depuis longtemps n'était pas sortie. Pie IX est tout joyeux, il est en mozette rouge et en étole d'or, comme aux grands jours. Un cardinal Français et un cardinal Autrichien sont avec lui. En les amenant ensemble, il voudrait, si c'était possible, réconcilier les deux nations catholiques qui vont se faire la guerre, on ne sait trop pourquoi. On pousse des cris de joie, on acclame le Pape, on lui demande sa bénédiction et on incline la tête. Pie IX bénit avec amour ce peuple qui lui est si fidèle.

Quand le long cortège des prélats et des gardes-nobles eut passé, je me glissai à travers la foule, jusqu'au fond de l'église et je pus contempler à mon aise le ravissant spectacle qu'offrait la Minerve, le jour de sa fête patronale qui est l'Annonciation de la Très-Sainte Vierge, le premier des mystères du Rosaire, une des grandes dévotions catholiques dont le siège est dans cette église.

Après l'office, le Pape et toute la Cour pontificale se sont rendus dans la sacristie où le général et les dignitaires de l'ordre de Saint-Dominique sont venus lui offrir leurs hommages. Après les religieux, ont été amenées les jeunes filles vètues de blanc qu'une pieuse confrérie dote aujourd'hui. Il y en a pour le cloître et pour le mariage, et elles sont innombrables. Le fondateur de cette confrérie et le premier distributeur de ces dots, fut le neveu de l'inquisiteur espagnol, Torquemada, cardinal de la sainte Église. Toutes les jeunes filles pauvres qu'il a dotées depuis quatre siècles, ne disent pas trop de mal de cette famille, et quand on songe que c'est toutes les années qu'une pareille distribution a lieu, on admire l'amour de l'Église pour les pauvres et les soins délicats dont elle les entoure. Les Pères dominicains se sont retirés, les jeunes filles aussi, quand des pêcheurs venus de Civita-Vecchia, ont déposé aux pieds du Pape deux élégants corbillons de poissons de toute grandeur, ayant l'éclat de l'argent et de l'or, s'agitant au milieu de l'algue verte dont les parfums vivifiants ont embaumé la salle. Ces poissons avaient été pris à Civita-Vecchia, le matin même, et la première locomotive venue à Rome, les mettait aux pieds du Pape. C'était les prémices de la mer et de l'industrie qui étaient présentés au successeur du pêcheur de Galilée.

C'est là ce qu'a exprimé en très bons vers latins un des deux pêcheurs. Chose étrange, le Pape a répondu dans un latin aussi élégant. L'ancienne langue de Rome est encore vivante ici et on la parle avec une rare perfection.

Voilà une journée bien remplie et des émotions qui durent.

VOYAGE A OSTIE

6 Mai.

« Dieu! quelle belle journée nous aurons! comme le ciel est brillant, quelle fraîcheur dans l'air! l'affreux siroco ne nous couvrira pas de poussière! » Je parlais ainsi ce matin, à mes compagnons de route, en allant troubler leur sommeil. Tout est-il prêt? Les vivres sont-ils achetés, les fiasquettes, le pain, les fruits sont-ils emballés? le voiturier est-il arrivé? — Il est là sur la place du Panthéon, il rage, il trépigne de n'être pas encore parti! Ses chevaux ont été les premiers attelés de Rome; vite, partons! Le pavé de Rome retentit bientôt sous les pas précipités de nos chevaux, nous passons devant la Minerve, le Séminaire français; nous saluons Saint-André *della valle*, Sainte-Catherine *dei funari*, la place *delle Tartarughe*, nommée ainsi, à cause des tortues en bronze qui ornent élégamment sa fontaine monumentale, Sainte-Marie *in Campitegli*, nous traversons la place la plus vulgaire, la plus boueuse, la plus bruyante, la plus fréquentée, la plus pittoresque de Rome, la place Montanara; nous admirons le temple élégant de Vesta, un des plus nobles débris de Rome ancienne qui a été dessiné, gravé, peint et photographié un million de fois, mais dont rien ne peut donner une idée complète et qui restera toujours comme un bijou et un écrin de l'antiquité romaine. Nous adressons une petite prière à Sainte-Marie *in Cosmedin;* nous longeons l'orgueilleux Aventin et le Tibre, qui roule à notre droite ses flots dorés. Nous voilà sous la voûte sombre où se trouve la porte de Saint-Paul ou d'Ostie. La porte encore fermée ne s'ouvre que pour nous, notre char s'élance sur la voie d'Ostie et soulève des flots de poussière. Nous jetons un rapide coup d'œil sur la pyramide de Cestius, un des plus beaux monuments de Rome, en beau marbre blanc de Carrare, noirci par le temps, puis sur la petite chapelle où les deux apôtres allant à la mort se donnèrent le baiser du Seigneur et se séparèrent. Voilà le chemin qui mène à Saint-Paul-Trois-Fontaines, où l'apôtre eut la tête tranchée, et au-delà l'antique Ardée, Lavinium, dont les murailles vénérables ont résisté à l'action du temps et des hommes. Voilà le Tibre que nous revoyons et qui forme les courbes les plus gracieuses le long de la voie d'Ostie; il se rapproche, il s'éloigne pour toujours et va se perdre dans la mer, en enserrant dans ses deux bras l'île sacrée. Voilà les hauteurs appelées monts de Saint-Paul, d'où on découvre la moderne et l'antique Ostie et la mer; si on jette un regard en arrière, Rome se montre avec ses tours, ses dômes, ses clochers noyés dans un épais brouillard. Ce beau paysage se termine, au loin, par les montagnes de la Sabine, dont l'azur se confond avec celui du ciel, et devant soi, on a la mer légèrement ridée, émaillée de blanches voiles.

Voilà la nouvelle Ostie, avec son château fort pittoresque; c'est un village misérable, seul reste d'une cité opulente qui était le faubourg de Rome où tous les peuples de l'Univers aboutissaient. Ostie ne serait plus rien, si son évêque n'était le premier évêque suburbicaire de Rome et n'avait le droit de sacrer le Pape. Allons visiter l'église où se dresse le second siège en dignité de l'Église latine, où est attaché le premier titre cardinalice.

Cette cathédrale antique n'a rien de bien remarquable, ni architecture, ni tableau, ni sculpture, et pourtant elle est vénérable dans sa modeste simplicité. Les restes précieux de sainte Monique y reposèrent longtemps, et là, dans cette petite chapelle, à droite, était la maison où la mère d'Augustin rendit à Dieu sa belle âme. C'est ici qu'appuyée sur une fenêtre, à côté de son fils, jetant un regard d'attendrissement sur le ciel, sur la mer, aux dernières brises du soir, elle eut, sur le bonheur du Ciel, cet entretien célèbre que saint Augustin a consigné dans ses confessions.

Sortis de la moderne Ostie, nous nous dirigeons vers l'ancienne cité, dont il ne reste plus rien audessus du sol. Les ruines elles-mêmes se sont écroulées et l'herbe les recouvre. Ce terrain qui ondule, qu'on prendrait au loin pour la mer aux vagues soulevées, c'est le tombeau de l'antique cité. Le Pape Pie IX a ordonné des fouilles qui ont fort bien réussi. On a trouvé dans l'unique tranchée qu'on a ouverte, des tombeaux, des colonnes, des statues, une salle de bain, plusieurs maisons bien conservées. Le Pape a fait transporter à Rome les objets d'art et les inscriptions ; il est venu à Ostie tout récemment. Si le gouvernement Pontifical avait des fonds disponibles comme le roi de Naples et qu'il pût se passer de nobles fantaisies, on verrait comme à Herculanum et à Pompéi, une ville entière sortir de terre.

Nous avons déjeuné au milieu des vignes, sur le bord du chemin. Nous n'avons pas eu à redouter l'indiscrétion des passants, personne n'est venu par là.

Après le diner, visite à la villa Chigi, autrement dite Castel Fusano. Ce sont des prairies immenses, ombragées par de gigantesques pins parasol, et, par intervalles, se dressent comme souvenir du passé, de larges amphores découvertes parmi les ruines d'Ostie. Ce sont les plus grandes qui existent. Castel Fusano repose agréablement la vue. Le vert des prairies, de frais ombrages, des fontaines limpides contrastent agréablement avec le sable qui recouvre les alentours d'Ostie et la chaleur étouffante qu'on y ressent. De la villa Chigi, une longue allée de chêne nous mène à travers des flots de sable au rivage de la mer. Nous voulûmes voir ce précieux rivage d'Ostie dont les souvenirs sont si célèbres. La mer nous apparut de là, vraiment immense. Elle s'étend aussi loin que le regard peut porter ; ni montagnes, ni falaises ardues ne viennent ici lui imposer des digues.

Partout, le rivage expire doucement à la mer. Une brise légère plisse mollement la surface des eaux qui étincellent sous les rayons ardents du soleil. Là, où nous nous asseyons pour contempler ce beau paysage, eut lieu ce dialogue célèbre dans l'histoire ecclésiastique, qu'un avocat romain Minutius Félix rapporte avec un charme inexprimable. C'est de là qu'avec ses amis il lançait des galets et les faisait rejaillir sur la surface des eaux. Des pêcheurs napolitains sont venus ici jeter leurs filets; leurs barques ornées de la voile latine obligée, sont amarrées à des piquets plantés dans le sable et se balancent au souffle du vent. Les pêcheurs légervêtus sont étendus sur le sable : ils reposent, ils dorment, le soleil les brûle. Ils ne s'inquiètent pas plus de ses rayons que de notre présence. Ils n'ont pas même daigné lever la tête pour nous regarder, la fatigue eut été trop grande ; ils ont un moment ouvert les yeux pour voir qui nous étions et les ont fermés aussitôt. Il sera bien difficile de tirer ce peuple de l'assoupissement où il est plongé depuis tant de siècles. Ceux qui l'entreprendront mourront à la peine. Pour y réussir, il faudrait ôter au sol et à la mer leur fécondité ; au ciel, son azur ; au soleil, ses ardeurs qui énervent les corps et les âmes. Après avoir fait ces considérations philosophiques et joui tout à notre aise de la beauté du spectacle que la mer nous présentait, nous avons repris le chemin de Rome où nous sommes arrivés à la nuit tombante.

SAINT-PIERRE

30 Mai.

Quoi de plus doux et de plus gracieux autrefois, disaient certaines gens, que le culte de Cerès, de Pomone et de Jupiter? Que de poésie dans la mythologie! Comme ces couronnes de fleurs, ces guirlandes décorant les sanctuaires, ces victimes entourées de fleurs et de bandelettes tombant sous le couteau sacré, cet encens qui fumait sur les autels avaient de charme et de grâce! Malheureusement, les divinités payennes ne se contentaient pas de ces fleurs, de cet encens, de ces victimes innocentes. Il leur fallait les horribles jeux du cirque, les combats des gladiateurs, les victimes humaines dévorées par les tigres, aux frémissements de joie de tout un peuple. On peut faire la comparaison des deux cultes, aux lieux où s'élève aujourd'hui la grande Basilique de Saint-Pierre. Caïus Caligula y fit construire un cirque où des milliers de chrétiens moururent pour leur foi. C'est ici que Néron vint étouffer les remords que lui causèrent le meurtre de sa mère et l'incendie de Rome. Tacite a des paroles terribles pour le raconter.

Néron avait la manie de mener des chars et de chanter devant le peuple. Burrhus et Sénèque, ces sages conseillers, lui avaient ménagé à Rome une entrée triomphante, quand le sang d'Agrippine fumait encore. *Senecæ ac Burrho visum, ne utraque pervinceret alterum concedere; clausumque valle vaticana spatium, in quo equos regeret.* Bientôt à cette honte, que l'historien romain flagelle de son style, vint se joindre une horrible cruauté.

Les chrétiens, accusés de l'incendie de Rome, furent immolés par milliers dans le jardin de Néron. On les couvrait de peaux de bêtes féroces, et des chiens furieux se précipitaient sur eux pour les dévorer; on les élevait en croix, ou bien on les revêtait de résine, et quand la nuit était venue, on les faisait brûler comme des torches. A la clarté de cette lumière sanglante, Néron faisait célébrer les jeux du cirque et, vêtu en cocher, il parcourait l'arène. *Et per eum addita ludibria, ut ferarum tergis contecti, laniatu canum interirent, aut crucibus affixi aut flammandi, atque ubi deficit et dies, in usum nocturni luminis urerentur.*

Les douleurs des martyrs étaient si vives, que le peuple était touché de piété et déplorait leur sort, *miseratio oriebatur non utilitate publica, sed in sævitiam absumerentur.*

Enfin, c'est ici qu'après son martyre, le corps de saint Pierre fut déposé. Le Pape saint Anaclet éleva sur son tombeau un temple, appelé Mémoire;

enfin, Constantin ayant rendu la paix à l'Église, jeta lui-même les fondements de la Basilique Vaticane. En l'honneur des saints Apôtres, il voulut porter sur ses épaules impériales de la terre des fondations.

L'ancienne basilique avait cinq nefs; elle était précédée d'un vaste atrium. Sa magnificence était telle qu'un grand nombre d'artistes déplorent sa démolition, et toutes les richesses de la nouvelle basilique ne peuvent affaiblir leurs regrets.

Elle tombait en ruine. Le Pape Nicolas V, homme aux vastes pensées, mit le premier la main au grand ouvrage de sa reconstruction. Jules II, aidé de Bramante, conçut le plan actuel et se mit à l'exécuter. Rien ne paraissait impossible à ces deux fiers génies. Bramante voulut élever dans les airs un gigantesque Panthéon, l'appuyer sur les vastes arceaux de la basilique de la Paix, dont on admire encore les ruines, et unir ce que l'architecture romaine nous a laissé de plus étonnant. Bramante choisit la croix latine, ainsi que Raphaël et Charles Maderne qui termina la basilique; Michel-Ange eut voulu la croix grecque, oubliant que Saint-Pierre était au centre de l'Église latine. Léon X, Paul III, saint Pie V, pressèrent les travaux; Sixte-Quint, avec cette vigueur qu'il déployait partout, acheva le dôme; Paul V mit la dernière main à la nef, et put graver sur la frise de la façade, ces paroles: *In honorem principis Apostolorum Paulus V Bur-*

ghesius, Romanus, Pont. Max. Anno MDCXII Pontificatus VII.

Cette inscription a été blâmée ; on a trouvé étrange que le nom de Paul Borghèse parût au-dessus de la grande porte, là, où le nom seul de saint Pierre devait briller et tout autre souvenir s'effacer. Je ne suis pas de cet avis. Paul V Borghèse et saint Pierre ne sont pas différents. C'est la même personne, la même autorité, le même vicaire de Jésus-Christ. Au contraire, Paul V fut bien inspiré ; il affirma les droits et l'autorité de tous les Pontifes, successeurs de Pierre.

La colonnade fut construite par Bernin, sous Alexandre VII, et la sacristie qui termine ce monument l'a été sous Pie VI, par l'architecte Charles Marchionni.

Il n'y a pas au monde un lieu où se soient passées tant de grandes choses.

Napoléon, aux pieds des pyramides, dit à ses soldats, cette parole remarquée : « Soldats, du haut de ces pyramides, quarante siècles vous contemplent. » Mais c'étaient des siècles stériles et les pyramides perdues dans un océan de sable, n'ont rien vu que les pompeuses funérailles des rois dont elles furent le sépulcre. Il en est autrement de Saint-Pierre. Dix-huit siècles y ont empreint leurs traces, et quels siècles ? C'est l'histoire de l'Europe. Ici, tout parle des premiers empereurs, Caligula, Néron, trois siècles de persécutions. C'est Constantin qui change la forme de l'Empire et rend la paix à l'Église. Ce sont les grands pontifies saint Léon, saint Grégoire, saint Gélase, saint Damase; ce sont les barbares envahissant Rome et l'Empire, mettant tout à feu et à sang, mais venant s'incliner devant le pouvoir des clefs et la majesté de saint Pierre; c'est Charlemagne relevant ici l'empire d'Occident; ce sont les empereurs d'Allemagne qui viennent ici recevoir la couronne et l'autorité avec l'onction des Pontifes; c'est la lutte des Empereurs et des Papes, de l'esprit et de la matière, du droit et de la force, lutte qui va recommencer plus vive et plus acharnée. C'est la renaissance, inaugurée par des Pontifes éclairés, qui empreint partout sa trace et va se répandre dans l'Europe entière. C'est l'Église des temps modernes luttant avec l'hérésie et le sophisme, avec une philosophie étroite et impie, avec des rois et des empereurs qui veulent mettre l'Église sous le joug et trouvent un obstacle invincible dans l'énergie des Pontifes romains, enfin, ce sont les complots des Sociétés secrètes et les scènes d'horreur de la République romaine.

Là, à cette loge où le vicaire du Christ peut seul bénir l'Église universelle, fut porté le Dieu de l'Eucharistie par les Gavazzi et les Ventura, un jour de Pâques, afin de faire oublier le Pontife exilé à Gaëte. Mais l'Eucharistie ne put le remplacer. Notre-Seigneur était là, dominant la foule, et pourtant on était triste, on sentait que la place du Pontife [illegible] main est si grande dans l'Église, que le Dieu voilé dans l'Eucharistie ne peut la remplir. Il n'y a que Notre-Seigneur, lorsqu'il viendra dans sa gloire juger le monde ; car le Pape, c'est Jésus-Christ lui-même enseignant, gouvernant, bénissant le troupeau fidèle des élus.

On sent tout cela quand on est sur la place de Saint-Pierre.

Quelle majesté, dans cette immense colonnade qui entoure la place, chef-d'œuvre de Bernin ! On semble voir l'Église étendant ses deux bras vers les peuples les plus éloignés, pour les attirer à elle. Au milieu, s'élève l'obélisque de Sixte V, élevant jusqu'au ciel la croix triomphante, et, de chaque côté, une fontaine qui verse des torrents d'eau et d'écume, pour corriger la sévérité du spectacle.

Après la place circulaire, vient une autre place carrée, au milieu de laquelle se dessine le triple escalier qui mène à la Basilique.

Que dire de cette façade superbe de Saint-Pierre qu'on voit au fond, formée de huit colonnes, hautes de vingt-neuf mètres, dominée par une attique élégante, couronnée de statues gigantesques et enfin par le dôme de Saint-Pierre. On a critiqué cette façade, cette attique ; on a prétendu que ces lignes n'étaient pas conformes à toutes les règles de l'architecture. J'avoue franchement qu'on est tellement frappé du spectacle ravissant qui s'offre à vous quand vous débouchez sur la place Rusticucci, qu'on se borne à admirer. On ne songe pas aux règles de l'architecture ; même on serait fâché qu'on eut mieux observé ces règles, si l'effet que la première vue de Saint-Pierre produit sur vous était moins surprenant. Tous les voyageurs disent que rien au monde, aucune église, aucune ruine, aucun palais de souverain ne fait autant d'impression que la place et l'église de Saint-Pierre. C'est le chef-d'œuvre de l'art humain.

Les portes donnent entrée dans un vestibule tout éclatant de marbres et de peintures. Beaucoup de cathédrales ne sont pas aussi belles.

Enfin, vous pénétrez dans la Basilique. Au premier aspect, vous trouvez tant d'ordre, d'ensemble, d'harmonie, que vous n'êtes pas ravi d'admiration. Il faut un peu de réflexion, il faut avancer jusqu'au milieu de la nef pour saisir, pour comprendre ces dimensions savantes. Mais quand le dôme se découvre, qu'on aperçoit les deux bras du transept immenses comme la nef et ce carré formé de vastes arceaux qui entourent les immenses piliers du dôme, quand on mesure la profondeur de la nef et l'élévation des voûtes, on est muet d'admiration, on se demande comment on a pu concevoir une pareille merveille, comment ces voûtes et ce dôme, jetés dans les airs à une hauteur prodigieuse, peuvent s'y maintenir. Que d'or, que de marbre, que de bronze, que de statues, que de mosaïques! Et pourtant la Basilique est si vaste, si imposante qu'on ne songe pas aux détails la première fois qu'on y entre ; on ne voit que la majesté de l'ensemble. Belle image de l'Église, ce vaste corps qui couvre la terre, où les particuliers, les hommes de génie, les rois eux-mêmes ne sont rien et se perdent au milieu de la multitude.

On va jusqu'au fond, à l'autel de la chaire de Saint-Pierre ; on revient sous le dôme, on en fait le tour, on le mesure, on parcourt le transept, on retourne au milieu de la nef pour lire sur le marbre la dimension des plus vastes églises de l'univers, et Saint-Pierre semble dire avec orgueil comme la pyramide de Chéops, qu'elle surpasse toutes les autres en grandeur et en majesté.

Tant de Papes, tant de grands artistes ont concouru à orner Saint-Pierre de leurs œuvres ! Il y a dans ce temple immense tant de richesses artistiques enfouies, qu'on y découvre de nouvelles merveilles, toutes les fois qu'on y entre. Jamais on n'a tout vu, tout admiré.

Le plus sage conseil qu'on puisse donner au voyageur qui visite Rome, c'est d'aller tous les jours à Saint-Pierre ; tous les jours, il y découvrira un objet digne d'admiration.

Parcourons la Basilique, et voyons-en les détails ; je laisse à droite, la porte sainte qui est bâtie. Elle est ouverte seulement pendant le jubilé.

Ici est la chapelle de la Piété, ainsi nommée à cause de la statue de Michel-Ange. La mère des douleurs est sur l'autel.

Le corps inanimé du Christ est sur les genoux de sa mère. On sent que la vie s'en est retirée. Tous ses membres fléchissent, et sa mère, quelle paix, quelle résignation dans son immense tristesse !

Ce n'est pas la douleur de Laocoon ou de Niobé, telle que le paganisme l'avait conçue, c'est la douleur chrétienne, muette et résignée dans son immensité. C'est la douleur que la grâce soutient et console. Sans doute, il faut admirer dans cette œuvre le ciseau du grand artiste; ces draperies, ce contraste de la mère et du fils, de la vie et de la mort, cette savante anatomie du corps inanimé du Christ, mais ce qui est au-dessus de tout, c'est l'inspiration répandue sur le marbre et l'esprit qui vivifie la matière. A côté, entourée d'une barrière en fer, s'élève la colonne du portique de Salomon, où plus d'une fois le Sauveur s'était appuyé en enseignant la foule.

Plus loin est le tombeau d'Innocent XII, assis au milieu des deux vertus qu'il a pratiquées pendant sa vie, et qui sont les plus belles de ceux qui commandent : la justice et la charité.

En face, est le tombeau de la pieuse comtesse Mathilde, si dévouée au Saint-Siège, qui fit don à l'Église de tous ses états. Elle est debout sur son tombeau, portant la tête haute et défendant de la main droite la tiare qu'elle tient de l'autre.

Entrons dans la chapelle du Saint-Sacrement, une des plus riches de la Basilique. Au-dessus de l'autel éclate la belle fresque de l'adorable Trinité, peinte par Pierre de Cortone. A droite, en entrant, on voit le tombeau en bronze, celui de Sixte IV, qui a fait dans Rome tant d'œuvres admirables. Il est orné de bas-reliefs d'un goût exquis ; à côté de lui, repose son neveu Jules II, qui est si grand dans l'histoire. Son nom n'est pas inscrit sur son tombeau. Il faut qu'on vous indique l'endroit où il repose : *Vanitas vanitatum et omnia vanitas !*

En face de l'arcade est la mosaïque représentant la communion de saint Jérôme ; le tableau qui est estimé le second, après la transfiguration de Raphaël. Le Dominiquin, quel nom et quelle destinée singulière ! Comme si la divine Providence avait assez fait pour lui, en lui donnant tant de génie, elle ne voulut pas qu'il jouit de son vivant de l'estime des hommes. Sa toile de la communion fut roulée et laissée dans la poussière. Les religieux en avaient été médiocrement satisfaits. Et puis, comptez pour quelque chose l'estime des créatures.

Ici, commence l'immense nef carrée qui entoure le dôme. Ce tombeau est celui de Grégoire XVI. Le Pontife, revêtu de la chape papale, est assis ; une majesté douce et religieuse est empreinte sur sa physionomie.

A droite, est le bel autel de la T.-S. Vierge, orné de pierres précieuses que le grand pape Grégoire XIII et Michel-Ange ont fait construire. Un peu plus loin est le tombeau de Benoît XIV. Ce doux

Pontife, le plus habile canoniste des temps modernes, est debout et bénit la foule. Il y a tant de grandeur et de majesté dans toute sa personne, qu'on est tenté de fléchir le genou pour recevoir la bénédiction du Pape.

Hâtons-nous de traverser le bras de la croix, poursuivons notre course ; nous voilà en face du plus beau tombeau de Saint-Pierre, chef-d'œuvre de Canova, cet artiste si dévoué à l'Église et aux Papes. C'est le tombeau de Clément XIII. Ce Pape si bon, si pieux, modèle de patience et de mensuétude, méritait bien ce monument. Il est à genoux, il prie, ce qu'il avait fait si souvent pendant les épreuves de son pontificat. La religion le soutient en lui présentant la croix. Le génie de la mort est à ses côtés. Ce n'est pas la mort hideuse et cruelle dont l'image épouvante, c'est la mort du juste, douce, belle et paisible, c'est un ange ravissant de beauté et la mort semble vivre.

Au-dessous, sont étendus deux lions. L'un est éveillé, puissant, terrible ; l'autre dort, sa tête repose sur ses griffes, il semble qu'on l'entend respirer, on tremble qu'il ne s'éveille. Touchante allégorie : l'Église semblait dormir avec la douceur et les souffrances de Clément XIII. Mais un jour, elle se réveillera, elle sortira de son sommeil, ce sera le réveil du lion.

Autour du vaste sanctuaire se trouvent de belles mosaïques, représentant divers traits de la vie de saint Pierre. Tabithe ressuscitée, le boiteux du temple guéri, Simon, le magicien, tombant du ciel. Il était juste que le souvenir du grand apôtre fut tracé en caractères impérissables dans sa basilique.

La plupart des tableaux de Saint-Pierre sont de vastes mosaïques, qui ont coûté des années et des années de travail, chef-d'œuvre de patience et d'intelligence, qui feront revivre jusqu'à la fin des temps les merveilles de la peinture. Les toiles célèbres de Raphaël, du Guide, du Dominiquin, un jour périront. Mais les mosaïques qui retracent leurs œuvres iront à la postérité la plus reculée. Les mosaïques de Saint-Pierre l'emportent de beaucoup sur les mosaïques les plus célèbres de l'antiquité. Ce sont les Papes qui ont conservé et perfectionné cet art admirable, ces Papes si calomniés que l'ignorance et la présomption jugent et critiquent.

En sortant de l'arceau, on se trouve dans la grande nef, en face de la chaire de Saint-Pierre, œuvre gigantesque, bien digne de terminer la Basilique. Le monument est en bronze. Quatre grands docteurs, saint Augustin, saint Ambroise, saint Athanase et saint Jean Chrysostome, représentant l'Église grecque et l'Église latine, pleins de force et de vigueur, soutiennent la chaire de Saint-Pierre, sur laquelle plane l'Esprit Saint. Conception hardie et imposante du Bernin! On la censure, comme on censure tout. Pour moi, je ne puis me résoudre à critiquer ce qui me charme et m'impressionne.

A droite et à gauche, s'élèvent sous d'élégants arceaux les tombeaux d'Urbain VIII et de Paul III, deux chefs-d'œuvre. L'esprit éclairé des Pontifes a multiplié les merveilles dans la royale Basilique.

Continuons notre route autour du dôme. Ici, est le tombeau d'Alexandre VIII, qui, en face de la mort, voulut flétrir la déclaration que venait de faire le clergé de France. Des évêques assemblés par l'ordre d'un roi qui osaient poser des limites à l'autorité souveraine de celui qui avait entendu sortir de la bouche de Jésus-Christ ces paroles: Paissez, mes agneaux, paissez mes brebis! Et quand je songe qu'il y a encore en France des hommes qui approuvent Louis XIV!

Admirez cette belle sculpture représentant Attila désarmé par saint Léon. Au milieu des airs, le glaive à la main, saint Pierre et saint Paul accourent à la défense du Pontife et jettent l'effroi dans le cœur d'Attila. Rome et l'Italie sont sauvées.

Je passe vite devant le tombeau d'Alexandre VII. Cette mort qui, de sa main décharnée, présente un sablier pour rappeler au Pontife que sa dernière heure a sonné, m'épouvante. Le scuplteur a représenté ainsi la mort pour rappeler un trait de la vie du Pontife. Le jour de son exaltation, quand il vint prendre possession du Vatican, un cercueil traversa Rome et fut placé par ses ordres sous le lit où il allait reposer.

Au-delà du transept, vous admirez les deux tombeaux de Léon XI et d'Innocent XI.

Voilà la chapelle de la Très-Sainte Vierge, où le Chapitre de Saint-Pierre fait ses offices. Sous l'autel sont les restes précieux de saint Jean Chrysostome, si dévoué à la Très-Sainte Vierge et aux Pontifes romains. On admire la belle mosaïque de l'autel représentant la sainte Vierge et saint Jean Chrysostome.

Devant l'escalier de la coupole est le tombeau d'Innocent VIII; le pontife est représenté debout, en bronze, tenant à la main la sainte lance qu'il eut le bonheur de recouvrer, et au-dessous, il est étendu sans vie sur son tombeau.

Au-delà, on admire un des monuments les plus simples et les plus gracieux de Canova, le tombeau des Stuarts. Deux génies veillent aux portes du tombeau. Ils appartiennent à la même famille que l'ange de la mort. Ils lui ressemblent.

Enfin, les fonts baptismaux ferment cette longue série de monuments. On y admire trois belles mosaïques et principalement celle du milieu qui représente le baptême de Jésus, de Moratte. L'urne en porphyre, d'après une tradition, avait servi au tombeau d'Adrien. Après qu'elle eut gardé les restes d'un persécuteur, les enfants des fidèles viennent y recevoir la vie spirituelle; quel changement et quel contraste!

Revenons au milieu de la nef, sous le dôme; mesurons cette profondeur où le regard peut à peine atteindre. Quelle majesté, quelle hardiesse dans ce colosse qui repose sur quatre arceaux gigantesques! *On craint qu'ils ne viennent à fléchir.* Quand on a monté à la cime des montagnes, qu'on est arrivé au sommet des rocs les plus élevés et qu'on regarde en bas, on a le vertige. Ici, on éprouve ce sentiment quand on regarde en haut, et il faut s'en défendre. Les quatre piliers qui soutiennent le dôme sont vraiment gigantesques; ils paraissent légers quand on les compare à cette masse effrayante, élevée dans les airs. Avec quel art et quelle mesure ont été disposés les ornements de ces piliers!

Au bas, s'élèvent les statues colossales de la Véronique, de sainte Hélène, de saint André et de saint Longin. Au-dessus des arcs gracieux qui les protègent, on voit des balcons, en marbre, ornés de colonnes du temple de Jérusalem, puis, les mosaïques des quatre évangélistes, et au-dessus, la corniche circulaire avec l'inscription: « Tu es pierre et sur cette pierre je bâtirai mon Église...... » Enfin, c'est le dôme couvert de fresques et de dorures, dôme profond, immense, haut comme le ciel, terminé par une légère coupole où on lit le nom glorieux de Sixte V, bien digne d'être écrit et de briller à ces hauteurs.

Que dire du baldaquin en bronze doré qui s'élève au-dessus du grand autel? Quatre colonnes torses, d'un beau travail le supportent. Ce riche ornement est digne de la Basilique. S'il n'y était pas, la nef serait vide, il y manquerait quelque chose.

Du haut de l'autel, jetez un regard sur la nef et le transept, admirez ces grandes statues de marbre qui s'élèvent entre les pilastres en stuc. Elles représentent les saints fondateurs d'ordres. Elles prêchent à tous ceux qui entrent ici la pauvreté, l'obéissance, la chasteté, la patience, toutes les vertus chrétiennes. Mais, en même temps, elles rappellent tout le bien, toutes les grandes choses que l'humanité doit aux ordres religieux et à l'Église. On adore Dieu et on le bénit de tout ce qu'il a fait pour le monde.

J'ai épuisé les termes de l'admiration et de la louange. Ai-je réussi, non à vous faire connaître et à vous peindre Saint-Pierre, mais à vous en donner une légère idée? Je ne le crois pas, il faudrait un livre entier et encore! Ce temple vénérable, cette merveille du monde ne peut être décrite. Venez la voir.

FÊTE DE L'ASCENSION

2 Juin.

Le canon qui, au point du jour, gronde au château Saint-Ange, nous avertit que c'est aujourd'hui grande fête. C'est, en effet, la solennité de l'Ascension et la fête de Saint-Jean-de-Latran. Il ne faut pas manquer une si belle occasion de visiter la vieille Basilique. Allons de bonne heure, prendre place dans la grande nef qui sera bientôt envahie. La foule arrive de tous les côtés et se presse dans la rue de *San-Giovanni-Laterano*, embaumée par les Rhododendrons qui pendent en festons sur les murs des jardins. Le large parvis de la Basilique a revêtu un air de fête. Ce n'est plus la solitude attristante des autres jours. Une foule bruyante se presse dans l'enceinte sacrée.

Le Pape a quitté le Vatican à neuf heures, et a suivi en équipage de gala la voie Papale, comme au jour du possesso. Cette Basilique appartenant d'une certaine manière à la nation qui porte le titre glorieux de fille aînée de l'Église, c'est l'Ambassadeur français qui a reçu Pie IX et ouvert la portière de son carrosse.

Le Pape a assisté à la grand'messe, assis sur l'antique siége, où tant de Pontifes ont trôné avant lui.

Après la messe, la foule est venue prendre place sur la pelouse de Saint-Jean-de-Latran, pour recevoir la bénédiction du Pape. Le temps est splendide, le soleil embrase de ses rayons les montagnes du Latium qui sont en face, la campagne romaine et la mer que l'on voit au-dessus des murailles, du parvis de la Basilique. Quel spectacle ! Vous avez devant vous les merveilles de la nature et tous les souvenirs du passé. A droite, les vieux remparts de Rome la capitale du monde ancien, qui ont vu passer tous les peuples de l'Univers, qui ont soutenu tant de siéges ; à gauche, l'aqueduc de Claude, aux arcades majestueuses, dont le temps a doré les pierres, les riches mosaïques du Triclinium de Léon III ; en face, la verte pelouse qui se perd au loin et que domine la gracieuse façade de Sainte-Croix de Jérusalem. La foule est répandue partout. Elle se perd dans ce vaste espace. Les soldats français et la garde palatine sont massés devant la Basilique. La *Loggia* est décorée avec goût. Un velarium tout blanc que le vent soulève, flotte au-dessus. Quand le Pape, entouré de cardinaux et d'évêques a paru, les yeux et les mains levés au ciel, il m'a semblé voir Jésus-Christ sur la montagne des Oliviers, suivi de ses apôtres, leur faisant ses derniers adieux et prenant son essor vers le ciel. Cette pensée dominait tout.

Le Pape se lève, prononce les paroles de la bénédiction, tous les fronts se baissent, tous les genoux fléchissent, les cloches sonnent, les canons rangés sur la pelouse de Sainte-Croix de Jérusalem ébranlent les airs. On se relève, on regarde le Pape pour le voir encore, pour suivre tous ses mouvements. Il n'a pas quitté la *Loggia*. Les cardinaux et les prélats, avec leurs vêtements blancs, rouges, violets, paraissent aux grands arceaux du portique supérieur. Après avoir attendu quelque temps, le Pape se tourne vers le Nord, où les armées française et autrichienne sont en présence. Il étend sa main et, d'un air visiblement ému, il leur envoie sa bénédiction de Père et de Pontife. Car ce sont ses enfants, ce sont des frères qui vont se battre et dont le sang va couler pour une cause futile !

C'est là une de ces attentions délicates et affectueuses dont Pie IX a le secret. On voyait peinte sur son visage la douleur que lui causent le sang versé et la mort de tant d'hommes qui sont ses enfants. Tous les témoins de cette scène l'ont comprise, et l'émotion du Pape, comme une étincelle électrique, a gagné tous les cœurs. On eut pleuré si on eut osé le faire. Mais on gardait un morne silence comme on le fait dans les grandes douleurs. Mon cœur était serré et je me disais: à quoi bon tant de sang versé? Quel fruit reviendra-t-il à la France de cette guerre fratricide?

La foule s'écoule lentement. Je rentre dans la

Basilique, je vais y prier pour les armées françaises et pour l'Église qu'une horrible tempête menace, enfin, pour tous les princes chrétiens. Prosterné devant la Confession, je vois passer les cardinaux, les évêques, toute la prélature romaine. Je les suis.

Le Pape, entouré du clergé de la Basilique, des cardinaux et des évêques, promulguait le décret de béatification des bienheureux Labre et Sarkander. L'un était Français, l'autre Autrichien. Le Pape rappelait aux fidèles et aux prêtres prosternés à ses pieds, que le Seigneur, en montant au ciel, avait laissé la paix sur la terre. *Pacem meam relinquo vobis, pacem meam do vobis.* « C'est pour avoir recueilli cette paix divine, ajoutait-il, que ces deux bienheureux ont mérité la couronne immortelle et qu'ils triomphent au ciel. Maintenant qu'ils sont les élus de la paix, prions-les de la répandre sur leur patrie, la France et l'Autriche. »

Cette courte allocution dont tous les termes étaient pesés, fut prononcée avec un accent si doux et si calme, que tous les assistants, Français, Autrichiens et Romains, furent ravis et prièrent pour l'union des princes chrétiens.

LA PROMENADE DU POUSSIN

18 Juin.

Je fais souvent la promenade du Poussin, appelée ainsi parce que le grand artiste l'aimait de préférence à toutes les autres, à cause du Tibre et de ses ciels. Pour moi, j'y vais goûter les charmes de la solitude, quand je le puis.

J'en reviens par une belle soirée de printemps, et je vous écris, pour vous dire mes impressions. Cette promenade mène au Ponte-Molle, en longeant les bords du Tibre. Au-delà de la porte Flaminienne, quand j'ai eu dépassé le marché aux bœufs, je n'ai rencontré personne. C'est ici que le Tibre déploie toute sa magnificence, nulle part il n'a autant d'ampleur. Il roule lentement et avec majesté ses eaux jaunâtres. Le long circuit qu'il fait à travers une verte prairie vous permet d'en mesurer toute la largeur; chaque jour il étend ses rives; il creuse davantage, et il élargit son lit. Sur ses bords, la terre s'éboule, et c'est avec peine qu'on trouve un sentier pour y marcher. Mais quelle vue on a de ces rives désertes, et quelle perspective! De l'autre côté du fleuve, c'est une verte prairie où s'élèvent, par intervalles, quelques saules, puis c'est la vue de Porta-Angelica où, de loin, on aperçoit la foule des promeneurs, des moines, des prélats, des étudiants à cheval, d'élégantes voitures, les carrosses des cardinaux et leurs chevaux ornés de rubans et de houppes rouges. Aujourd'hui, j'ai eu le bonheur de voir de loin le carrosse du Pape. Le Saint Père était descendu, il marchait au milieu de ses camériers, et la foule se pressait autour de lui. J'étais trop loin pour recevoir une bénédiction, cependant je me suis prosterné en esprit, et j'ai fait un acte de foi, je pense avoir gagné quelque chose. Au-delà de ce chemin si agité, vient de nouveau le désert de la campagne romaine et des collines verdoyantes où apparaissent çà et là, de majestueuses villas. Des troupeaux de moutons et de vaches y errent à l'aise. Enfin, par-dessus les montagnes, à droite, à gauche, partout, le ciel immense et profond de Rome. Est-ce la lumière plus vive, est-ce l'éloignement des montagnes qui produit cette illusion, mais il est certain que le ciel est plus grand ici que partout ailleurs. Le ciel était, par intervalles, traversé de grands nuages blancs qui roulaient sur eux-mêmes, et semblaient porter, dans leurs flancs, des orages. J'ai reconnu ces nuages, je les avais vus souvent dans les paysages du Poussin, et dans ses vues de la campagne romaine. Tandis qu'on les admire, qu'on en suit les formes variées et grandioses, tout à coup, un déchirement se produit dans le ciel, et le soleil qui était caché, lance à travers les nues un long rayon de feu qui les dore et les empourpre. On pourrait compter un à un les jets de cette gerbe enflammée.

Le soleil décline, il disparait derrière les montagnes, hâtons-nous de gagner le Ponte-Molle. Le voilà avec ses larges arcades humides, noircies par le temps et qui rappellent tant de souvenirs! Le plus grand de tous, c'est la victoire de Constantin sur Maxence. C'est par là qu'on entre à Rome de tous les points de l'Occident. Pour nous inspirer la confiance la plus entière, il y a ici la Vierge Immaculée qui veille sur Rome et protège les pèlerins que la foi y amène, et enfin, saint Jean Népomucène, le martyr de la Confession, le gardien fidèle d'augustes secrets. Il vous dit que Rome est la ville du silence, la ville qui garde les dépôts qu'on lui confie, et serait prête encore à subir le plus douloureux martyre, si on voulait l'obliger à trahir les intérêts des âmes.

LA FIÈVRE

14 Juin.

La physionomie de Rome a bien changé depuis quelques jours. Les étrangers nous ont quittés. Les riches habitants, les princes, prennent, à l'exemple des anciens Romains, le chemin de leurs villas, et la villégiature commence.

Nous avons des chaleurs étouffantes, et, de plus, la fièvre, cette fièvre romaine qu'on veut, en vain, faire passer pour un mythe. Elle n'a pas encore envahi les alentours de la place du Peuple, le Borgo et le Trastevère comme les autres années, mais elle est déjà aux portes de Rome. Les pauvres habitants des campagnes éprouvent ses ravages. La fuite est pour eux l'unique remède. Ils font à la hâte, la moisson, et leur blé coupé est entassé dans les greniers. Ils se réfugient dans Rome pour fuir la mort ; ce qui vous dira mieux que tous les discours pourquoi la campagne romaine est déserte. On rencontre en foule, dans les rues de Rome, ces paysans avec leurs costumes pittoresques et déguenillés.

SAINT-PAUL

2 Juillet.

Dans la nuit du 15 Juillet 1823, un double malheur venait frapper la ville de Rome : un grand Pape se mourait, une insigne basilique devenait la proie des flammes. En quelques heures, les richesses accumulées dans l'enceinte sacrée par la piété des fidèles, la munificence des Rois et des Pontifes, le talent des artistes étaient anéantis par l'incendie.

Les Romains gardent encore le souvenir de cette nuit lamentable ; le marbre éclatait, calciné par le feu, le bronze se fondait à l'ardeur de la flamme, les tableaux, les fresques, les sculptures, les stucs, tout disparaissait. Les cèdres du Liban qui formaient la riche charpente de ce temple, étaient consumés, on entendait le pétillement des flammes, le fracas des toits qui s'écroulaient ; la flamme sortait irritée par les fenêtres, par les portes, par les toits entr'ouverts ; des tourbillons de fumée noire et épaisse enveloppaient l'édifice et montaient comme une colonne vers le ciel. On eut dit le cratère d'un immense volcan qui venait de s'ouvrir sur le chemin d'Ostie. Les Romains accoururent en foule pour éteindre l'incendie, tous les efforts que l'on put faire demeurèrent impuissants. Il fallut se résigner à voir périr tant de chefs-d'œuvre. Du haut de l'Aventin et du Janicule, on regardait Saint-Paul brûler, et Rome était éclairée par cet horrible incendie.

En même temps, le doux Pontife, à qui la garde de la Basilique avait été confiée avant qu'il eut ceint la tiare, qui avait concouru à l'embellir, se mourait au Vatican. On lui cacha le malheur affreux qui frappait Rome et l'Église. On ne voulut pas empoisonner ses derniers moments, et déchirer son cœur si tendre. Il apprit la triste nouvelle seulement quand il fut arrivé au seuil de l'éternité.

Rien n'eut pu consoler Rome de ces deux pertes, si l'Église n'avait pas un principe d'immortalité. A son Pontife bien-aimé succéda bientôt un Pape digne par son grand caractère et sa vaste intelligence de succéder à un saint, l'immortel Léon XII, que la cruelle mort est venue enlever trop tôt à l'affection des Romains, à l'admiration de l'Univers.

Sur les ruines de la vieille Basilique s'éleva bientôt un autre temple, qui est bien loin d'arracher des larmes à ceux qui ont vu le premier, comme le temple de Zorobabel.

Quatre Pontifes ont travaillé à la reconstruction de Saint-Paul. Les plus habiles artistes de Rome ont concouru à l'orner de leurs chefs-d'œuvre ; les peuples, les évêques, les rois, les schismatiques, les infidèles eux-mêmes ont voulu envoyer leurs riches offrandes à l'Apôtre des nations; Saint-Paul brille de splendeurs nouvelles et jette un éclat que n'avait plus l'ancienne Basilique.

Ce temple auguste est, sans contredit, un des plus vénérables de l'Univers; il s'élève au milieu du désert, à quelques milles de Rome, sur la voie d'Ostie. C'est le temple des nations et de leur Apôtre, celui qui avait porté la lumière de l'Évangile à la gentilité assise dans l'ombre de la mort. Il est sur la grande voie qui amène les peuples à Rome, à côté de ce Tibre, dont les flots se courbaient autrefois sous le poids des navires chargés des dépouilles de l'Univers. Saint-Paul est aux avant-postes de Rome, et semble dire aux nations infidèles, aux peuples oubliés de Dieu, aux rivages desquels nos navires abordent, que l'Évangile est pour les nations, qu'il n'y a plus de distinction de races, que le juif et le gentil, le grec et le barbare ne forment plus qu'une famille de frères.

Comme l'antique Basilique est bien située au milieu du désert qui environne Rome, au sein de ces prairies toujours vertes; quelle douce mélancolie vous saisit, quand, au milieu des champs déserts et désolés, vous voyez se dresser devant vous l'immense et rayonnant édifice, vous en contemplez les ornements et les richesses! C'est pour honorer la sépulture du grand apôtre, que saint Sylvestre et Constantin jetèrent les fondations de ce temple.

Quand la tête de saint Paul fut tombée sous le glaive du bourreau, la pieuse Lucine qui était, comme on le croit, cette fière Romaine dont parle Tacite, Pomponia Grecina, revendiqua le corps de l'apôtre, l'enveloppa d'un blanc suaire, l'entoura de bandelettes et de parfums et le transporta comme un rare trésor dans une de ses terres, là même où s'élève la Basilique. Ces restes précieux reposent encore dans cette enceinte, là sous l'autel, à l'endroit même où le Pape a seul le droit d'immoler la sainte Victime.

Constantin orna le temple de marbres précieux, de colonnes, de mosaïques, de vases d'or et d'argent. Plus tard, Valentinien II, le grand Théodose et Honorius le restaurèrent ; l'arc qui sépare la nef du transept remonte à l'impératrice Placidie et porte encore son nom. On y voit une belle mosaïque du Christ, environné des 24 vieillards de l'Apocalypse. C'est une image des plus saisissantes du Christ qu'on puisse voir. Le Sauveur est animé, il respire, il parle, il vous regarde avec beaucoup d'autorité et de douceur. On dirait que ses deux grands yeux sont toujours en mouvement. Cette image s'est tellement gravée dans mon âme que je la vois encore. Je pourrais en retracer les lignes à la fois simples et savantes. Elle ne s'effacera jamais de mon souvenir. Sans doute, l'artiste avait contemplé le Christ, il dut, comme saint Paul, s'approcher de son trône, être admis aux parvis célestes et voir ce que Dieu prépare à ceux qui l'aiment. Je ne vous ferai pas l'historique de la Basilique, puisque tout ce que les rois, les papes et les artistes y avaient consacré de richesses, est devenu la proie des flammes. Pie IX a été assez heureux pour mettre la dernière main à l'œuvre de ses prédécesseurs. Il achève la Basilique, il en a fait la dédicace le lendemain du jour où il déclara l'auguste Vierge, Immaculée, entouré de l'épiscopat du monde entier.

Les dehors de l'édifice ne répondent pas à la magnificence de l'intérieur. Le clocher est lourd et sans grâce ; les murs, les fenêtres, les toits, ressemblent trop à une gare de chemin de fer ; le portique de la façade n'est pas restauré ; ses ornements ne sont pas rafraîchis. Je ne trouve digne d'admiration que l'élégant portique formé de plusieurs rangs de colonnes en marbre blanc qui donne entrée dans le transept. Ces colonnes élégantes, aux chapiteaux richement sculptés, font un charmant contraste avec les murs sévères de la Basilique.

Entrez par le grand portique qui est du côté du fleuve, vous êtes saisi d'admiration ; il y a dans ces marbres, ces dorures, cet albâtre, ce granit, dans ce plafond ornementé, dans cette nef large et profonde, la plus vaste de Rome après Saint-Pierre, dans cette abside colossale qui termine la nef au delà du transept, tant de fraîcheur, d'éclat et de magnificence, que vous êtes saisi de stupeur, et la première vue de Saint-Paul, tous les voyageurs l'avouent, produit plus d'étonnement que la première vue de la nef et de la coupole de Saint-Pierre.

La Basilique nouvelle a cinq nefs comme l'ancienne, un transept orné de quatre chapelles, qui sont de véritables églises et une abside. La grande nef est soutenue par quarante colonnes en granit et les nefs latérales par quarante colonnes moins grandes, encore en granit. Deux colonnes immenses en granit soutiennent l'arc antique de Placidie, au lieu des colonnes en marbre blanc qu'on admirait autrefois et que le feu a calcinées. Ces colonnes en granit ont été taillées au Simplon et amenées à Rome avec des soins infinis : elles portent des chapiteaux, et sur les chapiteaux, on a jeté de gracieux arceaux, le tout en marbre blanc, puis le long des murs jusqu'à la voûte, soit dans la grande, soit dans les petites nefs, on a placé la longue série des Pontifes romains en mosaïque. Dans la grande nef seulement, entre les fenêtres, les plus grands artistes de Rome ont peints divers sujets de la vie de saint Paul. Les murs, depuis le pavé jusqu'à la voûte, sont incrustés de marbres ; à la porte et au-dessous de la Confession s'élèvent de riches colonnes en albâtre oriental, don précieux de l'ancien pacha d'Égypte, Mehemet-Ali. Que vous dirai-je du lambris ? On admirait autrefois la magnifique charpente en cèdre du Liban qui dominait l'édifice et lui donnait une physionomie particulière: les savants la regrettent; je ne suis pas de leur avis, je trouve qu'il est impossible de rien concevoir, de plus grand, de plus hardi, de plus riche et de plus harmonieux que les boiseries, les dessins et les dorures de ce lambris.

Ces deux autels en malachite qui ornent le fond du transept si riches de décorations ont été donnés par l'empereur Nicolas.

A droite et à gauche de l'abside, s'ouvrent dans le transept, les quatre chapelles du Saint Crucifix, du Saint Sacrement, de saint Laurent et de saint Benoît. Dans la première est un Crucifix, célèbre dans l'histoire de l'Église, c'est celui qui a parlé à sainte Brigitte. On l'a en grande vénération à Rome, et personne n'entre dans la Basilique sans venir faire à ses pieds une prière. Là, ont prié, ont médité, ont entrevu l'avenir, les deux prophétesses de la papauté, sainte Brigitte et Anna Taïgi, l'une sévère qui ne voyait que les malheurs de l'Église et de la Papauté, l'autre gracieuse et consolante qui a vu l'avenir de l'Europe, les grandes conquêtes, les illustres Pontifes que Dieu réserve à son Église. Admirez dans la chapelle de saint Benoît, la statue colossale de ce fondateur. Quelle austérité sur sa figure plissée et en même temps quelle sérénité ! C'est la paix de l'âme procurée par les exercices de la pénitence que le grand sculpteur Tenerani a voulu représenter.

De l'autre côté, c'est un ouvrage de Rinaldi, saint Etienne, en marbre. Le saint est revêtu de la dalmatique des diacres, sa taille est élancée et majestueuse. Il est dans les ravissements de l'extase, son regard fixe le ciel avec bonheur, avec ivresse, il oublie la terre, il ne ressent pas la douleur des plaies horribles que les pierres ont ouvertes sur son corps tout sanglant, il voit Jésus debout, à la droite de son père qui vient à sa rencontre, lui tend les bras, lui présente la palme et la couronne. C'est une bonne pensée d'avoir placé l'autel et la statue de saint Etienne dans le temple de Saint-Paul. Saint Etienne a prié pour l'apôtre qui persécutait les premiers chrétiens et prenait part à son martyre. Sa prière fut écoutée, le diacre Etienne a engendré à la vie de la grâce, Paul, le grand apôtre.

Je n'ai pas voulu quitter la Basilique sans avoir vénéré les chaines glorieuses qui ont lié l'Apôtre des nations, et admiré la belle statue du Pape Grégoire XVI, où le Pontife revit, parle et sourit encore, ainsi que le cloitre gracieux, ouvrage du moyen-âge, que le monastère environne.

J'ai adressé une dernière prière à l'Apôtre saint Paul, devant sa Confession, à saint Etienne et au Crucifix, et je suis rentré dans Rome à la nuit tombante, repassant dans mon esprit les émotions que j'avais ressenties dans la Basilique.

LES SIBYLLES, LE CAPITOLE

LE GAULOIS MOURANT

7 Juillet.

Je joue de mon reste, je revois une à une les œuvres d'art qui m'ont charmé pendant mon exil. Les Sibylles de Raphaël qui sont le plus bel ornement de l'église *de la Paix,* ont pris toute ma matinée. Quelle délicatesse de pinceau ! quelle vie ! quelle variété ! Mais elles sont vivantes, ces quatre Sibylles, elles parlent, elles voient l'avenir, elles le révèlent. Quelle vigueur et quelle autorité dans cette vieille, rajeunie par l'avenir de gloire qu'elle entrevoit pour la terre ! Les Sibylles sont dans le temps par la vie du corps, et dans l'éternité par le profond regard de l'âme.

De l'église de la Paix, je cours à la place *Navonne,* l'une des plus belles de l'Europe. Sa fontaine monumentale avec ses colosses, l'église de Sainte-Agnès et le palais Pamphili me prendraient la journée entière, si je voulais les étudier dans tous les détails. Je me contente d'en saisir et d'en admirer l'ensemble.

Je ne puis passer devant l'église de Sainte-Agnès

et le palais où elle est enclavée sans songer à Innocent X qui les fit bâtir. Madame Olympia, sa belle-sœur, une Romaine à la poigne dure, qui gouverna les états romains, sous le règne de ce bon Pape, et plus d'une fois essaya de mettre la main au gouvernail de l'Église, me revient aussi en mémoire.

Je ne sais comment au tribunal de Dieu aura été jugé le népotisme d'Innocent X et des autres Papes ; mais il me semble qu'au point de vue humain, il n'a pas été néfaste, comme les historiens le disent. L'or de Rome et de l'Église n'est pas allé à l'étranger. Il a servi à payer les artistes, les peintres, les sculpteurs, les graveurs, les architectes, qui ont rempli Rome de chefs-d'œuvre. Il l'a dotée d'un patriciat plus illustre que celui de Venise. On ne l'a pas fait dévier de sa destination. Il est retourné à l'Église et aux pauvres.

Je prends la voie Papale et je monte au Capitole. En passant, j'admire le Gésu où tant de saints religieux ont exercé leur ministère, monument qui est à la fois un temple des plus fréquentés, un musée, et par ses bijoux, et ses pierres précieuses,

Semble à nos yeux
La boutique d'un lapidaire,

comme disait La Fontaine.

On ne voit plus la roche tarpéienne, mais le Capitole est toujours là, ainsi que sa tour élégante et sa cloche qui annonce les grands événements de Rome.

Le *Tabularium*, avec ses grandes pierres noircies par le temps et l'incendie, est tel encore que le construisit Tarquin l'ancien. Quand je pense qu'ici furent gardés précieusement, durant des siècles, les vers Sibyllins ainsi que les actes de Pilate, attestant la mort du Christ et sa résurrection glorieuse, je me découvre avec respect et j'adore.

Au milieu de la place se dresse la statue équestre de Marc-Aurèle, l'empereur philosophe, un chef-d'œuvre ! Ce bronze respire le calme et la sérénité dans le commandement qui devraient toujours en être inséparables !

J'aurais voulu vivre sous le sceptre d'un aussi bon prince. Il fut sévère pour les chrétiens, mais, en les persécutant, il crut bien faire. Il était de ceux, dont parle le Sauveur, qui pensent être agréables à Dieu, en nous faisant mourir.

Saint Paul a été persécuteur, lui aussi, à ses heures. Mais il ouvrit les yeux à la lumière. Marc-Aurèle, sans doute, eut fait comme lui, si un grand martyr, un Etienne, en tombant à ses pieds, baigné dans son sang, l'eut recommandé à la clémence divine.

Une première salle attire mes regards, au musée du Capitole : c'est celle des bustes, autour de laquelle sont rangés les anciens Romains. On dirait qu'ils viennent d'entrer au Sénat, qu'ils se communiquent leurs pensées, qu'ils délibèrent.

Enfin, je pénètre dans la salle du *Gaulois mourant*. Il est blessé, mais il vit encore ; il regarde tristement la terre où il va descendre.

Sur son mâle visage on voit la douleur physique et les angoisses de l'âme. Il est tombé en combattant pour sa patrie; ses compagnons d'armes l'ont abandonné. Ils ont pris lâchement la fuite. Ils reverront la douce patrie, et lui mourra sur la terre étrangère !

En contemplant ce héros des luttes antiques, j'ouvre mon âme à la rêverie, je pense à l'avenir qui m'attend. Je me dis avec amertume : comme ce Gaulois aventureux, je vais descendre dans l'arène. Je vais combattre pour ma patrie spirituelle et défendre l'Église. J'emporte avec moi, les armes que des mains augustes m'ont fournies. Qui sait si, dans la mêlée, je ne recevrai pas quelqu'une de ces blessures qui saignent longtemps, et si, après la bataille, on ne viendra pas me piétiner sur place !

Mais ce noir pressentiment s'efface bientôt, et je m'écrie : En avant pour Dieu et pour l'Église !

RETOUR

22 Juillet

Je viens de prier une dernière fois dans les églises que j'aimais le plus: Saint-Jean-de-Latran, Sainte-Marie-Majeure, la Minerve, Saint-Pierre.

Saint-Pierre m'a tenu près d'une heure, je ne pouvais me séparer de cette église et de ce tombeau où j'ai trouvé tant de fois dans mon exil, le charme et les consolations de la patrie. J'ai prié longtemps devant la Confession. J'ai touché une dernière fois de mon front et de mes lèvres, le pied de la statue de bronze usé par les baisers des fidèles. A huit heures du soir, je partais pour revenir en France.

La nuit était belle, le ciel pur. Aux brillantes clartés de la lune, j'ai vu passer à côté de notre char des caravanes de moissonneurs, qui marchaient nu-pieds dans la poussière, chargés de lourds bagages, un bâton à la main. Ils fuyaient la fièvre et rentraient à Rome, la moisson finie. On dirait une de ces migrations de peuples que la guerre ou la peste poussent devant elles. Mon cœur s'est serré de pitié. Pauvres gens! quelle misère! que de privations! Pourtant, ils riaient, ils chantaient.

On m'avait bien recommandé de ne pas me laisser aller au sommeil pendant la nuit, de peur de la fièvre qui sévit maintenant dans la campagne romaine. J'ai suivi ce conseil. Mais que d'efforts il m'a fallu faire, accablé de sommeil et de fatigue, comme je l'étais.

Arrivé à Civita le matin à cinq heures, je me suis senti renaître. La vue de la mer a ranimé mes forces. Il me semblait qu'à l'horizon, là-bas, j'entrevoyais les côtes de ma Provence, je vous appercevais vous-même, j'étais déjà dans la patrie, par la pensée. A dix heures, le bateau s'ébranle et fend les flots tumultueux. Adieu Civita, adieu Corneto aux nombreux clochers, à la plage sablonneuse, je te salue en passant devant toi ! Adieu Rome, cité bénie où j'ai coulé des heures si douces, où j'ai goûté des joies si vives et si pures, tu vivras jusqu'à mon dernier soupir dans ma pensée, tu auras toujours mon souvenir et mes regrets.

La terre peu à peu disparait, le rivage s'éloigne, les bruits de la terre ne nous arrivent plus. On n'entend plus autour de nous que le bruit de la machine qui bat les eaux et soulève des flots d'écume. Je jette un dernier regard sur les montagnes de Rome et sur l'Italie que peut-être je ne reverrai plus. Bientôt nous ne voyons plus que l'azur du ciel et la mer profonde. Nous avons perdu de vue le rivage d'Italie, un autre s'offre à nos regards : c'est l'île d'Elbe, qui grandit peu à peu.

Nous effleurons le rocher qui la domine. Cette île respire l'ennui et le silence. Comment vous étonner que Napoléon, habitué aux grandes foules des capitales et aux armées innombrables, l'ait quittée si vite.

Bientôt la Corse apparaît et le soleil se couche. Il a perdu peu à peu tous ses rayons; comme un roi qui descend dans la tombe et n'a plus de prestige, on le regarde fixement et on le brave. Ce n'est plus le soleil éblouissant de lumière. C'est un disque de feu à moitié éteint qui descend dans la mer et s'y plonge. On le voit disparaître peu à peu. Il ne reste plus de l'astre du jour qu'une ligne lumineuse qui surnage au-dessus des flots. Cette ligne disparaît enfin, et l'azur de l'eau est plus sombre. La nuit arrive. La lune se lève éclatante et radieuse. Sa lumière dessine à la surface de l'eau une longue ligne argentée. L'air est embaumé, les étoiles émaillent la voûte céleste et brillent d'un vif éclat. Elles scintillent, elles sont vivantes. Je jette un voile de soie sur mes yeux et je m'endors sur le pont du navire.

A peine les premières lueurs de l'aurore éclairent-elles la cime des Alpes, que je m'éveille en pensant à la douce patrie que je verrai bientôt. Quelle grandeur et quelle majesté dans ces montagnes qui s'élèvent au loin en amphithéâtre, les unes au-dessus des autres, couronnées de blancs nuages et couvertes de neige, malgré les chaleurs de l'été. La brume enveloppe la côte et le pied des montagnes. Voilà Savonne où, pendant quatre ans, la papauté a gémi captive, Nice qui appartient à la fois à la France et à l'Italie, et n'a plus de patrie, Antibes aux riches campagnes, couvertes de roses et de jasmins. Cannes qui vit la première Napoléon revenu de l'exil, rompant les barrières fragiles que l'Europe victorieuse avait imposées à son génie, les iles de Lérins où vécurent autrefois tant de solitaires et de martyrs, asile de la prière et de la sience, sont au fond de ce golfe. Il est dix heures. Nous passons à travers les iles d'Hyères où nos flottes viennent mouiller, s'apprêter pour la bataille et la victoire. Voilà Toulon, sa rade, ses vaisseaux, ses forts redoutables. Puis c'est Bandol, Saint-Nazaire, la Ciotat. Nous passons au pied de la montagne élevée qui sépare la Ciotat de Cassis. Nous pourrions en compter les pierres. J'aime cette couleur grise des montagnes de la Provence, ce thym et ce romarin qui s'élèvent entre deux rochers, ces pins solitaires et toujours verts qui jaillissent de la cime des monts et au loin se détachent sur l'azur du ciel. Enfin, le chapelet des petites iles qui annoncent la rade de Marseille commence, le cœur me bat, j'éprouve une émotion que je n'ai pas la force de maitriser. Notre-Dame de la Garde, je vous salue, je vous revois après une si longue absence. Marseille apparait. Je ne sais pas si mes yeux se sont affaiblis, mais ces forts, ces maisons, ces milliers de navires, ces montagnes de Saint-Henri et des Aygalades, n'ont plus les mêmes teintes qu'autrefois. Un nuage, un voile transparent les recouvrent. Il me semble que tout scintille, que tout brille d'un éclat inaccoutumé. L'horizon étincelle. Mais non. Ce sont mes yeux qui sont humides et se couvrent de larmes. Je vole à l'avant du navire, pour voir si là-bas sur le rivage, je ne reconnaissais personne. Ils sont tous là qui m'attendent. Le navire s'arrête et fait un bruit sourd. On jette l'ancre. Nous voilà sur les rivages aimés de la Provence. C'est Marseille, c'est la patrie.

1891

15 Janvier.

Ma tâche est remplie, j'ai publié les lettres que j'écrivis à ma mère (1). Me sera-t-il permis de lui donner encore un souvenir, et de lui rendre un dernier hommage, le jour de son anniversaire ?

Pourquoi ne ferais-je pas servir à la louer, cette langue que j'ai apprise sur ses genoux et dont elle fut mon premier maître ? Pourquoi ne lui tresserais-je pas une couronne de ces doigts qu'elle prit si souvent dans ses mains quand j'étais enfant, pour les porter à ses lèvres et les réchauffer de son souffle ?

Ceux-là seulement pourront me blâmer qui n'ont pas connu leur mère ou qui l'ayant connue, ne l'ont pas aimée.

Saint Jean Bouche d'Or a loué sa mère dans ce livre admirable du *Sacerdoce*, qu'on nous a fait traduire dans les classes !

Saint Augustin a consacré à la mémoire de sa mère des pages immortelles, et versé sur sa dépouille mortelle des larmes qui font encore couler les nôtres.

(1) A l'exception de la lettre sur le Colisée.

Ce qui fut permis à nos maitres, ne me sera pas reproché par ceux qui liront ces lignes.

Ma mère n'a rien fait de grand, rien de mémorable, rien de plus que tant d'autres mères, qu'elle imita où qui lui ressemblent. Elle fut mère, c'est tout.

Ce n'est donc pas un modèle que je propose à mes lecteurs. C'est une mère avec ses défauts et ses préférences, mais une mère chrétienne que je recommande à leurs prières.

Elle naquit à Aubagne, le 8 Septembre 1801, jour de la Nativité de la Très-Sainte Vierge. La révolution était finie, les prisons s'ouvraient, les exilés rentraient, la victoire suivait nos armées. Le concordat venait d'être signé. Une ère de gloire et de bonheur commençait pour l'Église et pour la France.

Son père Michel Arnaud et sa mère Hélène Etienne appartenaient à deux familles honorables nommées dans les plus anciennes chartes de la cité. On lui donna au baptême, les noms de Marie-Madeleine-Félicité, ce fut par un secret pressentiment. Tout ce que nous avons eu d'heureux, nous est venu par elle. Elle fit notre joie et notre bonheur, elle n'a été cause d'aucune tristesse. Les douleurs que nous avons ressenties ont été adoucies par le charme qui était en elle.

Son frère, André Michel, ne se maria point. Il mourut à l'âge de 82 ans, après avoir consacré sa vie entière au service de sa ville natale dont il fut, pendant 50 ans, le premier conseiller municipal, par ordre d'inscription. A sa mort, il gérait les deniers de la commune. Personne, à Aubagne, n'a joui de plus d'estime. Ses funérailles qui eurent lieu le 17 Octobre 1884, furent un hommage public, rendu à son honnêteté.

Elle perdit son père, le 13 Septembre 1810 ; son éducation fut soignée, ce qui était alors bien difficile. Les Ursulines dispersées par la tempête révolutionnaire n'avaient pu se réunir, quand la paix fut rendue à l'Église. Mais la Providence y avait pourvu, elle avait amené parmi tant d'épaves, que la conquête jeta sur nos rivages, une femme supérieure dont le père avait rempli un haut emploi à la Cour de Hollande. Mlle Cornélia Niel, native de Rotterdam, était d'une rare distinction. On lui confia l'éducation des jeunes filles d'Aubagne et de la région. Elle enseignait la crainte de Dieu, la piété et toutes les autres connaissances dont les jeunes filles sont aujourd'hui si fières. Ma mère nous étonnait par ses réminiscences.

Elle n'oublia jamais son ancienne maîtresse et mit en pratique ses sages leçons, mais plus que tout le reste, la soumission à la divine Providence dans les épreuves de la vie, cette douceur et cette grâce qu'elle a gardées jusques dans la mort. *Gratiosa et amabilis omnium oculis videbatur.*

Elle vit avec la plus profonde douleur les humiliations de la patrie en 1814 et 1815, et n'en parlait qu'avec larmes. Quand nos libérateurs, Anglais et Siciliens, entrèrent à Aubagne, les mères prudentes en firent sortir les jeunes filles, ma mère se réfugia chez sa tante, Hélène Raud, qui l'adorait et lui laissa tout son bien.

Un étrange pressentiment égaya son enfance. C'était au temps où l'on faisait éclore les vers à soie vulgairement appelés *magnans,* du nom de celui qui les introduisit en France. Elle avait remplit de graines un sachet et l'avait mis sur son cœur. Comme elle entendait la messe à l'autel de Notre-Dame d'Espérance, le jour de saint Marc, les petits *magnans* eurent la fantaisie d'éclore. Il en sortit de tous côtés. Ma mère en fut couverte, au milieu des sourires de l'assistance. D'autres *magnans* devaient sortir de son cœur et la Vierge tutélaire étendre sur eux sa protection.

Ma mère se maria de bonne heure. Elle épousa Jean-Jacques-Marius Magnan, né le 8 septembre 1796, homme de foi, d'honneur et de savoir, qui fut jusqu'à sa mort le défenseur éloquent de la cause catholique.

Il était fils d'André-François Magnan, juge suppléant pendant trente ans. Jeté en prison pour avoir correspondu avec Monseigneur de Belloy, le 9 thermidor lui sauva la vie.

Sa mère, Marie-Madeleine Martin, qui atteignit l'extrême vieillesse, était fille de Louis Martin, consul d'Aubagne en 1784. Alliée aux anciens seigneurs de Julhans par sa cousine Rose Girand-Martin, qui épousa Joseph-Elzéard de Garnier, elle se glorifiait davantage de son oncle maternel Gilly, hardi marin, qui, ayant été pris par les barbaresques, mourut pour la Foi.

Tous, gens simples et honnêtes, sans noblesse, sans illustration, possesseurs du sol depuis des siècles, vivant du revenu de leurs terres qu'ils ont transmises intégralement à leurs enfants. L'industrie et le commerce n'allaient pas à leur tempérament fait d'indépendance et de timidité. Ils ne furent pas mêlés aux luttes et aux déchirements des partis, aucune tache n'a terni leur mémoire.

Ma mère eut treize enfants. Elle les nourrit tous et fut ainsi deux fois leur mère. Mais aussi quelles douleurs et que de larmes quand la mort vint les ravir à son affection, presque tous à l'âge d'homme.

On peut lui appliquer les paroles de saint Grégoire dans l'éloge de sainte Félicité, sa patronne :

« Elle forma le cœur de ses enfants pour le ciel, elle enfanta spirituellement ceux à qui elle avait donné la vie du corps. *Parturivit spiritu quos carne pepererat.* Mais, si en les perdant, elle fut la première à ressentir les douleurs de la mort, elle fut la dernière à subir le martyre. *Ad pœnam prima venit, sed pervenit octava.* »

Ou comme s'exprime l'auteur du second livre des Macchabées : « Elle soutint ses sept enfants par sa parole et sa confiance en Dieu. *Quæ septem filios conspiciens bono animo ferebat, singulos illorum hortabatur fortiter*. Mère pleine de sagesse elle unissait le courage d'un homme à la tendresse de cœur et à la piété d'une femme. *Fœminæ cogitationi masculum animum inserens.* »

Ma mère nous inspira la crainte de Dieu et nous communiqua la foi dont son âme était pleine. Elle nous amena de bonne heure devant le prêtre, comme la mère de Samuel, et dès la plus tendre enfance, nous fûmes dévoués au service des autels. Nous paraissions dans les cérémonies religieuses, au milieu d'un essaim angélique, principalement dans la marche triomphale de l'Eucharistie, portant avec orgueil les blanches tuniques que ses mains nous avaient préparées.

C'est grâce à elle que tous ses enfants furent élevés par des religieux et par des prêtres. Leurs noms figurent avec honneur dans les catalogues des pieuses associations. Ils furent l'âme des fondations nouvelles.

Tous moururent en chrétiens, depuis Joseph qui périt aux îles Malouines, le 19 Juillet 1851, victime de son courage et de son dévouement, que la vague furieuse emporta, comme il voulait sauver l'*Augustin*, de la maison Fabre, où il commandait en second, jusqu'à cet habile capitaine, l'aîné de la famille, qu'une décoration méritée vint chercher sur son lit de mort, et cet autre, le dernier de tous, qu'une mort trop prompte est venue frapper à la direction du *Citoyen.*

Femme vraiment forte et fidèle à Dieu, ma mère ne se laissa pas abattre par les revers. Son esprit fécond en ressources, trouvait à tout un prompt remède. C'est principalement dans les grandes épreuves qu'apparaissait la vigueur de son âme.

Elle présidait aux soins qu'il fallait donner aux malades et aux mourants, elle appelait le prêtre, les disposait à bien mourir et leur fermait les yeux. Quand tous les grands devoirs de la piété chrétienne avaient été remplis, elle donnait un libre cours à ses larmes.

Elle eut de grandes douleurs, elle eut aussi des joies bien douces, les joies de la famille. Comme elle était heureuse à la première communion de ses enfants ! Je vois la place qu'elle avait dans l'église, le jour de ma première communion ; elle l'occupait encore à ma première messe. Que de larmes de joie coulèrent de ses yeux, quand je montai à l'autel pour la première fois, la nuit bénie de Noël, où les cloches ébranlaient les airs, où les anges et les hommes chantaient : Gloire à Dieu !

C'était une de ces âmes d'élite que vise la septième béatitude : « Bienheureux les pacifiques, parce qu'ils seront appelés enfants de Dieu ! » Elle mit la paix partout, ensevelissant au fond de son cœur les paroles blessantes qu'elle avait entendues, calmant les colères par un conseil de sagesse, s'attribuant les torts qu'elle n'avait pas, détournant l'orage qui allait éclater. Jamais, elle ne releva l'offense.

Elle oubliait et pardonnait. Aussi, la haine et la vengeance ne s'attachèrent pas à ses pas. Elle n'eut pas d'ennemis : Humble et modeste, elle ne recherchait ni les éloges, ni les louanges. Elle sentait l'honneur qu'on lui faisait, mais sans en tirer vanité, se tenant toujours à la dernière place.

Elle vivait de silence et d'obscurité, comme d'autres vivent de gloire et de renommée, ne croyant rien mériter, n'avoir droit à rien. Ses sentiments de modestie et d'humilité, elle les étendait à ses enfants. Elle n'ambitionnait rien pour eux. Une fois seulement, elle sortit de sa réserve : c'est un jour où elle se préparait à recevoir son évêque. Mais elle demanda si peu, que le supérieur ecclésiastique à qui elle s'adressa, lui répondit : « Madame, vous n'êtes pas, je le vois bien, la mère des fils de Zébédée ». Les moindres égards qu'on avait pour elle l'étonnaient, la pénétraient de joie et de reconnaissance.

Comment dire ses charités et ses largesses. Elle aima les pauvres avec passion. Son cœur était ému à la vue de la souffrance. Jamais le pauvre n'est venu frapper à sa porte, sans être secouru largement. Dieu sait tout ce qu'elle a donné. Le pain disparaissait bien vite, et avec le pain, l'huile, le vin, les légumes, les vêtements, le linge et la chaussure.

Quand elle nous quittait furtivement, et que nous ignorions ce qu'elle était devenue, c'est qu'elle avait donné rendez-vous au cellier à quelque vieillard, à une pauvre mère, pour leur remplir les mains.

Cette charité qui était dans son cœur, se montrait encore dans ses paroles. Jamais on n'a surpris sur ses lèvres, la moindre médisance. Quand nous l'interrogions sur l'histoire de la cité, sur des faits touchant à l'honneur des familles, elle ne savait rien. Nous la pressions de questions, nous lui faisions remarquer que tout s'était passé sous ses yeux, presque à sa porte, elle répliquait avec douceur que c'était possible, mais qu'elle avait tout oublié.

Sa prudence était excessive. Trois ans avant sa mort, j'allai un jour avec elle, faire une prière à l'oratoire du quartier. Elle me pressait de rentrer, et comme j'insistais, voulant continuer notre promenade : « Non, me dit-elle, revenons, ceux qui nous voient de loin, ne savent pas que je suis ta mère ! » Ces paroles pleines de sagesse, retentissent encore à mes oreilles.

L'*Écho* du 19 Janvier, a su la peindre d'un trait : « Nos lecteurs voudront bien accorder un souvenir dans leurs prières, à cette vénérable chrétienne qui avait la foi des anciens temps, et à un très haut degré l'esprit de famille et l'amour de son foyer très chrétien. »

Elle aima sa maison, comme la carmélite aime

son cloitre et sa cellule. Le foyer domestique était pour elle un royaume au delà duquel elle ne voyait plus rien. Après Dieu, son époux et ses enfants étaient tout pour elle. Avec quel dévouement elle prodigua ses soins aux vieillards confiés à sa garde, qui, au moment de quitter la terre, lui témoignèrent toute leur reconnaissance et la bénirent.

Je ne doute pas que les longs jours qu'elle a vécu ne soient la récompense du respect qu'elle eut pour eux, suivant cette parole de Moïse : « Honore ton père et ta mère, afin que tu vives longtemps, » *ut sis longœvus super terram.* Et cet autre de saint Paul : « Afin que Dieu te bénisse, » *ut bene sit tibi super terram.*

La première sur pied, la dernière couchée, elle étendait partout sa vigilance, inspirant autour d'elle une crainte salutaire. La vénération que nous avions pour elle était si profonde que le plus grand châtiment pour nous, quand nous avions commis une faute, c'était que notre mère pût la connaitre.

Jamais elle ne quittait sa maison. Les jours de fête, quand la foule animée et bruyante se répandait dans les rues, ma mère ne sortait pas de sa retraite où j'ai passé auprès d'elle, quand j'étais enfant, des heures bien douces. Le souvenir de ces joies intimes a laissé dans mon cœur des traces si profondes que je n'ai pas manqué une seule fois, chaque année, de venir me reposer sous son toit, des fatigues du ministère.

Elle assistait toujours à la première messe, ne séparant pas ses devoirs de chrétienne, de ceux d'épouse et de mère.

Rarement, elle descendait à Marseille. C'était à l'arrivée de voyage de ses enfants, ou à la Noël. Une profonde tristesse régnait alors dans la maison. Avec elle, tout nous manquait. Nous allions l'attendre, le soir, à sa descente de voiture, comme si depuis un mois elle était absente. Nous nous pressions autour d'elle, nous la ramenions en triomphe à la maison, chargée de tout ce qui pouvait nous donner quelque joie.

Elle s'oubliait entièrement, elle était heureuse quand elle nous avait fait plaisir en quelque chose, et par un sacrifice personnel. Nous n'avons jamais su bien exactement ce qui pouvait lui plaire, sa vie étant une immolation continuelle.

Les terres, les maisons, l'argent, les bijoux, les riches parures n'étaient rien pour elle. On pouvait lui appliquer ces paroles des *fioretti* : « En toute chose, vous n'avez montré qu'amour, et vous vous êtes oubliée vous-même. » Mon père, dans son testament, contenant partage, lui laissa tout ce que la loi autorisait. Après nous en avoir donné lecture, il lui demanda si elle était contente. Elle répondit, comme une religieuse qui a renoncé à tout : « Je n'étais pas attentive à la lecture ».

Dans un siècle où *le tien et le mien* divisent les familles, où la soif de l'or est la passion dominante de la plupart des hommes, ma mère ne s'est jamais rendu compte bien exactement de tout ce qui était à elle. Mais nous le savions et, juqu'à la mort, elle a été une souveraine adorée dans ce petit royaume qui s'appelle la famille. Ses moindres volontés, ses moindres désirs étaient des ordres. Aussi, n'a-t-elle pris aucune disposition testamentaire. Elle n'a pas même songé aux prières pour son âme, persuadée qu'elles ne lui feraient pas défaut, comme tout le reste, qu'elles seraient aussi ardentes que notre amour pour elle.

Mais quand elle s'oubliait ainsi, Dieu ne l'oublia pas, et lui ménagea plus de soins, plus de biens qu'elle en aurait eus, si elle avait encore tenu le sceptre du commandement. Car, il fallut le déposer aux dernières années de sa vie. Des erreurs regrettables avaient été commises. Ce fut sans peine et sans regret, qu'elle remit à d'autres l'autorité. Les loisirs qu'elle eut, elle les consacra au service de Dieu. Ses dernières années furent des années de prière, de silence et de recueillement.

Elle sortit alors de la profonde retraite où elle avait enseveli sa vie, et quand le temps le lui permettait, elle courait à l'église et demeurait de longues heures en la présence du Dieu caché, devant l'autel du Rosaire qui était sien, un de ses enfants l'ayant élevé à la T.-S. Vierge, comme un glorieux trophée. Elle ne se lassait pas de la compagnie de son Dieu. Il fallait toujours qu'on vînt la prendre. Elle ne serait pas revenue d'elle-même, trouvant ses délices dans la maison de Dieu.

Que disait-elle à Dieu durant ces longues heures passées en sa présence ? Peut-être rien et, dans sa piété naïve, elle priait ainsi : « Je suis là, Seigneur, et vous me voyez. Je me trouve heureuse près de vous. Si je ne l'étais pas, on me verrait moins souvent dans votre maison. » Sa prière innocente et pure, montait naturellement vers Dieu, comme toutes les œuvres de sa vie, comme ses aumônes, son travail assidu, sa vigilance, son esprit d'abnégation et de sacrifice ; on l'aurait bien étonnée, si on lui avait dit qu'en s'immolant, elle faisait une œuvre méritoire. Aussi, dans sa prière continuelle et ses adorations muettes, elle plaisait à Dieu et s'unissait à lui comme la fleur exhale vers le ciel son doux parfum, étale ses riches couleurs pour celui qui l'a créée.

Mais nous redoutâmes pour elle des dangers. Sans nous, elle ne put sortir. Elle courait alors à sa chapelle domestique où le saint sacrifice était quelquefois célébré pour elle. Elle y passait une partie de ses journées, récitant des rosaires qui ne finissaient point. On la surprenait parlant familièrement à l'auguste Vierge et à son divin Fils. Ses pieux entretiens avaient un charme inexprimable. Jusqu'à son dernier jour, sa prière fut incessante.

Quelque temps avant sa mort, Dieu lui fit une grande grâce. Elle oublia la mort de ceux qu'elle avait tant pleurés. Ils étaient vivants à ses yeux, elle les appelait comme s'ils étaient là encore. C'était un nuage qui s'était répandu sur son intelligence et les yeux de son esprit s'étaient obscurcis, comme ceux d'Isaac. Peut-être voyait-elle mieux que nous. Le regard perçant de son âme contemplait la vie d'éternelle durée et voyait ces morts si chers qui l'avaient précédée dans la tombe et qu'elle allait bientôt rejoindre.

Nous l'aimions, mais la faiblesse et l'impuissance où les ans l'avaient réduite, nous la rendaient plus chère et plus vénérable. Nous espérions que Dieu lui accorderait encore des jours nombreux. Vain espoir! L'*influenza* est venue fondre sur elle quand on s'y attendait le moins. Le mal s'est déclaré le 15 janvier, à trois heures du matin. Tous nos soins ont été inutiles. Nous avons eu recours aux prières et aux sacrements de l'Église qu'elle a reçus avec beaucoup de joie. Le calme et la sérénité habituelle de son âme avaient passé sur son visage. Elle allait paraître au tribunal de Dieu. Mais elle n'avait fait du mal à personne. Ses charités ont dû se présenter à son souvenir à l'heure suprême; on comprenait qu'il n'y avait ni remords dans son âme, ni angoisses dans son esprit. Le sourire du ciel était sur ses lèvres. Elle nous rendait nos caresses, avec son cœur, comme elle le faisait, quand nous partions pour un long voyage. Jusqu'à la fin, elle a compris, elle a senti combien elle était aimée.

Enfin, à onze heures, qui était l'heure où elle s'endormait, elle ouvrit ses yeux encore vifs et brillants, sans doute pour nous dire adieu, les reposa sur nous avec amour, pour que nous fussions les derniers qu'elle vit sur la terre. Elle les ferma de nouveau et s'endormit dans le baiser du Seigneur, sans trouble, sans effort, sans angoisse. On la revêtit de ses vêtements de fête et on la para pour le jour de la résurrection.

Les plis de son visage s'étaient effacés, les traits de sa jeunesse reparurent. Il resta sur elle comme une expression de paix et de bonheur où se peignait son âme tout entière.

Le vendredi, 17 janvier, furent célébrées ses funérailles solennelles, au milieu d'un grand concours de peuple et d'amis venus de loin pour lui donner un dernier témoignage d'affection. L'auguste sacrifice fut célébré pour elle en sa présence.

Elle fut déposée en paix et elle repose dans le tombeau de ses pères, au milieu de ses enfants, à côté du frère et de l'époux qu'elle avait tant aimés, près de cette mère dont elle ne cessait de rappeler le souvenir et d'invoquer le nom d'une manière si touchante.

Et maintenant, âme si chère, très bonne et très douce mère, reposez en paix dans le sein de Dieu, jouissez pleinement de cette félicité que vous avez apportée avec vous sur la terre, partout où vos pieds ont touché, sans la goûter vous-même.

Arrivée au port du salut, vous ne redoutez plus les orages où vos enfants périrent. Vivez au Ciel de cette vie divine dont la vie de ce monde n'est qu'une pâle figure. *In Deo vivas*. Adieu, mais pas pour toujours. *Vale*.

J'aurais voulu avoir le ciseau d'un Canova pour vous creuser un tombeau digne de vous, pareil à ceux que j'admirais au Musée du Latran, où sont sculptées les scènes Bibliques: Moïse frappant le rocher, Jonas sortant de la baleine, la résurrection de Lazare, la multiplication des pains. Ce que je n'ai pu faire avec le fer, je l'ai essayé avec ma plume. J'ai retracé vos vertus si longtemps cachées; je le ferai mieux encore en vous imitant, en me rendant digne d'une pareille mère.

Quand j'aurai fait passer en moi votre amour pour les pauvres, votre douceur, votre charité, cette prudence merveilleuse, cette vigilance de tous les instants qui ne s'est jamais démentie, enfin cette abnégation et ce détachement de toutes choses qui fut comme le trait distinctif de votre vie et votre vertu dominante, je réjouirai votre cœur, puisque au Ciel on se reconnait. Vous me trouverez digne de l'auréole de respect et d'estime qui entoura votre vieillesse, de l'auréole de gloire qui, je n'en doute pas, vous environne dans le Ciel.

TABLE

Marseille. — Imp. Moullot Fils aîné, rue Sainte, 28 et 30.

www.ingramcontent.com/pod-product-compliance
Ingram Content Group UK Ltd.
Pitfield, Milton Keynes, MK11 3LW, UK
UKHW020302230726
13925UKWH00001B/183